零距离上岗 高职高专

金融管理与实务专业系列规划教材

WAIHUI JIAOYI SHIWU

外汇交易实务

（第2版）

杨向荣 主 编

郑宏韬 张伟芹 朱 静 副主编

電子工業出版社

Publishing House of Electronics Industry

北京 · BEIJING

图书在版编目（CIP）数据

外汇交易实务 / 杨向荣主编. —2 版. —北京 :电子工业出版社，2013.4
（零距离上岗）
高职高专金融管理与实务专业系列规划教材
ISBN 978-7-121-19868-7

Ⅰ. ①外… Ⅱ. ①杨… Ⅲ. ①外汇交易－高等职业教育－教材 Ⅳ. ①F830.92

中国版本图书馆 CIP 数据核字(2013)第 050673 号

策划编辑：晋　晶
责任编辑：刘淑敏
印　　刷：北京捷迅佳彩印刷有限公司
装　　订：北京捷迅佳彩印刷有限公司
出版发行：电子工业出版社
　　　　　北京市海淀区万寿路 173 信箱　邮编 100036
开　　本：787×980　1/16　印张：16.5　字数：350 千字
版　　次：2009 年 1 月第 1 版
　　　　　2013 年 4 月第 2 版
印　　次：2021 年 6 月第 16 次印刷
定　　价：32.00 元

凡所购买电子工业出版社图书有缺损问题，请向购买书店调换。若书店售缺，请与本社发行部联系，联系及邮购电话：（010）88254888，88258888。
质量投诉请发邮件至 zlts@phei.com.cn，盗版侵权举报请发邮件至 dbqq@phei.com.cn。
本书咨询联系方式：（010）88254199，sjb@phei.com.cn。

前　言

随着我国对外开放水平的不断提高，国际收支持续多年保持“双顺差”，外汇储备大幅增长，这无形中加大了外汇业务的交易量。尽管目前我国的外汇市场还没有完全开放，但专业外汇交易员开始逐步进入人们的日常生活中。随着外汇市场进一步开放，外汇分析师将成为国内最有吸引力的金领职业之一。

百年一遇的华尔街金融风暴给世界经济带来沉重的打击，紧随其后的欧债危机和美债评级下调也加剧了汇市的震荡。在汇率波动风险加大的背景下，企业和金融机构一方面避险需求增强，另一方面也获得了更多的投机机会。在当前经济形势下，不管是金融机构的外汇相关工作人员，还是外贸企业，以至于百姓个人都亟待了解和学习外汇交易相关知识和技能，以此来指导他们的投资理财、保值避险及投机活动。

与此同时，我国教育部对高职高专教育提出了以能力为本位培养目标，将培养目标定位在“高等职业教育应以培养基层和生产第一线技术应用型人才为办学宗旨，建立以基本素质和技术应用能力培养为主线的教学体系，专业课应加强针对性和实用性，实践教学要以培养学生专业应用能力为主”。为迎接这一挑战，使高职高专类学校培养出来的金融专业学生更能适应工作岗位的要求，我们编写了本教材。

本教材从探索适合高等职业教育特点的教学方式出发，围绕高职高专教学定位，结合“基础理论适度够用、加强实践环节、突出职业技能”的教育方针，对外汇交易实务进行了有针对性的阐述，强调以实例为引导、以实训为手段、以实际技能为目标，深入浅出，简明扼要。本教材突出教、学、练融于一体的互动式教学特点，是实践性教学在教材上的真正体现。

本教材从外汇交易的一般基础知识和交易原理出发，通过汇率的预测分析，进一步对传统的外汇交易和衍生外汇交易进行阐述。全书分5篇，共10章。第1篇（共2章）外汇交易基础，包括外汇交易基础知识和外汇市场；第2篇（共2章）外汇交易分析，包括基本面分析和技术分析；第3篇（共2章）外汇交易模拟，包括外汇交易相关知识和个人外汇交易模拟；第4篇（共2章）传统外汇交易方式，包括即期外汇交易和远期外汇交易；第5篇（共2章）衍生外汇交易，包括外汇期货交易和外汇期权交易。

本教材有以下几个特点：

1．实用性

本教材一方面适用于金融专业的高职高专学生的课堂教学，以满足学生毕业后走上工作岗位的基本专业知识和技能的需要，因此侧重于实际操作与分析；另一方面，本教材也可作为银行相关从业人员的培训参考书及外汇交易初学者的学习用书。

2．实操性

本教材围绕技能训练和能力培养来设计编写体例，每章以案例引入，章前有知识目标、技能目标、学习导航，以此明确学习目标，正文穿插大量个案思考与分析补充阅读资料及图表，便于读者理解，章后有本章小结、复习题、实训题或案例分析题，以此加强能力训练。本教材体现了综合素质教育理念。

3．创新性

本教材突破了以往强调知识的系统性、完整性的传统理念，转为强调技能训练或能力培养，采用全新的编写体例，通过大量案例引导学生思考和训练，深入浅出，易于理解。同时力争介绍最新知识，保证学生学到最前沿的、学得会、用得上的知识和技能。

本教材由杨向荣设计全书框架，拟订编写大纲，负责全书统稿和总纂。作者具体分工为：杨向荣（第1、6、7章）、郑宏韬（第9章）、张伟芹（第4～5章）、乔睿（第2、8章）、朱静（第3、10章）。交通银行北京分行的王鹏先生对本教材的编写进行了认真的指导和审阅，中国工商银行廊坊分行的刘丽艳女士也给予了大力的支持和帮助，在此向他们表示诚挚的谢意！

本教材在编写的过程中，参考借鉴了许多前辈的教研思路与经验成果，在此一并表示感谢。同时由于编者的学识水平、实践经验有限，书中难免存在不当之处，恳请读者、同业老师与实践专家批评指正。

杨向荣

目 录

第3篇 外汇交易模拟

第4篇 传统外汇交易

第 1 篇

外汇交易基础

第 1 章

外汇交易基础知识

本章学习目标

- **知识目标**　了解外汇与汇率的种类，理解外汇与汇率的含义，掌握常见的货币报价方法。
- **技能目标**　能够看懂汇率牌价，能够运用汇率报价进行货币兑换和进出口报价的汇率的折算。

学习导航

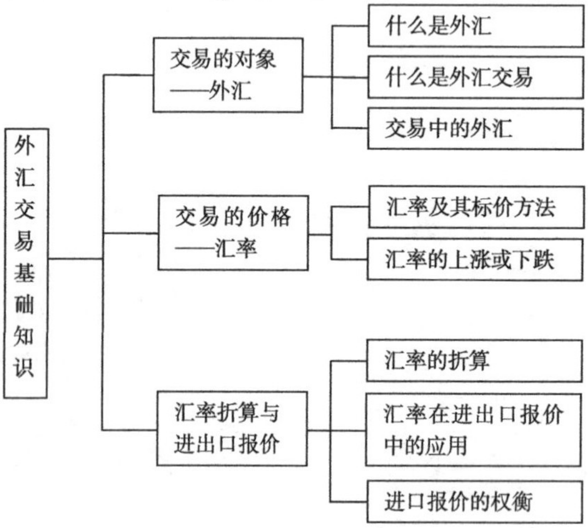

课前导读

你能否准确判断以下哪些是外汇，哪些不是外汇？

我国某公司持有的美元现金、英镑存款、在美国投资购买的汽车、美国国库券、IBM 公司股票、汇丰银行开出的港币旅行支票、越南盾现钞、花旗银行开出的汇票、在美国购买的房产、人民币存款。

如果上述公司是一家美国公司，你又如何判断呢？

在外汇交易中，"外汇"是最基本的概念，它已成为各国从事国际经济活动不可缺少的媒介。要准确把握外汇的确切内涵及进行各种外汇交易，我们有必要从外汇的概念学起。

1.1 交易的对象——外汇

1.1.1 什么是外汇

从形态上讲，外汇（Foreign Exchange）的概念可从两个方面来理解，即动态的外汇和静态的外汇。

1. 动态的外汇

由于各国都有自己独立的货币制度和货币，一国货币不能在另一国流通，从而国与国的债权和债务在清偿时，需要进行本外币的兑换。

动态的外汇是"国际汇兑"的简称，就是把一个国家的货币兑换成另一个国家的货币，以清偿国际债权债务的一种专门性的活动。

比如，英国某进出口公司从美国进口一批机器设备，双方约定用美元支付，而英方公司只有英镑存款，为了解决支付问题，该公司用英镑向伦敦银行购买相应金额的美元汇票，然后寄给美国出口商；美国出口商收到汇票后，即可向当地纽约银行兑取美元。这样一个过程就是国际汇兑（见图 1-1），也就是外汇最原始的概念。

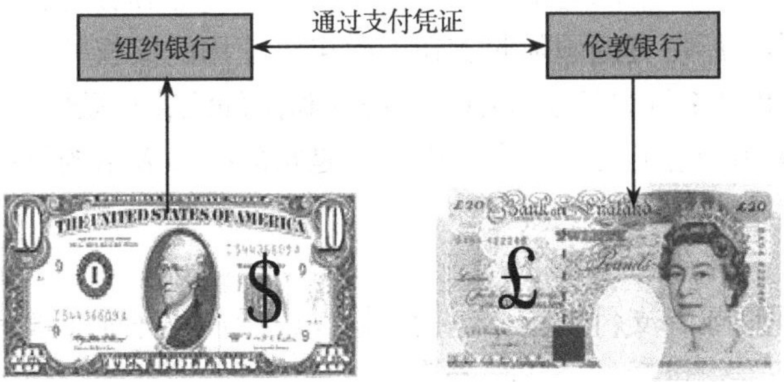

图 1-1　国际汇兑

2. 静态的外汇

随着世界经济的发展，国际经济活动日益活跃，国际汇兑业务也越来越广泛，慢慢地

“国际汇兑”由一个过程的概念演变为国际汇兑过程中国际支付手段这样一个静态概念，从而形成了目前外汇的一般静态定义，即以外币表示的、为各国普遍接受的、可用于清偿国际债权债务的金融资产和支付手段。

作为国际支付手段的外汇必须具备3个要素：国际性、自由兑换性和可偿性。我们可以从下述三个方面进一步理解。

（1）外汇必须是以外币计价或表示的各种金融资产。也就是说，用本国货币计价或表示的金融资产不能视为外汇。以美元为例，美元为国际支付中常用的货币，但对美国人来说，凡是用美元对外进行的收付活动都不算是动用了外汇。而只有对美国以外的人来说，美元才算是外汇。

（2）外汇必须具有充分的可兑换性（Convertibility）。一般来说，只有能自由兑换成其他国家的货币，同时能不受限制地存入该国商业银行的普通账户才算做外汇。例如，美元可以自由兑换成日元、英镑、欧元等其他货币，因而美元对其他国家的人来说是一种外汇；而我国人民币现在还不能自由兑换成其他种类货币，所以人民币对其他国家的人来说尽管也是一种外币，却不能称做外汇。

想一想　越南盾现钞为什么不是外汇？

（3）外汇必须在国际上能够被普遍接受。空头支票、拒付的汇票等均不能视为外汇，否则国际汇兑的过程就无法进行，同时在多边结算制度下，在国际上得不到偿还的债权显然不能用做本国对第三国债务的清偿。

以上对于外汇的理解主要是从狭义的角度来分析，即狭义外汇是指在国外的银行存款及索取这些存款的外币票据与外币凭证，如汇票、本票、支票等。相对而言，广义的外汇是指国际货币基金组织和各国外汇管理法令中的外汇。

国际货币基金组织对外汇的定义为：“外汇是货币行政当局以银行存款、财政部库券、长短期政府证券等形式所持有的国际收支逆差时可以使用的债权。”

我国于2008年8月1日修订了《中华人民共和国外汇管理条例》，该《条例》第三条对外汇的定义也是采用静态的含义。我国的外汇是指以外币表示的可以用做国际清偿的支付手段和资产，具体包括以下5项内容：

（1）外国货币，包括纸币、铸币。

（2）外币支付凭证或者支付工具，包括票据、银行存款凭证、银行卡等。

（3）外币有价证券，包括债券、股票等。

（4）特别提款权。

（5）其他外汇资产。

1.1.2　什么是外汇交易

还记得前面所讲的动态外汇的概念吗？将一国货币兑换成另一国货币的行为，这一概念揭示了外汇交易的含义。

外汇交易是指外汇买卖的主体为了满足某种经济活动或其他活动的需要，按一定的汇率和特定交割日而进行不同货币之间的兑换行为，如美元兑日元（USD/JPY）、英镑兑美元（GBP/USD）等。

概括地讲，外汇交易可分为两大类，即零售性外汇交易和批发性外汇交易。

1．零售性外汇交易

零售性外汇交易即银行与客户间的外汇交易。一国的对外经济活动会伴随着大量的外汇供给与需求：外汇供给方将外汇卖给银行，换成本币，称为结汇；外汇需求方将本币付给银行，同时买入外汇，称为售汇。这样便形成了银行与客户间的外汇交易。其中，外汇银行与法人之间的外汇交易，采用转账结算，而外汇银行对居民个人的外汇交易通常在柜台上结算。由于银行与客户间的外汇交易笔数较多，金额较小，故称为零售性外汇交易。

2．批发性外汇交易

批发性外汇交易即银行同业间的外汇交易。外汇银行在对客户买入或卖出外汇后，其自身持有的外汇就会出现多余或短缺，从而形成外汇敞口风险。银行为了保持外汇头寸的平衡，需要在每日零售业务终了后，在银行同业外汇市场上进行外汇抛补交易，以将外汇风险减少到最低。这种银行间或银行与其他金融机构之间的交易往往数额较大，故称为批发性外汇交易。

补充阅读资料 1-1

2012 年 4 月份全球汇市日均交易额为 3.65 万亿美元

据全球央行新近公布的数据显示，欧元困境已经导致外汇市场陷入自金融危机爆发以来的最大滑坡：全球汇市交易额自 2009 年以来首次下滑。4 月份全球汇市日均交易额下降 5%，至 3.65 万亿美元，上年同期为 3.83 万亿美元。这也是汇市自 2008—2009 年全球信贷危机以来首次出现同比下滑的情况。不过，即便是 4 月份交易额有所下滑，但外汇市场的总体交易额自 2004 年（全球央行开始发布外汇交易额数据）以来还是增长了超过两倍。

（**资料来源：**《华尔街日报中文版》，2012 年 7 月 30 日）

1.1.3 交易中的外汇

外汇的种类很多，大部分国家都有自己的货币，但外汇交易中所涉及的货币品种却是有限的。进行外汇交易的货币是国际上可兑换的货币。

1. 外汇交易中的主要货币名称及符号（见表1-1）

表1-1 外汇交易中的货币名称及符号一览表

国家或地区（Country or District）	货币名称（Currency）	ISO 货币符号（ISO Codes）		惯用缩写（Abbreviation）
		字母代码 Alphabetic	数字代码 Numeric	
China（中国）	Renminbi Yuan（人民币元）	CNY	156	¥
Hong Kong（中国香港）	HongKong Dollar（港元）	HKD	344	HK$
Japan（日本）	Yen（日元）	JPY	392	Yen
Singapore（新加坡）	Singapore Dollar（新加坡元）	SGD	702	S $
European Union（欧盟）	Euro（欧元）	EUR	978	€
United Kingdom（英国）	Pound Sterling（英镑）	GBP	826	£
Switzerland（瑞士）	Swiss Franc（瑞士法郎）	CHF	756	SFr
United States（美国）	US Dollar（美元）	USD	840	US$
Canada（加拿大）	Canadian Dollar（加拿大元）	CAD	124	Can$
Australia（澳大利亚）	Australian Dollar（澳大利亚元）	AUD	036	A$

（资料来源：国际标准化组织4217标准2001版：货币和资金表示代码）

2. 主要货币和次要货币

在外汇交易中，交易最频繁的货币叫做主要货币，按照交易额排序分别是美元、欧元、日元、英镑、瑞士法郎、加拿大元和澳大利亚元等。其余的交易货币都被称为次要货币，如新西兰元、南非兰特和新加坡元是经常交易的次要货币。由于国际市场上的交易合同量在不断变化，其他次要货币的交易频率就很难确定了。

3．现钞和现汇

现钞主要指的是由境外携入或个人持有的可自由兑换的外国货币，简单地说，就是指个人所持有的外国钞票，如美元、日元、英镑等。现汇是指由国外汇入或由境外携入、寄入的外币票据和凭证，在日常生活中我们能够经常接触到的主要有境外汇款和旅行支票等。

由于人民币是我国的法定货币，外币现钞在我国境内不能作为支付手段，只有在境外才能成为流通货币，银行在使用中需要支付包装、运输、保险等费用，而现汇作为账面上的外汇，它的转移出境只需要进行账面上的划拨就可以了。因此，在银行公布的外汇牌价中，现钞与现汇并不等值，现钞的买入价要低于现汇的买入价。

想一想　现钞和现汇的区别有哪些？

补充阅读资料 1-2

各国货币欣赏

 加拿大元	 美元	 墨西哥比索
 南非兰特	 泰国铢	 新加坡元
 印度卢比	 埃及镑	 澳大利亚元
 不丹怒尔特鲁姆	 朝鲜元	 俄罗斯卢布
 韩国元	 欧元	 英镑

1.2 交易的价格——汇率

想一想　你了解外汇行情吗？你会看外汇牌价吗？

1.2.1 汇率及其标价方法

从表1-2中可以看到各种不同的数字即汇率，那么什么是汇率呢？

表1-2　中国工商银行人民币即期外汇牌价　　单位：人民币/100外币

币　种	汇买、汇卖中间价	现汇买入价	现钞买入价	卖出价
澳大利亚元（AUD）	654.76	652.47	633.81	657.05
加拿大元（CAD）	630.70	628.49	610.52	632.91
瑞士法郎（CHF）	672.46	670.11	650.94	674.81
欧元（EUR）	813.03	810.18	787.01	815.88
英镑（GBP）	996.96	993.47	965.06	1 000.45
港元（HKD）	80.32	80.16	79.52	80.48
日元（JPY）	7.110 9	7.086 0	6.883 4	7.135 8
澳门元（MOP）	77.90	77.74	77.12	78.06
新西兰元（NZD）	522.45	520.62	505.73	524.28
新加坡元（SGD）	507.28	505.50	491.05	509.06
美元（USD）	622.63	621.38	616.40	623.88

（资料来源：中国工商银行网站，2013年1月9日）

1. 汇率的含义

汇率（Exchange Rate）指用一国货币表示另一国货币的价格。换句话说，汇率就是两种不同货币之间的交换比率或比价，故又称为“汇价”或“兑换率”。

从汇率的定义可以看到，汇率属于“价格”的范畴，它跟一般商品的价格有许多类似之处，不过它是各国特殊商品即货币的价格。

个案思考与分析 1-1

1美元=6.8653元人民币

即用人民币表示美元的价格，也可以说成美元兑人民币的比率为6.865 3。

1英镑=1.9294美元

即用美元表示英镑的价格，也可以说成英镑兑美元的比率为1.929 4。那么在两种货币的价格表示中，到底用哪种货币表示另一种货币的价格呢？这涉及汇率的标价方法问题。

2. 汇率的标价方法

汇率的标价方法即汇率的表示方法。因为汇率是两国货币之间的交换比率，在具体表示时就牵涉以哪种货币作为标准的问题，由于所选择的标准不同，便产生了三种不同的汇率标价方法。

（1）直接标价法（Direct Quotation），是以一定单位的外国货币为标准，折算为若干数量的本国货币来表示汇率的方法，即用“本币”表示“外币”的价格。或者说，以一定单位的外币为基准计算应付多少本币，所以又称应付标价法（Giving Quotation），如人民币市场汇价（见表 1-3）。

表 1-3 人民币市场汇价表（2013 年 1 月 9 日） 单位：元

货 币	单 位	中 间 价	货 币	单 位	中 间 价
美元	1	6.281 4	日元	100	7.198 5
欧元	1	8.208 8	港元	1	0.810 36

资料来源：中国外汇交易中心、中国货币网（http://www.chinamoney.com.cn）

在直接标价法下，外国货币总是一定单位（1、100、10 000 等）的固定数额，汇率的涨跌都是以相对的本国货币数额的变化来表示，简称外币不动，本币动。

个案思考与分析 1-2

假设我国人民币市场汇率为：

月初 USD1=CNY6.8704

月末 USD1=CNY6.8684

以上变化说明美元贬值，人民币升值。

直接标价法的特点：① 在直接标价法下，本币数量的变化，反映单位外币价值的变化。本币数量增加，则外汇汇率上涨，即外币升值，或本币贬值；反之亦然。② 在直接标价法下，外汇汇率的升降同本币数额的变化成正向。

用直接标价法表示汇率有利于本国投资者直接明了地了解外汇行情变化，它成为目前国际上绝大多数国家采用的标价方法。

（2）间接标价法（Indirect Quotation），是以一定单位的本国货币为标准，折算为若干数量的外国货币来表示汇率的方法，即用“外币”表示“本币”的价格。或者说，以本国货币为标准来计算应收多少外国货币，所以又称应收标价法（Receiving Quotation），如伦敦外汇行市（见表 1-4）。

表1-4 伦敦·纽约外汇行市表（2013年1月7日）

货币名称	1英镑折合外币	货币名称	1美元折合外币
美元	1.611 2	新加坡元	1.228 8
加拿大元	1.588 4	日元	87.780 0
瑞士法郎	1.484 2	港元	7.750 7

资料来源：国家外汇管理局

在间接标价法下，本币金额总是一定单位的固定数额，汇率的涨跌都是以相对的外国货币数额的变化来表示，简称本币不动，外币动。

个案思考与分析 1-3

假设伦敦外汇市场汇率为：

月初 GBP1=USD1.6112

月末 GBP1=USD1.6130

以上变化说明英镑升值，美元贬值。

间接标价法的特点：① 外币数量的变化，反映该外币价值的变化。外币数量增加，则外汇汇率下降，即外币贬值；反之亦然。② 在间接标价法下，外汇汇率的升降同外币数额的变化成反向。

目前采用间接标价法的少数货币是：美元、英镑、欧元、澳元、新西兰元、爱尔兰镑、南非兰特等。英镑长期以来采用间接标价法，对欧元采用直接标价法。美国自1978年9月1日起采用间接标价法，但对英镑和欧元仍然沿用直接标价法。

个案思考与分析 1-4

假设东京外汇市场月初汇率为USD1=JPY87.78，月末汇率为USD1=JPY87.70，以上汇率变化说明什么问题？

假设纽约外汇市场月初汇率为USD1=HKD7.797 0，月末汇率为USD1=HKD7.8030，以上汇率变化说明什么问题？

分析：东京外汇市场汇率的变化说明美元贬值，日元升值；纽约外汇市场汇率的变化说明美元升值，港元贬值。

想一想 直接标价法和间接标价法下的汇率之间是什么关系？

（3）美元标价法（U.S. Dollar Quotation System），随着国际金融市场间外汇交易量的猛增，为了便于国际交易，在银行之间报价时通常采用美元标价法。美元标价法是指以美元为标准表示各国货币汇率的方法，目前已普遍用于世界各大国际金融中心。这种现象某种程度上反映出在当前的国际经济中，美元仍然是最重要的国际货币。

个案思考与分析 1-5

假设某日瑞士苏黎世外汇市场汇率报价如下：

USD1=JPY102.60

USD1=HKD7.7970

EUR1=USD1.3526

GBP1=USD1.8564

这些报价对瑞士来讲，既非直接标价法也非间接标价法，其中 USD1=JPY102.60 和 USD1=HKD7.7970 属于以美元为标准表示其他货币的价格，称为美元标价法，而 EUR1=USD1.3526 和 GBP1=USD1.8564 属于以其他货币为标准表示美元的价格，称为非美元标价法。

对上述三种标价法的比较如表 1-5 表示。

表 1-5　三种标价法的比较

标价法	定　义	公　式	特　点	表　示	注　意
直接标价法	应付标价法	外币/本币= x 如中国 USD/ CNY=6.2814	外币不变本币数额增加，本币贬值	外币 1=本币 x 如中国 USD1=CNY6.2814	除去英镑、美元等
间接标价法	应收标价法	本币/外币= x 如英国 GBP/ USD=1.6112	本币不变外币数额增加，本币升值	本币 1=外币 x 如英国 GBP1=USD1.6112	英镑、美元等
美元标价法		1）美元/外币= x 如 USD/HKD=7.7970 2）外币/美元= x 如 EUR/ USD=1.3526	美元不变本币数额增加，本币贬值	1）美元 1=外币 x 如 USD1=HKD7.7970 2）外币 1=美元 x 如 EUR1=USD1.3526	除英镑

3．标价法中的基准货币和标价货币

（1）基准货币（Based Currency）。各种标价法下数量固定不变的货币叫做基准货币，如 GBP1=USD1.9709 中的 GBP，USD1=CNY6.8704 中的 USD。

（2）标价货币（Quoted Currency）。各种标价法下数量变化的货币叫做标价货币。

显然，在直接标价法下，基准货币为外币，标价货币为本币；在间接标价法下，基准货币为本币，标价货币为外币；在美元标价法下，基准货币是美元，其他货币是标价货币。

在我国个人外汇实盘买卖的报价中，还有两种报价方法，即直盘报价法和交叉盘报价法。直盘报价法指基准货币或标价货币有一个是美元；交叉盘报价法指不论基准货币还是标价货币都是非美元货币。例如，EUR/USD=1.3451/1.3457 属直盘报价法；GBP/JPY=190.87/191.13 属交叉盘报价法。

4．汇率的标价原则

（1）写法。基准货币/标价货币

GBP/USD=1.5860/70

以上汇率的表示方法还可以写成：GBP1= USD1.5860/70

（2）辨别买入价与卖出价。

- 交易双方分别为银行和客户时，站在银行角度。
- 交易双方均为银行或没有银行时，站在报价方角度。
- 报价汇率中的货币没有本国货币时，站在基准货币角度。

> **想一想**　若 USD/JPY=102.65/108.30，报价方（或询价方）买入 USD 时要付出多少 JPY？报价方（或询价方）卖出 USD 时要收入多少 JPY？

5．汇率的类型

外汇汇率的种类很多，特别是在实际业务中，分类更加复杂。这里主要从三个角度对汇率的类型加以介绍。

（1）按汇率制定的角度划分，分为基本汇率和套算汇率。基本汇率（Basic Rate）是本国货币（Local Currency）对某一关键货币的比率。关键货币（Key Currency）指国际上普遍接受的，国际收支中使用最多，外汇储备中占比最大的自由外汇。套算汇率（Cross Rate）指通过基本汇率套算得到的两种货币间的汇率。

个案思考与分析 1-6

已知基本汇率分别为 USD1=HKD7.7860，USD1=SGD1.8405，求套算汇率 SGD/HKD。

分析：由已知条件可得 HKD7.7860=SGD1.8405，所以 SGD1=HKD4.2304（7.7860/1.8405），即套算汇率 SGD/HKD=4.2304。

个案思考与分析 1-7

已知基本汇率分别为 GBP1=USD1.5625，USD1=CHF1.6032，求套算汇率 GBP/CHF。

分析： 由已知条件可得 GBP1=CHF（1.6032×1.5625）= CHF2.505，即套算汇率 GBP/CHF=2.505。

（2）从银行买卖外汇的角度划分，可分为买入汇率、卖出汇率、中间汇率和现钞汇率。

买入汇率（Buying Rate）是外汇银行从客户手中买进外汇时所采用的汇率。

卖出汇率（Selling Rate）是外汇银行卖给客户外汇时所采用的汇率。

外汇银行作为从事货币、信用业务的中间商人，赢利主要体现在买入与卖出的差价上；换句话说，外汇卖出价高于买入价的部分是银行买卖外汇的毛收益，包括外汇买卖的手续费、保险费、利息和利润等。

中间汇率（Middle Rate）是买入价和卖出价的算术平均数，即中间价=（买入价+卖出价）÷2，报刊、电台、电视中的通常是中间价，它常被用做汇率分析的指标。

现钞汇率（Bank Notes Rate）是银行买卖外币现钞的价格。由于外币现钞在本国不能流通，需要把它们运至国外才能使用，在运输现钞过程中需要花费一定的保险费、运费，所以银行购买外币现钞的价格要略低于购买外汇票据的价格，而卖出外币现钞的价格一般与现汇卖出价相同。

（3）按外汇买卖交割期限不同，分为即期汇率和远期汇率。即期汇率（Spot Rate）指买卖双方成交后，于当时或两个工作日之内进行外汇交割时所采用的汇率。交割（Delivery）指外汇业务中两种货币的对应实际收付行为。远期汇率（Forward Rate）指买卖双方成交后，在约定的日期办理交割时采用的汇率。

1.2.2　汇率的上涨或下跌

1．汇率上涨或下跌的含义

（1）汇率上涨（货币升值）指一种货币可以兑换相对多的其他货币。

个案思考与分析 1-8

假设某外汇市场的汇率如下：

月初　GBP1=USD1.5625

月末　GBP1=USD1.5630

以上变化说明英镑可以兑换更多的美元，即英镑汇率上升，英镑升值。

（2）汇率下跌（货币贬值）指一种货币只能兑换相对少的其他货币。

个案思考与分析 1-9

假设某外汇市场的汇率如下：

月初　USD1=CNY6.8704

月末　USD1=CNY6.8675

以上变化说明美元只能兑换更少的人民币，即美元汇率下跌，美元贬值。

在任何一组货币对中，一种货币升值的同时就是另一种货币的贬值，如个案思考与分析 1～8 中，英镑升值，即美元贬值；个案思考与分析 1～9 中，美元贬值，即人民币升值。

2．汇率变化幅度的表示方法与计算

（1）表示方法一：基本点（基点）。按市场惯例，汇率通常由五位有效数字组成，最后一位数字被称为基本点，它是构成汇率变动的最小单位，如 1 欧元=1.1011 美元；1 美元=120.55 日元。欧元对美元从 1.101 0 变为 1.101 5，变化幅度为 0.000 5，称欧元对美元上涨了 5 个基本点。美元对日元从 120.50 变为 120.00，变化幅度为–0.50，称美元对日元下跌了 50 个基本点。可以看出，通常一个基本点是 0.000 1，但也有例外，如在日元的汇率中，一个基本点是 0.01。

除了通过基本点表示汇率的变化以外，还经常使用百分比表示汇率的变化幅度。例如，从上周一的 6.902 8 到本周一的 6.867 6，人民币汇率在最近的一周时间里表现出了强劲的升值冲动，屡创新高。按照昨日的 6.867 6 计算，人民币在本月升值 796 个基点，折算百分比幅度为 1.15%，升值的速度有所加快。那么 796 个基点是怎么计算出来的？人民币升值幅度 1.15%又是怎么计算出来的呢？

（2）表示方法二：百分比。通过以下两个公式可从不同角度计算汇率的变化幅度。

1）基准货币/标价货币的汇率变化（%）=（新汇率/旧汇率–1）×100%

2）标价货币/基准货币的汇率变化（%）=（旧汇率/新汇率–1）×100%

个案思考与分析 1-10

假设某年 1 月 20 日 GBP/CNY=15.3530，

2 月 20 日：GBP/CNY=15.2274，

思考：① GBP 升值还是贬值？变化幅度是多少？

② CNY 升值还是贬值？变化幅度是多少？

分析：① GBP 由 15.353 0 变为 15.227 4，说明 GBP 贬值，贬值幅度为：

基准货币/标价货币的汇率变化（%）=（新汇率/旧汇率–1）×100%

=（15.2274/15.3530–1）×100%=–0.82%。

② CNY 的升值幅度为：

标价货币/基准货币的汇率变化（%）=（旧汇率/新汇率–1）×100%

=（15.3530/15.2274–1）×100% = 0.83%

补充阅读资料 1-3

人民币汇率创出 19 年新高 内外经济向好

近期，在全球主要发达国家货币宽松政策带来贸易改善及中国经济触底反弹之际，人民币开始呈现走强态势。人民币买盘交易量在 2012 年 11 月开始逐步增加，人民币对美元走势也正刷新一个又一个新纪录。

外汇交易中心数据显示，从昨日即期市场人民币整体表现来看，延续了近期的升值势头，美元对人民币开盘后迅速下跌，截至 13 点 9 分报 6.221 8，再度创出汇改新低，而据外媒报道，这一汇价也创出了 19 年来的最低价。人民币对美元在冲高后出现回落，最终收于 6.226 2。

据统计，自 2005 年人民币汇改以来，人民币对美元每年升值约 5%， 近年则呈升值放缓态势，2010 年、2011 年、2012 年分别约为 3.63%、4.7%、1.02%。

近期召开的中央经济工作会议提出“保持人民币汇率基本稳定”。这一表态为 2013 年的人民币汇率走势定了基调。市场普遍预测今年人民币汇率将小幅上升，升值 1%～2%，受中国经济迅速增长引发资金流入带动。

多位专家预计，在央行继续实施稳健货币政策及国内经济回暖的基础上，今年人民币汇率将保持有限度的温和上升态势。双向波动仍将是未来一段时间人民币汇率最显著的特点。

澳新银行首席经济学家刘利刚表示，在连续 7 年的人民币升值进程中，人民币兑美元的名义升值幅度达到了 25%，实际升值幅度则达到了 30%。接近均衡水平的人民币汇率，继续大幅升值的可能性已经不大，预计人民币将在 2013 年升值大约 1.5%。

连平指出，人民币小幅、平稳升值有利于中国获得低成本的资源，有利于“走出去”战略的实施，从而有利于中国中长期经济发展。

（**资料来源：**《腾讯财经》，2013 年 1 月 10 日）

1.3 汇率折算与进出口报价

在进出口贸易中，经常会遇到以下情况：出口业务中，原来出口商品以一种货币报价，现在需要改用另一种货币报价；进口业务中，我方需要比较不同货币的报价。解决这些问题需要掌握汇率的折算方法、进出口报价的权衡办法，以及正确运用汇率的买入价和卖出价等。

1.3.1 汇率的折算

1．外币/本币——本币/外币

即已知 1 单位甲货币=××乙货币的中间价，求 1 单位乙货币=××甲货币的中间价。

计算方法：取倒数。

个案思考与分析 1-11

我国出口商对外报价某种商品每公斤 100 元人民币，客户回电要求改报美元价，那么我国出口商应报多少美元？（假设当日汇率为 USD/CNY=6.8684）

分析：首先将 USD/CNY 折算为 CNY/USD=1/6.8684=0.1456

则商品的外币价格为：100×0.1456=14.56 美元。

2．外币/本币的买入价/卖出价——本币/外币的买入价/卖出价

即已知 1 单位甲货币=××乙货币的买入价/卖出价，求 1 单位乙货币=××甲货币的买入价/卖出价。

计算方法：取倒数，并掉换顺序。

> **想一想**　为什么要掉换顺序呢？

个案思考与分析 1-12

若香港外汇市场某日外汇牌价为：GBP/USD=1.9709/1.9727，求 USD/GBP。

分析：按照“取倒数，并调换顺序”的方法，

USD/GBP=（1/1.9727）/（1/1.9709）=0.5070/ 0.5073。

1.3.2 汇率在进出口报价中的应用

在外汇市场上，通常是同时报出买入价和卖出价，而买入价和卖出价之间一般相差

1‰～3‰。进出口商如果在货价折算、对外报价与履行支付义务时考虑不周、计算不精或合同条款不明确，就会遭受损失。在运用汇率的买入价或卖出价时，应遵循以下原则：

（1）本币报价折算为外币报价，应用外币的买入价（即本折外，用买入）。

（2）外币报价折算为本币报价，应用外币的卖出价（即外折本，用卖出）。

（3）两种外币相折，以外汇市场所在国的货币视为本币。

个案思考与分析 1-13

香港出口商出口机床的底价为 10 万港元，现外国进口商要求用美元报价，即 10 万港元相当于多少美元？（假设当天汇率为 USD/HKD=7.7890/7.7910）

分析：根据“本折外，用买入”，即选择汇率 7.789 0，所以 10 万港元=10 万÷7.7890=12838.6 美元

个案思考与分析 1-14

某香港出口商出口每套西服的底价为 100 美元，现外国进口商要求用港元报价，即 100 美元相当于多少港元？（假设当天汇率为 USD/HKD=7.7890/7.7910）

分析：根据“外折本，用卖出”，即选择汇率 7.7910，所以 100 美元=100×7.7910=779.1 港元

个案思考与分析 1-15

我国向英国出口商品，原报价商品单价为 1 万英镑，现英国进口商要求我方改用美元报价，请问我方应报价多少？

（伦敦外汇市场汇率为 GBP1=USD1.7085/1.7090）

（纽约外汇市场汇率为 GBP1=USD1.7167/1.7172）

分析：若按伦敦汇率折合，应将英镑视为本币，根据“本折外，用买入”的原则，1 万英镑=10000×1.7090=17090 美元。

若按纽约汇率折合，应将美元视为本币，根据“外折本，用卖出”的原则，1 万英镑=10000×1.7172=17172 美元。

1.3.3 进口报价的权衡

在进口贸易中，如果一种商品有两种货币报价，那么选择哪种报价更为有利呢？这需要使用如下方法进行权衡。

个案思考与分析 1-16

我国某公司从法国进口商品，以欧元报价为每件 200 欧元，以美元报价为每件 297.66 美元。思考：对我国进口商来讲，哪种报价更合适？如何比较？

方法 1：将两种报价折成人民币进行比较。

若当日我国某银行外汇牌价为，EUR/CNY=10.7375/10.7698，USD/CNY=6.8704/6.8785。

将欧元报价折成人民币为：

200 欧元=200×10.7698=2153.96 元人民币

将美元报价折成人民币为：

297.66 美元=297.66×6.8785=2047.45 元人民币

所以以 USD 报价更便宜一些。

方法 2：将两种货币折成同种货币进行比较。

若当天汇率为 EUR/USD=1.4993，则 200 欧元=299.86 美元。

所以以 USD 报价更便宜一些。

如果不考虑其他因素，我国进口商应接受美元报价。

本章小结

- 外汇交易的对象——外汇，包括外汇的概念，外汇交易以及交易中的外汇。
- 外汇交易的价格——汇率，包括汇率的含义及标价方法，汇率上涨和下跌的含义及计算。
- 汇率折算与进出口报价，包括汇率在进出口报价中的应用，进出口报价的权衡。

复 习 题

1．填空题

（1）在直接标价法下，外汇汇率升降与本币数量增减成_____比，与本币币值升降成_____比。

（2）在间接标价法下，外汇汇率升降与外币数量增减成_____比，与本币币值升降成_____比。

（3）在美国外汇牌价都采用________标价法，而对________采用直接标价法。

（4）若 1 美元=7.7156 港元，在美国属于________标价法，在香港属于________标价法，

第2章

外汇市场

本章学习目标

- **知识目标** 了解外汇市场及其发展情况和外汇市场的特点，了解外汇市场中的参与者和主要国家的外汇市场，了解我国外汇市场的基本特征。
- **技能目标** 掌握外汇买卖业务的基本方法。

学习导航

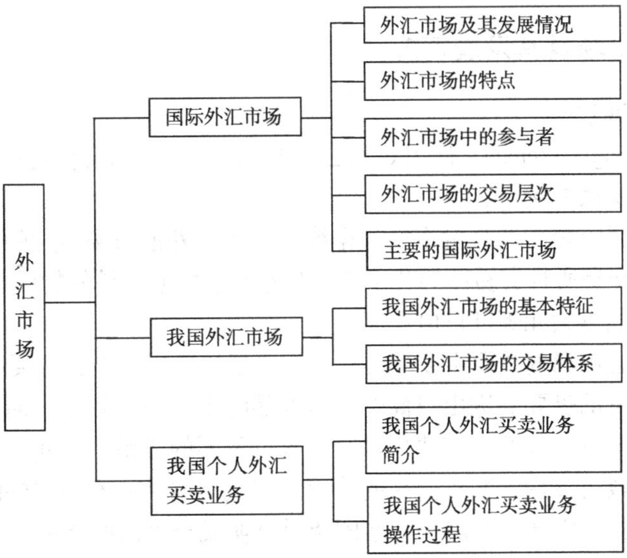

课前导读

2013 年 1 月 9 日，北美时段，美股延续回调走势，道指收盘下跌 0.41%至 13 329.15，标普 500 收盘下跌 0.32%至 1 457.17；汇市方面，非美货币触及日内新低后小幅反弹，其中商品货币相对强劲，美元/日元跌破 87.00 创回调新低。

纽约汇市欧元汇价日内上涨受阻于 1.315 0（日图 10/20MA），若上破则有望重新测试 1.330 0 关口，下方支撑关注中期上行趋势线，大概在 1.330 0 附近。欧元中短期上行趋势维持良好，短期回调和突破阻力位置或提供买进机会。

纽约汇市日元汇价连续第二个交易日大幅回调，目前空头正在测试 87.00 整数关口，更下方支持是 86.60（日图 10MA）和 86.00。由于汇价前期过度超买，后市回调走势可能延续，而且可能以震荡下行为主。当超买走势得到修正时可能将提供逢低买进时机。

纽约汇市英镑汇价上涨乏力，英镑短期走势落后于其他非美货币，日内小幅下跌暂时在 1.604 5（日图 50/100MA）处获得支持，更下方支持关注中期上行趋势线，大概在 1.60 附近，若下破则可能打开进一步下行空间，上方阻力是 1.615 0（日图 10/20MA）。

以上就是主要货币在纽约外汇市场上一天的整体行情分析。看了以上分析，我们肯定会产生疑问：什么是外汇市场？外汇市场都有哪些交易可以进行？交易的目的是什么？影响外汇汇率变动的因素有哪些？本章将从外汇市场概念出发，讲述国际外汇市场的特点、参与者，对主要的国际外汇市场进行介绍，接着讲述我国外汇市场的特征和体系，以及个人外汇买卖的操作。

2.1 国际外汇市场

2.1.1 外汇市场及其发展情况

1. 外汇市场的概念

外汇市场（Foreign Exchange Market）是指从事外汇买卖的交易场所，或者是各种不同货币相互之间进行交换的场所。

外汇市场是世界上最大的金融市场，据统计，纽约外汇市场美元的日交易额达数千亿美元，是纽约证券交易所日交易额的几十倍。在外汇市场上交易的货币主要是美元、英镑、瑞士法郎、日元、加拿大元等可自由兑换货币。

外汇市场是金融市场的重要组成部分，外汇市场之所以存在，主要有以下几个原因。

（1）贸易和投资的需要。进出口商在进口商品时支付一种货币，而在出口商品时收取另一种货币。这意味着，他们在结清账目时，收付不同的货币。因此，他们需要将自己收到的部分货币兑换成可以用于购买商品的货币。与此类似，一家买进外国资产的公司必须用当事国的货币支付，因此，他需要将本国货币兑换成当事国的货币。

（2）投机的需要。两种货币之间的汇率会随着这两种货币之间的供需的变化而变化。交易员在某个汇率上买进一种货币，而在另一个更有利的汇率上抛出该货币，他就可以赢利。投机占了外汇市场交易的绝大部分。

（3）对冲保值的需要。由于两种相关货币之间汇率的波动，那些拥有国外资产（如工厂）的公司将这些资产折算成本国货币时，就可能遭受一些风险。当以外币计值的国外资产在一段时间内价值不变时，如果汇率发生变化，以国内货币折算这项资产的价值时，就会产生损益，公司可以通过对冲消除这种潜在的损益，即执行一项外汇交易，其交易结果刚好抵消由汇率变动而产生的外币资产的损益。

2. 外汇市场的类型

外汇市场依据其发展程度、市场参与者、交易方式、交割时间和有无场所等可分为以下几种类型。

（1）地区性的和国际性的外汇市场。地区性的外汇市场是指外汇银行和当地居民进行交易的场所，其交易币种仅限于本国货币与世界上少数几个国际货币，交易量少，如泰国的曼谷外汇市场。

国际性的外汇市场是指外汇银行与境内外居民进行外汇交易的市场，交易币种包括各国的货币，交易量巨大，如纽约外汇市场、伦敦外汇市场。

（2）广义的和狭义的外汇市场。广义的外汇市场又称客户市场，是指银行与客户间的外汇买卖市场，主要以零星交易为主，交易量比较小。

狭义的外汇市场又称银行间市场，是指外汇银行为了轧平其外汇或资金头寸，从事外汇抛补交易或金融性交易的市场，是外汇市场的主流。

（3）大陆式和英美式外汇市场。大陆式外汇市场又称有形外汇市场，有固定的地点和固定的交易时间，集中交易，如法国巴黎和中国上海等外汇市场。

英美式外汇市场又称无形外汇市场，没有固定地点集中进行外汇交易，市场参与者可以在任何时间、采取各种方式进行交易，如英国伦敦、中国香港等外汇市场。

这两者之间的异同如表 2-1 所示。

表 2-1　大陆式外汇市场与英美式外汇市场的异同

	大 陆 式	英 美 式
交易地点	有具体的交易场所，一般设在证券交易所内部的外汇交易厅	没有具体的交易场所
交易时间	固定时间	没有固定的开盘或者收盘时间
交易方式	各银行的交易代表集中在交易厅内进行交易	买卖双方在安排成交时无须见面，通过连接银行和外汇经纪人的电话、电报、电传、计算机终端等进行
代表市场	欧洲大陆上的外汇市场（除瑞士、伦敦等）	伦敦、纽约、东京

（4）管制外汇市场和自由外汇市场。管制外汇市场是指政府对外汇的买卖、外汇资金出入国境以及汇率水平进行了严格规定的市场，如中国外汇市场。

自由外汇市场是指政府对外汇的买卖、外汇资金的出入国境以及汇率不进行任何限制的市场，目前发达国家的外汇市场属于这一类。

3．外汇市场发展情况

国际外汇市场几十年来发展十分迅速，从最早的仅仅为了规避汇率风险的简单交易，到目前一体化发展的阶段，国际外汇市场大体经历了三个发展阶段。

（1）浮动汇率制为外汇市场的发展提供了市场基础。1973 年布雷顿森林体系瓦解，主要发达国家纷纷实行浮动汇率制。汇率的浮动既给市场参与者带来了投资机会，吸引了无数投资者参与外汇市场交易，又使得汇率风险急剧上升。市场参与者为了规避汇率风险，把目光转移到外汇市场上，运用技术手段掌握汇市行情，通过外汇交易产品的创新来规避汇率风险，从而使人们更加关注外汇市场。

（2）金融自由化和全球化使得外汇市场向深度和广度迅速发展。20 世纪 70 年代后期，发达国家放松或取消外汇管制，利率与汇率的自由化、银行混业经营加速了金融自由化和全球化的进程，国际资本流动的成本越来越小。国际资金自由流动，在各个外汇市场上频繁套利，加速了外汇市场的超常发展，外汇交易规模持续增加，促使各个外汇市场在空间上形成统一，大大推动了全球金融和外汇业务的一体化。

（3）计算机和通信网络的广泛运用，为外汇市场的发展奠定了物质技术基础。新技术革命促进了计算机和通信网络的发展，为外汇交易双方快捷清算及资金的国际划拨提供了物质基础。市场参与者利用网络技术在任何时间和地点都可以方便、准确和安全地进行外汇买卖，壮大了外汇市场。同时新技术革命也加速了世界各国外汇市场间的紧密联系，形成了全球性的外汇交易网络，提高了外汇交易效率。

2.1.2 外汇市场的特点

近年来，外汇市场之所以能为越来越多的人青睐，成为国际上投资者的新宠儿，这与外汇市场自身的特点密切相关。

1．全天 24 小时交易

国际外汇市场从地理上可分为远东及中东、西欧和北美三大中心。全球各地区的外汇市场随地球自转，能够按照世界时区的差异相互衔接，从星期一到星期五，出现全球 24 小时不间断的连续市场。从格林威治国际标准时间 GMT 22:00 开始，也就是北京 6:00 开始（见图 2-1），新西兰的惠灵顿、澳大利亚的悉尼相继开市，然后是日本东京，中国香港、新加坡 10:00 开市，然后是中东地区的巴林开市，随后是巴黎、法兰克福、苏黎世，接着是伦敦，到北京时间 21:30，纽约开市，随后芝加哥、旧金山开市。

惠灵顿、悉尼、东京、中国香港、法兰克福、伦敦、纽约等地区的各大外汇市场紧密相连，为投资者提供了没有时间和空间障碍的理想投资场所。只有星期六、星期日及各国的重大节日，外汇市场才关闭。

补充阅读资料 2-1

国际重要汇市交易时间（北京时间）

惠灵顿 4:00—13:00；悉尼 6:00—15:00；东京 8:00—15:30；
香港 10:00—17:00；法兰克福 14:30—23:00；伦敦 15:30—次日 00:30；
纽约 21:00—次日 4:00。

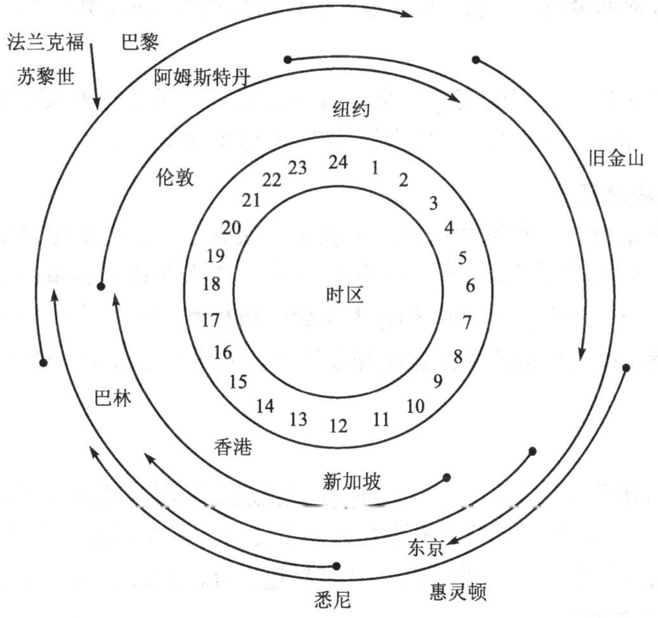

图 2-1　外汇市场开市时间（北京时间）

2．成交量巨大

随着计算机及相关技术的不断发展，跨国资本流动加速，将亚、欧、美等州时区市场连成一片，外汇交易量从 20 世纪 80 年代中期的每天约 700 亿美元，猛升至 20 多年后今天的每天成交额超过 30 000 亿美元。其规模已远远超过股票、期货等其他金融商品市场，财富转移的规模越来越大，速度也越来越快。

3. 有市无场

外汇买卖是通过没有统一操作市场的行商网络进行的，现代化通信设备和电子计算机大量应用于这个由信息流和资金流组成的无形市场。各国外汇市场之间已形成一个迅速、发达的通信网络，任何一地的外汇交易都可通过电话、计算机、手机等设备在全球连通的网络中进行，从而完成资金的划拨和转移。这种没有统一场地的外汇交易市场被称为“有市无场”。尽管外汇市场“有市无场”，但它具备信息公开，传递迅速的特点。

4. 零和游戏

在外汇市场上，汇价波动表示两种货币价值量的变化，也就是一种货币价值的减少与另一种货币价值的增加。因此有人形容外汇市场是“零和游戏”，更确切地说是财富的转移。

5. 交易成本低

外汇交易不收取佣金或手续费，只设定点差作为交易的成本，相对而言，成本较为低廉。

6. 双向交易

外汇市场操作可以进行双向交易，交易者可以先买后卖进行多头交易，也可以先卖后买进行空头交易。而股票市场只能“先买后卖”进行单向交易。

7. 政策干预程度低

虽说一国中央银行会从实现货币和汇率政策、宏观经济运行的整体要求等角度出发，对外汇市场进行相应的干预活动，但中央银行干预的能力在这个容量巨大的外汇市场中并不突出，况且在买卖双方阵营中随时都有大型金融机构和为数众多的普通交易者不断地参与着交易活动，所以没有机构或个人能够操纵市场。国际外汇市场与期货或股票市场相比，是最公平的市场。

8. 成交方便

利用杆杆进行保证金交易是外汇市场相对于股票交易市场的主要优势。外汇市场每天的交易量超过 30 000 亿美元，是美国股票市场日交易量的 30 倍。巨大的交易量使市场保持高度流通，因此也保证了价格的稳定。高交易量、高流通性和高价格稳定性，这三个因素是支持高杠杆率的理由。

2.1.3 外汇市场中的参与者

外汇市场的参与者由外汇供给者与需求者组成，这些参与者出于各自的交易目的进行外汇买卖。参与者因目的不同，从而对外汇市场的影响也不同，以下我们逐一分析。

1. 中央银行

中央银行是外汇市场的特殊参与者，它是各国货币的供给者，是各国银行体系的管理者，也是外汇管制的执行者。

中央银行进行外汇买卖不是为了谋取利润，而是为了监督和管理外汇市场，引导汇率变动方向，使之有利于本国宏观经济政策的贯彻或符合国际协定的要求。中央银行一般设立外汇平准基金，专门用于买卖外汇，以实现干预外汇市场的目的。中央银行还利用利率工具，调整银行利率水平，直接干预远期汇率的决定。中央银行干预外汇市场时，买卖外汇金额非常庞大，而且行动迅速，对外汇市场的供求有很大影响。当今世界，各国中央银行间的合作不断加强，常常联合行动干预外汇市场，成为外汇市场的领导者。中央银行的货币政策是决定汇率的一个重要因素。

2．外汇银行

外汇银行担当外汇买卖以及资金的融通、筹措、运用与调拨任务，是外汇市场的主体，90%左右的外汇买卖业务是在外汇银行之间进行的。

外汇银行是经中央银行批准，可以从事外汇经营活动的商业银行和其他金融机构，其主要业务包括外汇买卖、汇兑、押汇、外汇存贷、外汇担保、咨询及信托等。

3．外汇经纪人和外汇交易员

外汇经纪人是专门介绍外汇买卖业务、促使买卖双方成交的中间人。

外汇经纪人分为两类：一类叫做一般经纪人，他们用自有资金参与买卖中介活动，并承担损益；另一类叫做跑街经纪人，俗称掮客，他们不参与外汇买卖活动，仅凭提供信息收取佣金，代客户买卖外汇。

外汇经纪人主要依靠提供最新、最可靠、对客户最有利的信息而生存，因此他们拥有庞大的信息网和先进的通信网，善于捕捉并利用信息，开发获利渠道。外汇经纪人在外汇市场上是一支非常活跃的队伍，即使许多大银行能够独立进行外汇买卖，他们也愿意通过经纪人进行交易，因为经纪人不仅能报出最有利的价格，而且大银行也免于暴露自己的经营活动，从而保护自己，顺利实施其市场战略。

外汇交易员是外汇银行中专门从事外汇交易的人员，交易员向客户报价，代银行进行外汇买卖。

根据承担工作的责任不同，交易员可分为首席交易员、高级交易员、交易员、初级交易员和实习交易员。首席交易员一般负责好几种主要外汇的买卖，交易金额不受限制。高级交易员负责较重要的外汇交易，在交易金额上也很少受限制。交易员、初级交易员和实习交易员则负责一种货币的交易，并根据其经验规定交易限额，超限额时要请示高级交易员或首席交易员。

4．一般客户

一般客户是指外汇市场上除外汇银行之外的企业、机关、团体。他们是外汇的最初供应者和最终需求者，如从事进出口贸易的企业，进行跨国投资的企业和偿还外币负债的企业，以及需要汇款的个人等。一般客户的外汇买卖活动反映了外汇市场的实质性供求，尽管这部分交易在外汇市场交易中比例不大，但对一国国民经济却产生实际影响。

5. 外汇投机者

外汇投机者是通过预测汇率的涨跌趋势，利用某种货币汇率的时间差异，低买高卖，赚取投机利润的市场参与者。外汇投机者对外汇并没有真实的需求，如调整头寸或清偿债权债务，他们参与外汇买卖纯粹是为了寻找因市场障碍而可能利用的获利机会，这些机会是隐蔽的，难以被发现。

外汇投机者通常以风险承担者形象出现在外汇市场上，他们出入于各个外汇市场，频繁地买卖外汇，使各外汇市场的汇率趋于一致，汇率更接近外汇供求状况，因此外汇投机者是外汇市场上不可缺少的力量，投机活动是使外汇市场完善的有效途径。但是，外汇投机者往往操纵大量的巨额资金，对某种币种顺势发动突然袭击，影响某种货币的正常趋势，加剧外汇市场的动荡。尤其在当今世界，国际游资规模日增，在先进的通信工具辅助下，可以十分迅速地流进或流出某个外汇市场，成为一股势不可当的投机力量。

2.1.4 外汇市场的交易层次

外汇市场的参与者在市场中交易主要分为三个层次进行（见图2-2）。

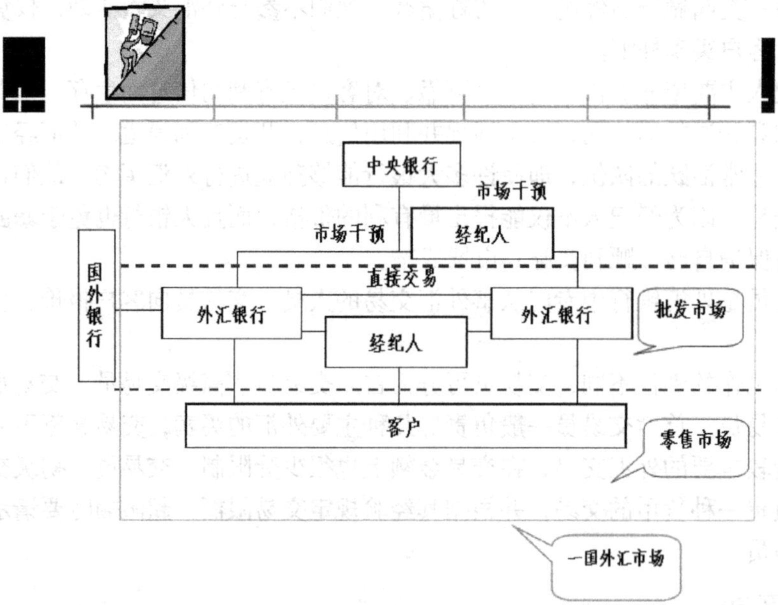

图2-2 外汇市场的层次结构

（1）顾客与银行间的外汇交易。指外汇银行与客户之间的外汇交易。其交易额相对与银行同业间的交易额而言比较小，故又称为零售外汇交易。

（2）银行同业间的外汇交易。指外汇银行与外汇银行之间进行的外汇交易，因其交易额大，又称批发外汇交易。在外汇市场上，银行同业间的外汇交易量通常占总交易量的 90% 以上。外汇银行参与同业间外汇买卖的目的有二：弥补与顾客外汇交易而产生的买卖差额；进行套利、套汇、投机等营利性外汇交易。

（3）中央银行与外汇银行之间的外汇交易。中央银行出于管理的需要而干预外汇市场，其干预目的主要通过直接与外汇银行进行外汇交易而实现，有时也通过外汇经纪人从中撮合而进行。

2.1.5　主要的国际外汇市场

世界外汇市场是由各国际金融中心的外汇市场构成的，这是一个庞大的体系。目前世界上有外汇市场 30 多个，其中最重要的有伦敦、纽约、巴黎、东京、苏黎世、新加坡、香港等，它们各具特色，分别位于不同的国家和地区并相互联系，形成了全球的统一外汇市场。

1．伦敦外汇市场

伦敦外汇市场是一个典型的无形市场，没有固定的交易场所，通过电话、电传、电报完成外汇交易。伦敦外汇市场上，参与外汇交易的外汇银行机构约有 600 家，包括本国的清算银行、商业银行、其他商业银行、贴现公司和外国银行。这些外汇银行组成伦敦外汇银行公会，负责制定参加外汇市场交易的规则和收费标准。

在伦敦外汇市场上，有 250 多个指定经营商。作为外汇经纪人，他们与外币存款经纪人共同组成外汇经纪人与外币存款经纪人协会。在英国实行外汇管制期间，外汇银行间的外汇交易一般都通过外汇经纪人进行。1979 年 10 月英国取消外汇管制后，外汇银行间的外汇交易就不一定通过外汇经纪人了。

伦敦外汇市场的外汇交易分为即期交易和远期交易。汇率报价采用间接标价法，交易货币种类众多，最多达 80 种，经常有三四十种，交易处理速度很快，工作效率高。伦敦外汇市场上外币套汇业务十分活跃，自从欧洲货币市场发展以来，伦敦外汇市场上的外汇买卖与“欧洲货币”的存放有着密切联系。欧洲投资银行积极地在伦敦市场发行大量外国债券，使伦敦外汇市场的国际性地位更加突出。

2．纽约外汇市场

纽约外汇市场是重要的国际外汇市场之一，其日交易量仅次于伦敦。纽约外汇市场也是一个无形市场，外汇交易通过现代化通信网络与电子计算机进行，其货币结算都可通过纽约地区银行同业清算系统和联邦储备银行支付系统进行。

由于美国没有外汇管制，对经营外汇业务没有限制，政府也不指定专门的外汇银行，所以几乎所有的美国银行和金融机构都可以经营外汇业务。但纽约外汇市场的参加者以商业银行为主，包括50余家美国银行和200多家外国银行在纽约的分支机构、代理行及代表处。

纽约外汇市场上的外汇交易分为三个层次：银行与客户间、本国银行间及本国银行和外国银行间。其中，银行同业间的外汇买卖大都通过外汇经纪人办理。纽约外汇市场有8家经纪商，虽然有些经纪商专门从事某种外汇的买卖，但大部分是同时从事多种货币的交易。外汇经纪人的业务不受任何监督，对其安排的交易不承担任何经济责任，只是在每笔交易完成后向卖方收取佣金。

纽约外汇市场交易活跃，但与进出口贸易相关的外汇交易量较小，相当部分外汇交易与金融期货市场密切相关。美国的企业除了进行金融期货交易而同外汇市场发生关系外，其他外汇业务较少。

纽约外汇市场是一个完全自由的外汇市场，汇率报价既采用直接标价法（指对英镑）又采用间接标价法（指对欧洲各国货币和其他国家货币），便于在世界范围内进行美元交易。交易货币主要是欧洲大陆、北美加拿大、中南美洲、远东日本等国的货币。

3．巴黎外汇市场

巴黎外汇市场由有形市场和无形市场两部分组成。其有形市场主要指在巴黎交易所内进行的外汇交易，其交易方式同证券市场买卖一样，每天公布官方外汇市场标价，外汇对欧元汇价采用直接标价法。但大量的外汇交易是在交易所外进行的，在交易所外进行的外汇交易，或者是交易双方通过电话直接进行买卖，或者是通过经纪人进行。

在巴黎外汇市场上，名义上所有的外币都可以进行买卖，但实际上，目前巴黎外汇市场标价的只有美元、英镑、欧元、瑞士法郎、加拿大元等货币。原则上，所有银行都可以中间人身份为自身或客户进行外汇买卖，实际上，巴黎仅有较大的100家银行积极参加外汇市场的活动。外汇经纪人约有20名，参与大部分远期外汇交易和交易所外的即期交易。

4．东京外汇市场

东京外汇市场是一个无形市场，交易者通过现代化通信设施进行交易。东京外汇市场的参加者有五类：① 外汇专业银行，即东京银行；② 外汇指定银行，指可以经营外汇业务的银行，共340多家，其中日本国内银行243家，外国银行99家；③ 外汇经纪人8家；④ 日本银行；⑤ 非银行客户，主要是企业法人、进出口企业商社、人寿财产保险公司、投资信托公司、信托银行等。

东京外汇市场上，银行同业间的外汇交易可以通过外汇经纪人进行，也可以直接进行。日本国内的企业、个人进行外汇交易必须通过外汇指定银行进行。汇率有两种：一是挂牌汇率，包括了利率风险、手续费等的汇率，每个营业日上午10:00左右，各家银行以银行间市场的实际汇率为基准各自挂牌，原则上同一营业日中不更改挂牌汇率；二是市场连动汇率，以银行间市场的实际汇率为基准标价。

5. 瑞士苏黎世外汇市场

瑞士苏黎世外汇市场是一个有历史传统的外汇市场，在国际外汇交易中处于重要地位。一方面由于瑞士法郎是自由兑换货币；另一方面由于第二次世界大战期间瑞士是中立国，外汇市场未受战争影响，一直坚持对外开放。其交易量原先居世界第四位，但近年来被新加坡外汇市场超过。

在苏黎世外汇市场上，外汇交易是由银行自己通过电话或电传进行的，并不依靠经纪人或中间商。由于瑞士法郎一直处于硬货币地位，汇率坚挺稳定，并且瑞士作为资金庇护地，对国际资金有很大的吸引力，同时瑞士银行能为客户资金严格保密，吸引了大量资金流入瑞士。所以苏黎世外汇市场上的外汇交易大部分是由于资金流动而产生的，只有小部分是出自对外贸易的需求。

6. 新加坡外汇市场

新加坡外汇市场是在20世纪70年代初亚洲美元市场成立后，才成为国际外汇市场的。新加坡地处欧亚非三洲交通要道，时区优越，上午可与香港、东京、悉尼进行交易，下午可与伦敦、苏黎世、法兰克福等欧洲市场进行交易，中午还可同中东的巴林、晚上同纽约进行交易。根据交易需要，一天24小时都同世界各地区进行外汇买卖。新加坡外汇市场除了保持现代化通信网络外，还直接同纽约的CHIPS系统和欧洲的SWIFT（环球银行金融电信协会）系统连接，货币结算十分方便。

新加坡外汇市场的参加者由经营外汇业务的本国银行、经批准可经营外汇业务的外国银行和外汇经纪商组成。其中外资银行的资产、存放款业务和净收益都远远超过本国银行。

新加坡外汇市场是一个无形市场，大部分交易由外汇经纪人办理，并通过他们把新加坡和世界各金融中心联系起来。交易货币以美元为主，占交易总额的85%左右。大部分交易都是即期交易，掉期交易及远期交易合计占交易总额的1/3。汇率均以美元报价，非美元货币间的汇率通过套算求得。

7. 中国香港外汇市场

中国香港外汇市场是20世纪70年代以后发展起来的国际性外汇市场。自1973年香港取消外汇管制后，国际资本大量流入，经营外汇业务的金融机构不断增加，外汇市场越来越活跃，发展成为国际性的外汇市场。香港外汇市场是一个无形市场，没有固定的交易场所，交易者通过各种现代化的通信设施和网络进行外汇交易。香港地理位置和时区条件与新加坡相似，可以十分方便地与其他国际外汇市场进行交易。

香港外汇市场的参加者主要是商业银行和财务公司。该市场的外汇经纪人有三类：当地经纪人，其业务仅限于香港本地；国际经纪人，是20世纪70年代后将其业务扩展到香港的其他外汇市场的经纪人；香港本地成长起来的国际经纪人，即业务已扩展到其他外汇市场的香港经纪人。

20 世纪 70 年代以前，香港外汇市场的交易以港币和英镑的兑换为主。70 年代后，随着该市场的国际化及港币与英镑脱钩并与美元挂钩后，美元成了市场上交易的主要外币。香港外汇市场上的交易可以划分为两大类：一类是港币和外币的兑换，其中以同美元兑换为主；另一类是美元兑换其他外币的交易。

2.2 我国外汇市场

2.2.1 我国外汇市场的基本特征

1994 年 1 月 1 日起，人民币汇率实行并轨，实现了以市场供求为基础的单一的有关联的浮动汇率制。1994 年 4 月 4 日在上海成立了银行间外汇交易中心，该中心与全国 20 多个城市的外汇交易分中心联网，形成了统一整体。交易方式是分散报价、计算机统一撮合成交、资金统一清算，实行 T+1 的清算制度，属于有形外汇市场。其市场参与者为在中国注册的中资银行、外资银行、经营外汇的非银行金融机构和人民银行，交易时间从 9:00—15:30，交易币种为美元、欧元、日元、港元等，其中以美元为主，报价采用直接标价法。

2006 年起，银行间外汇市场交易主体，既可以选择集中授信、集中竞价的交易方式，也可以选择以双边授信、双边清标的方式进行询价交易。同时在银行间外汇市场引入做市商制度，为市场提供流动性。

与国外成熟的外汇市场相比，中国内地外汇市场是不成熟的外汇市场，其主要特点有以下几个。

（1）中国内地外汇市场是地区性的外汇市场。市场参与者主要是境内银行，境外银行不能直接参与其市场交易活动。

（2）人民币汇率与境外市场缺乏联动性。其原因是人民币汇率制度主要采用盯住美元，在外汇市场上不能真实反映人民币与非美元外汇之间的兑换关系。

（3）外汇市场机制缺乏弹性。外汇市场机制是指外汇的供求关系引起汇率的变化，汇率的变动反过来影响市场上的供求关系。中国的外汇市场机制缺乏弹性，其原因是，国家外汇管理局对外汇银行实行结售汇周转头寸管理制度并按日进行考核，银行间外汇买卖具有强制性，银行不能自主抛补外汇头寸，从而扭曲了外汇市场机制。

（4）人民币汇率与人民币利率关系不敏感。其原因是，中国国际收支中的金融项目存在着严格的管制，不存在套利与套汇行为。国际资金在中国内地进行套利和套汇要承担极高的交易成本和政策风险，人民币汇率无法引导国际资金流动。

2.2.2　我国外汇市场的交易体系

1. 我国外汇市场的构成

我国外汇市场包括银行同业市场和顾客零售市场两个层次，主要参加者有外汇指定银行、中央银行和顾客，没有外汇经纪人。

（1）银行间外汇市场。银行间外汇市场的职能是为经营外汇业务的金融机构相互调剂外汇余缺，提供平仓、补仓及清算服务。对外汇指定银行周转外汇实行比例管理、现货买卖和实盘交易。

（2）顾客零售市场。顾客零售市场主要办理银行同客户间的结汇售汇业务。该市场实行结汇、售汇制，结汇、售汇的范围根据《结汇、售汇及付汇管理暂行规定》。

2. 我国外汇市场的交易方式

我国外币买卖业务实行做市商报价驱动的竞价交易模式。由做市商报出各货币对的买/卖报价，交易系统从中选取最优的买/卖报价，在系统中实时发布，同时将最优的做市商报价与会员银行的交易请求按照“价格优先、时间优先”的原则进行匹配，并将成交信息实时反馈给交易双方。

3. 我国外汇市场的交易主体

市场交易主体分为做市商和会员银行两类。做市商是指在指定货币对中连续不断地进行买/卖双边报价，承担维持市场流动性义务的银行。会员银行是指在市场中进行点击报价、订单报价和询价交易的银行。会员银行交易的金额在 1 000 万美元以下的，只需要采用点击报价和订单报价，避免了询价的过程，十分方便快捷。只有交易金额超过 1 000 万美元以上的大额交易，才需要与交易对手进行询价，确定交易价格。

补充阅读资料 2-2

中国外汇交易中心外汇交易系统简介

中国外汇交易中心受中国人民银行和国家外汇管理局委托，负责为银行间外汇市场提供统一、高效的电子交易系统，目前运行的外汇交易系统于 2007 年 4 月 9 日上线运行，采用做市商报价驱动的报价机制，中、外资做市商（22 家人民币外汇做市商和 16 家外币对做市商）通过 API 程序接口为银行间外汇交易系统提供流动性。该系统提供集中竞价与双边询价两种交易模式，支持人民币对五个外币和八组外币对的即期、远期和掉期交易，同时还包括交易分析、数据直通处理和即时通信工具等辅助功能。

图 2-3 是我国外汇交易中心会员构成情况。

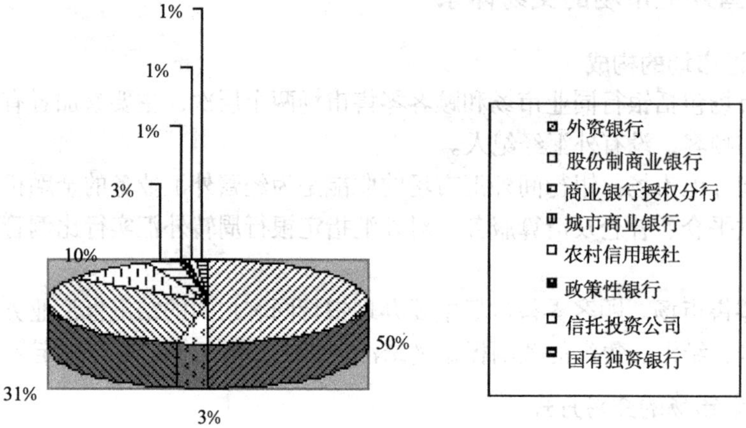

图 2-3　我国外汇交易中心会员构成

4．我国外汇市场交易货币对的种类及交易时间

外币买卖业务首期推出八种“货币对”即期交易，包括欧元对美元、澳大利亚元对美元、英镑对美元、美元对瑞士法郎、美元对港元、美元对加拿大元、美元对日元和欧元对日元。交易时间为每周一至周五北京时间 7:00—19:00，国内法定节假日暂不开市。

5．我国外汇市场的报价方式

外汇买卖业务的报价方式分为三种：① 点击报价，即希望按照当时市场价格成交，且交易金额不大于流动性限额的交易，按点击时的实时汇率成交。② 询价报价，即希望按当时市场行情，且交易金额大于流动性限额的交易，有可能获得大额交易的优惠价格。③ 订单报价，即希望按制定的价格成交，且交易金额不大于流动性限额的交易，可根据自己对市场未来走势判断下单，下单后无须实时看盘。

6．我国外汇市场的限额管理

为提高交易效率，控制风险，外币买卖的交易实行以下限额管理：① 最小报价金额，会员银行的最小报价金额为 10 万美元，非美元货币按实时汇率折算美元计算。② 流动性限额，各做市商在某一价位上可提供的流动性是有限的，相应地，整个市场在某一价位上的流动性也是有限的。交易系统种设置了流动性限额 1 000 万美元或等值其他货币，超出流动性限额的交易请求只能进行询价交易。③ 交易系统对所有做市商和会员银行都设置交易额度。会员银行的交易限额等同于清算限额。

7．我国外汇市场的清算原则

外币买卖实行“集中、差额”的资金清算原则。“集中”是指做市商、会员银行以中国外汇交易中心为清算对手，达成交易后的资金清算均与中国外汇交易中心办理；“差额”是指做市商、会员银行按同一币种同一起息日交易金额的净差额，与中国外汇交易中心进行资金清算。清算速度为 T+2，与加元相关的交易为 T+1。

补充阅读资料 2-3

做市商制度

做市商制度是不同于竞价交易方式的一种交易制度，一般为柜台交易市场所采用。做市商是指在金融市场上，由具备一定实力和信誉的经营法人作为特许交易商，不断向公众投资者报出某些特定金融产品的买卖价格，双向报价并在该价位上接受公众投资者的买卖要求，以其自有资金同投资者进行交易。做市商通过这种不断买卖来维持市场的流动性，满足公众投资者的投资需求，做市商通过买卖报价的适当差额来补偿所提供服务的成本费用，并实现一定的利润。

外汇做市商与证券市场的做市商一样，其最大功能和作用就是活跃外汇交易，提高外汇市场的流动性。主要有以下三个方面的原因。

（1）外汇做市商不断向市场报出某种外汇的买卖价格，并对外汇市场的其他参与者在自己所报价位上的买卖指令不予拒绝，缩短了外汇市场参与者等待交易的时间成本，使单位交易量增加。

（2）外汇做市商之间的竞争性报价对外汇市场其他参与者具有很大的吸引力，这种参与增加了市场交易量，从而提高市场的流动性。

（3）外汇做市商通过信用交易活跃市场。充当做市商的商业银行不是仅靠其自有资金囤积大量外汇头寸等待其他市场参与者询价交易，而是在不断买卖中保持一定的外汇库存。但有时也会发生因头寸不足而难以满足交易者的购买需求，或因资金不足而难以满足交易者出售需求的情况。因此，成熟的做市商制度必须允许信用交易，这种信用交易机制在某种程度上增加了外汇市场的虚假供求，这自然增加了外汇市场的流动性。

由于外汇做市商需用自有资金为卖而买以及为买而卖的方式连接外汇市场的买卖双方，组织市场交易活动，为外汇创造出转手交易的市场，所以做市商又被称为“市场创造者”。

2.3 我国个人外汇买卖业务

2.3.1 我国个人外汇买卖业务简介

2000 年以来，中国内地银行业务不断创新，可买卖币种增加，服务方式更加便捷，方式更加多元化，这使得国内的个人外汇买卖业务日益火暴起来。据统计，目前我国个人外币持有量已达 1 600 余亿元。而过去大多数居民只是把外汇存到银行，即外汇储蓄存款，由于时间、经验、技术和手段等方面的原因，很少有人想到从事个人外汇买卖投资活动。传统的外汇储蓄业务是一种存取性业务，以赚取利息为目的；个人外汇买卖是一种主动性的买卖业务，以赚取汇率差额为主要目的，同时客户还可以通过该业务把自己持有的外币转为更有升值潜力或利息较高的外币，以赚取汇率波动的差价或更高的利息收入，使手中的外币增值。

我国银行的个人外汇买卖业务，是指银行接受境内个人客户的委托，参照国际金融市场现时汇率，把一种外币兑换成另一种外币业务。凡是具有完全民事行为能力，在外汇指定银行的个人外汇交易制定的营业网点开立个人外币存款账户，或持有外币现钞的境内居民均可以在银行办理个人外汇买卖业务。

个人外汇交易按照是否使用银行提供的资金，可以分为个人实盘外汇买卖和个人虚盘外汇买卖两种。个人实盘外汇买卖，是指个人客户通过柜台服务或其他金融电子服务方式进行的不可透支的可自由兑换外汇（外币）的交易，即客户在交易时必须持有足够金额的可卖出的外币，银行不垫付资金，买卖结束后必须进行实际交割。个人虚盘外汇买卖，也称按金交易、外汇保证金交易，是指个人在银行交纳一定的保证后进行的交易额可以放大若干倍的外汇（外币）交易，在此种交易中银行要垫付资金。

我国个人外汇买卖始于1994年年初，交通银行首先在上海推出一种名叫“外汇宝”的业务，也就是个人实盘外汇买卖业务。目前中国银行、中国工商银行、建设银行、交通银行、农业银行、招商银行、光大银行、浦东发展银行等纷纷推出了自己的个人外汇买卖业务。持有效身份证件，拥有完全民事行为能力的境内居民，具有一定金额外汇或外币的个人均可进行个人外汇买卖业务。

随着我国居民个人外汇存款的大幅增长，新交易方式的引进和投资环境的变化，个人外汇买卖业务迅速发展，目前已经成为除股票以外最大的投资市场。

从事个人外汇买卖，就是根据交易者对外汇市场行情的判断，买入一种将会升值的货币，或者卖出将会贬值的货币，在货币的升值、贬值真正发生以后，再买回原货币，或者也可以借着购买交易者认为将会升值的货币，通过赚取货币升贬值的价差，获取可观的利润，实现保值、套汇和套利的目的。

各个银行根据自己业务的特点，向客户提供的可交易的货币种类有多有少，即便是同一个银行系统，其各个分行提供的交易货币种类也略有不同，但基本上包括美元、欧元、日元、英镑、港元、新加坡元、加拿大元。客户如果需要对个人外汇买卖交易货币之外的货币进行兑换，个人外汇买卖柜台是不受理的。客户可以到银行兑换柜台，通过外币与人民币汇率进行套算。

如果客户手中只有人民币没有外币，就不可以进行个人实盘外汇买卖，因为我国个人实盘外汇买卖就是外币与外币之间的买卖，而人民币不是完全可自由兑换的货币，因此，人民币不可以进行个人实盘外汇交易。

2.3.2　我国个人外汇买卖业务操作过程

1．个人外汇买卖的目的及操作方法

个人实盘外汇买卖是国内目前为止最有效的个人外汇资产保值、增值的金融工具之一，是继股票、债券后又一金融投资的热点，许多大中城市投资者参与“炒汇”已经相当普遍。

（1）保值。投资者可以通过不同的外币组合，规避汇率风险，达到保值的目的，卖出看跌货币，买入看涨的货币，即投资于将升值的货币。例如，某客户手中持有的货币是美元，他担心未来美元币值会下跌，于是他就卖出一部分美元买入日元、欧元、瑞士法郎、英镑等其他外币，以规避外汇风险，等美元币值稳定以后再换回美元。

（2）套汇。套汇的基本原则是买低卖高。投资者利用国际金融市场上外汇汇率的频繁波动，买低卖高，赚取汇差收益。以 2001 年为例，2001 年 1 月，1 美元兑 104 日元；“9・11”事件前，1 美元兑 120 日元；“9・11”事件后，1 美元兑 116 日元，2001 年 12 月底，1 美元兑 134 日元，即 2001 年 1～12 月，美元兑日元从 104 日元涨到 134 日元。假如，某人手中持有 104 万日元，在 2001 年 1 月买入 1 万美元，至 2001 年 12 月再卖出 1 万美元，可以获取 30 万日元的汇差收益。

（3）套利。投资者将存款利率较低的外币兑换成利率较高的外币，以获取更高的利息收益。例如，2001 年年初，一年期日元存款利息率为 0.012 5%，美元为 5.437 5%，沿用刚才的例子，如投资者把 104 万日元存在银行，一年后只能获得 0.012 5%的利息收入，而把日元兑换成美元存入银行 1 年，可多获利差收益 5.425 0%（5.437 5%–0.012 5%），这是套利的典型做法。

（4）套利、套汇相结合。到底选择套汇还是套利，要进行比较。

情况一：若投资的货币将升值，利率较高，其投资收益=汇差+利差，可以选择套汇套利。

情况二：若投资的货币将升值，但利率较低，在这种情况下，若利差的幅度小于升值的幅度，投资者可以选择套汇获利。而在汇率波动过小而利率差异又较大的情况下，套汇的收益相对较低或者无收益。

情况三：若投资的货币升值，利差又大于升值的幅度，那么套汇无利可图，应该选择套利才有收益。

（5）外汇储蓄与外汇买卖相结合。通过分析研判，选择预期升值的货币或者选择利率较高的外币，再进行储蓄存款。

2．个人外汇买卖的交易方式

（1）柜台交易。柜台交易是客户在银行柜台办理外汇买卖业务的交易方式。

步骤一：客户在银行营业网点柜台前领取《个人外汇买卖业务申请表》，填写姓名、日期、有效身份证件号码、地址、户名、账号、存单号、买卖外币的币种、金额、认可的汇

率等内容。填写完毕，连同本人身份证件、外币现金、存折或存单交柜台经办员审核清点。

步骤二：柜台经办员审核无误，据此填写《外汇买卖证实书》，并交给客户确认签字，成交汇率以该证实书上的汇率为准，客户签字后即视为成交，成交后该笔交易不得撤销。

步骤三：经复核员复核无误后，经办员将确认书、身份证件、客户的存折或剩余的现金交给客户。柜台交易时间仅限银行正常工作日的营业时间。流程如图 2-4 所示。

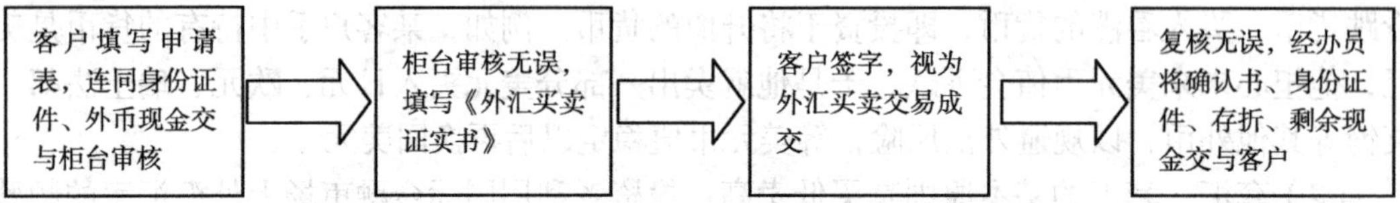

图 2-4　柜台交易流程

（2）电话交易。电话交易指个人客户在银行规定的交易时间内，使用音频电话，按规定的操作方法自行按键操作，通过银行的个人外汇买卖电话交易系统，进行个人外汇买卖的交易方式。

步骤一：客户需先持有身份证明到银行开立个人外汇买卖电话交易专用账户。仔细阅读电话委托交易规程和操作说明，将填写好的电话交易申请表或委托书、身份证件、开户外币资金、存折交柜台，并设定电话委托的专用密码。

步骤二：按照各个银行的交易规程和电话语音提示进行交易操作。

步骤三：电话交易完成后，客户可以通过电话或传真查询证实，成交后该笔交易不得撤销。流程如图 2-5 所示。

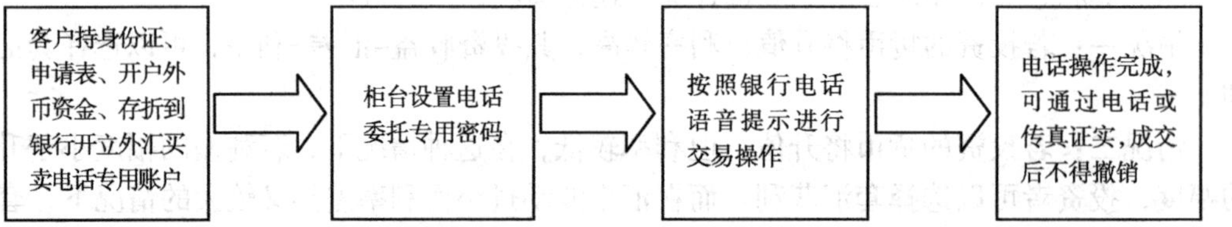

图 2-5　电话交易流程

（3）自助终端交易。自助终端交易指客户通过银行提供的自助终端机进行个人外汇买卖交易的方式。

步骤一：持有效身份证件到银行网点提出申请，填好有关申请表并签署协议。开立账户并存入一定金额的外币，自行输入密码后，自助交易账户就开通了。

步骤二：客户借助银行网点的自助终端设备，输入正确的密码后，按照交易终端的提示，点触屏幕菜单或输入数字，可以完成查询汇率牌价和行情走势，完成即时交易、打印成交对账单、补登存折等业务。流程如图 2-6 所示。

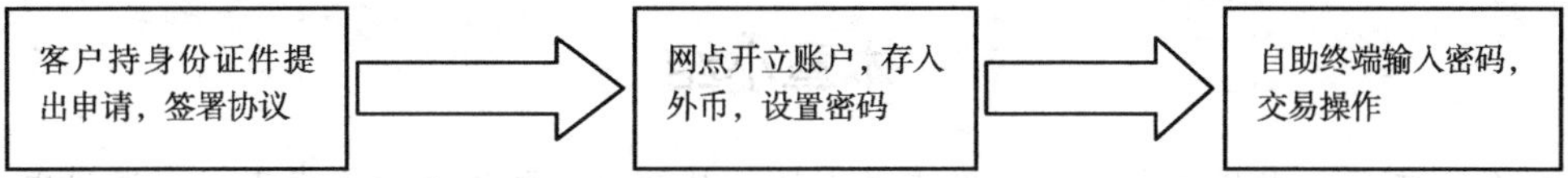

图 2-6 自助终端交易流程

（4）网上交易。网上交易指客户借助个人电脑，登录各银行的网站，按照界面提示进行外汇买卖交易。

步骤一：到银行开立账户并申请开通网上交易。

步骤二：借助计算机和因特网登录银行网站进行个人外汇买卖即时或委托交易，如登录中国工商银行网站，并可以查询外币存款余额、交易情况、资金划拨、行情和证实交易。

（5）手机交易。客户购买移动或联通公司的 STK 卡后，在银行完成签约手续，即可通过目前市场上常见型号的手机进行个人外汇买卖交易及查询（按短信息收费）。

个人外汇买卖交易方式流程总结如图 2-7 所示。

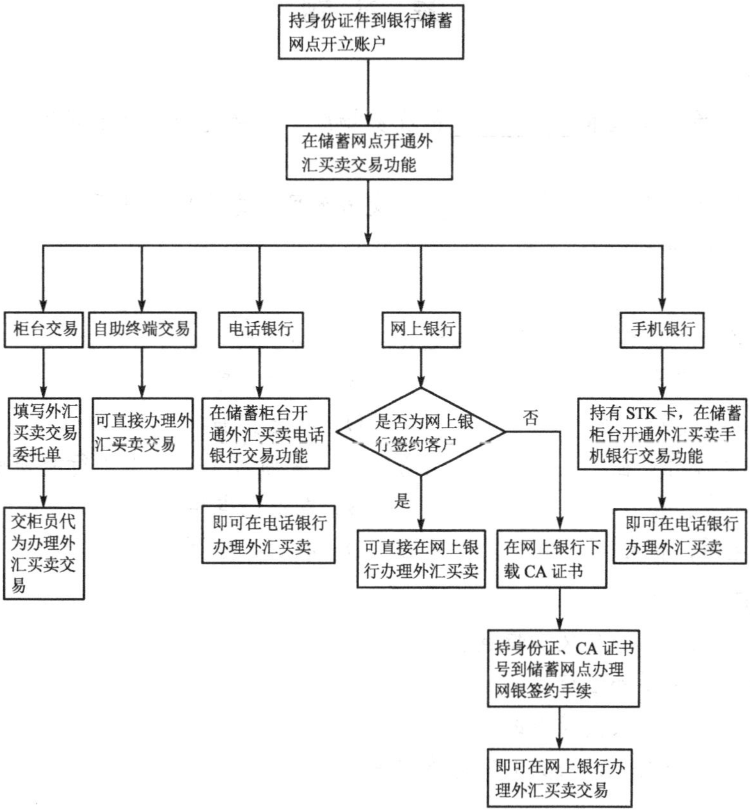

图 2-7 个人外汇买卖交易方式总流程

本章小结

- 外汇市场是世界上最大的金融交易市场，是针对不同货币的买卖双方，通过电话、电传、电报以及其他电子交易系统等方式，得以相互买卖，最终成交的场所或者交易网络。
- 外汇市场参与者主要有中央银行、外汇银行、外汇经纪商和外汇投机者等。
- 国际主要外汇市场有伦敦外汇市场、纽约外汇市场、巴黎外汇市场、瑞士外汇市场、东京外汇市场和中国香港外汇市场。
- 与国外成熟的外汇市场相比，中国内地外汇市场是不成熟的外汇市场。目前国内银行纷纷推出了自己的个人外汇买卖业务。持有效身份证件，拥有完全民事行为能力的境内居民个人，具有一定金额外汇或外币的均可进行个人外汇买卖业务。

复习题

1. 填空题

（1）外汇市场是指从事__________的交易场所，或者说是各种不同货币相互之间进行交换的场所。

（2）外汇市场操作可以进行________，交易者可以先买后卖进行多头交易，也可以先卖后买进行空头交易。

2. 选择题

（1）我国个人外汇买卖方式可以通过（　　）方式进行。

A. 柜台交易　　B. 电话交易

C. 自助终端交易　　D. 网上交易

（2）电话交易需要在（　　）开立交易账户，并通过（　　）进行交易操作。

A. 柜台，柜台　　B. 电话，电话

C. 电话，柜台　　D. 柜台，电话

3. 简答题

（1）简述外汇市场的含义和特点。

（2）简述世界主要外汇市场的概况。

（3）我国个人外汇买卖操作的方法有哪些？

（4）简述我国个人外汇买卖的交易方式有哪些。

4．案例分析

案例一：外汇交易员的一天

22:00

伦敦某银行外汇交易员 A 度过了繁忙的一天，由于预测日元看涨，交易员 A 持有美元对日元的空头头寸 1 000 万美元，平均成本为 USD/JPY=123.50。由于市场汇率变化波幅大，交易员 A 通过国际分支网络发出止损令，止损价位为 125.50。

00:30

交易员 A 接到香港分行的电话，美元兑日元汇率突破了 124.50①，交易员 A 没有进一步行动的指示。

01:30

东京分行来电话，美元兑日元汇率突破了 125.00，直逼 125.5 的止损位，但东京外汇交易员认为美元是技术性反弹，美元还是看跌，建议交易员 A 将止损位提高到 126.00②。之后警报解除，一夜无事。

06:30

交易员 A 的便携式路透机显示最新消息，美元利率下调，传闻得到证实，美元对日元汇率急剧下跌到 122.00。于是交易员 A 决定将止损位调低到 122.50，以便保全部利润，并发出在 121.50 获取利润的指令③。

07:30

美元对日元已跌破 121.50，东京分行已执行了交易员 A 的获利指令。交易员 A 以一个良好的赢利为开端开始了新一天的工作。

08:00

欧洲开市，美元跌到 120.45/65，交易员 A 认为美元将会反弹，遂打算建仓，以 50/70 价格报出，结果以 50 点价格买进了 1 000 万美元。

08:30

欧洲市场抛盘汹涌，美元跌到 120.00，交易员 A 为降低成本，又在此价位买进了 1 000 万美元，此时平均价为 120.25。

11:00—11:30

美元一路下跌，已到 119.25，交易员 A 的 2 000 万美元多头寸已被深度套牢，但交易员 A 认为美元在 118.85 上会有一个有力的支撑，遂在 118.00 的价位上又买进 1 000 万美元，此时，交易员 A 已持有 3 000 万美元，平均价格为 119.50。

13:00

美元反弹到 119.50，交易员 A 决定卖掉 500 万美元，使其头寸降到 2 500 万美元，平均价格为 119.50。交易员 A 此时不赔不赚。

14:00—14:30

天大的好消息，日本银行宣布下调贴现率，美元加速反弹到120.00，交易员A又在此价位卖掉1 000万美元，平均价为119.17。今天以来，交易员A首次实现账面赢利1 245万日元。

15:00

传闻日本央行已决定对外汇市场进行干预，把美元推高，市场一片混乱。

15:45

美元兑日元汇率涨到121.35，交易员A卖出了最后1 500万美元，净赚了3 270万日元。加上昨天晚上的赢利，一整天的交易赚了5 270万日元，折合美元约43.43万美元。真是美妙的一天！

思考题

（1）请问在①标记处，A账面损失为多少？

（2）请问在②标记处，A账面损失为多少？如果汇率突破新的止损位，交易员A账面损失将达到多少？

（3）请问在③标记处，在新的止损位122.50止损，交易员A赢利多少？如在121.5处执行获利指令，交易员A将赢利多少？

案例二：中国外汇市场引进做市商制度

中国2002年的银行间外汇市场，在欧元和港币交易中进行了做市商制度的试点。2005年5月，做市商交易制度扩大到8种外国货币对的交易中，并有9家做市商被指定负责安排上述交易。（首批获得批准的做市商包括7家外资银行和2家中资银行：汇丰银行、花旗银行、荷兰银行、荷兰商业银行、苏格兰皇家银行、德意志银行、蒙特利尔银行、中国银行和中信实业银行。）

银行间市场引入做市商，意味着央行将从这个最重要的市场上逐步“隐退”，将其控制权拱手让与市场。国家外汇管理局有关负责人表示，正式引入做市商制度是进一步发展银行间外汇市场，完善人民币汇率形成机制的配套举措，有利于活跃外汇市场交易，提高外汇市场流动性，增强中央银行调控的灵活性，进一步提高人民币汇率形成的市场化程度。

做市商制度的建立意味着央行进一步将外汇市场的自主定价权下放给商业银行，在这种情况下，商业银行报出的美元兑人民币的现钞买入价将更加真实反映市场对人民币的需求。低报价同时也能打击投机套利行为。与有过多行政色彩的央行相比，充当做市商的商业性银行在指定买入卖出价格时，无疑需要多方面考虑其外汇头寸、资金成本等因素，这意味着在人民币兑美元市场上，“市场”将取代“政策”成为汇率定价的主导，甚至是决定性要素。

思考题

（1）中国外汇市场引进做市商制度的原因是什么？

（2）引进做市商制度后将对中国外汇市场起到哪些作用？

第 2 篇

外汇交易分析

第 3 章

基本面分析

本章学习目标

- **知识目标**　了解影响汇率变动的基本经济数据，懂得运用基本数据进行汇率走势判断的一般方法。
- **技能目标**　能根据基本经济数据对汇率的未来走势做出粗略的判断。

学习导航

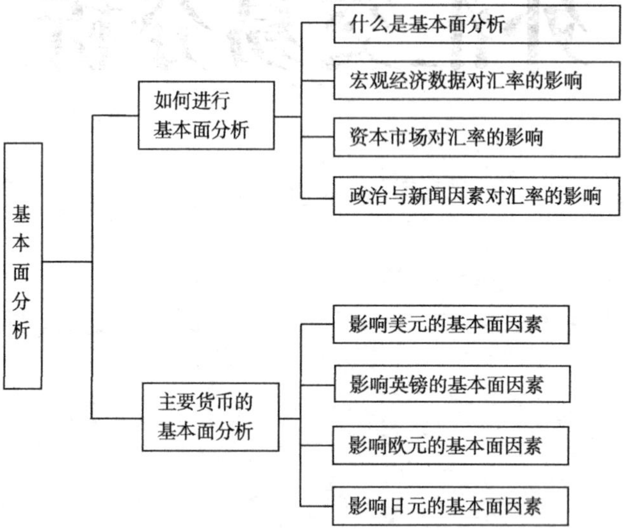

课前导读

2013 年 1 月 8 日美元指数走势先抑后扬，欧元区疲软的就业情况成为投资者短期抛售欧元的理由之一。不过总体而言，隔夜大多数货币表现不温不火。从时间周期来看，今明两天较为关键，且明天会有两大央行利率决议，将带来关键性指引。美元需要在近期强势突破，以打开更多的上行空间。

欧盟统计局昨日公布的数据显示，在债务危机和紧缩措施的打击下，2012 年 11 月欧元区失业率升至 11.8%，再创历史新高。数据显示，2012 年 11 月欧元区有 1 880 万人失业。其中，西班牙失业率高达 26.6%，德国失业率为 5.4%。值得注意的是，欧元区年轻人失业率飙升至 24.4%，西班牙年轻人失业率更高，达 56.5%。

分析：消息面上，周二一度传出法国将被调降评级的传闻，但是并未得到进一步证实。作为欧洲主要经济体之一，法国目前的经济状况并不令人乐观。近期公布的 PMI 等数据均暗示法国存在衰退风险。因此尽管短期欧洲市场风平浪静，但是更多危险因素可能会随着时间而逐渐显现在市场面前。

影响外汇交易成败的因素很多，其中对汇率走势的分析预测是否正确是最重要的。那么，如何通过基本面分析来预测汇率走势，从而踏准外汇市场的节奏呢？

3.1 如何进行基本面分析

3.1.1 什么是基本面分析

基本面分析是指通过对一国的宏观经济指标、资产市场以及政治因素的综合分析研究，对该国外汇汇率的未来走势做出判断。基本面分析是预测汇率未来走势的重要依据，基本面分析包括宏观经济指标、资本市场以及政治与新闻因素三个方面。宏观经济数据包括经济增长率等数字，由国内生产总值、利率、通货膨胀、失业率、国际收支差额、外汇储备与外债水平等要素计算而得。资本市场包括股票、债券及房地产。政治与新闻因素会影响对一国政府的信任度、社会稳定气候和信心度。

3.1.2 宏观经济数据对汇率的影响

1. 国内生产总值

（1）国内生产总值的概念。国内生产总值（Gross Domestic Product）是指在一定时期内（如一个季度或一年），一个国家或地区所生产出的全部最终产品和劳务的价值。一般来说，国内生产总值共有四个不同的组成部分，其中包括消费、私人投资、政府支出和净出口额。用公式表示为 GDP=C+I+C+X，其中 C 为消费、I 为私人投资、C 为政府支出、X 为净出口额。

国内生产总值是衡量国家经济状况的最佳指标。一个国家或地区的经济究竟处于增长抑或衰退阶段，可以依据这个数字做出判断。一般而言，GDP 公布的形式有两种：总额形式或百分比率形式。当 GDP 的增长数字为正数时，即显示该地区经济处于扩张阶段；反之，如果该数字为负数，即表示该地区的经济进入衰退时期了。

（2）国内生产总值对汇率的影响。一国的 GDP 大幅增长，反映出该国经济发展蓬勃，国民收入增加，消费能力也随之增强。在这种情况下，该国中央银行将有可能提高利率，紧缩货币供应，国家经济表现良好及利率的上升会增加该国货币的吸引力。反过来，如果一国的 GDP 出现负增长，显示该国经济处于衰退状态，消费能力减低。此时，该国中央银行将可能减息以刺激经济再度增长，利率下降加上经济表现不振，该国货币的吸引力也就随之减低了。因此，一般来说，高经济增长率会推动本国货币汇率的上涨，而低经济增长率则会造成该国货币汇率下跌。

个案思考与分析 3-1

1995—1999 年，美国 GDP 的年平均增长率为 4.1%，而欧元区 11 国中除爱尔兰较高外（9.0%），法、德、意等主要国家的 GDP 增长率仅为 2.2%、1.5%和 1.2%，大大低于美国。这促使欧元自 1999 年 1 月 1 日启动以来，对美元汇率一路下滑，在不到两年的时间里贬值了 30%。

想一想 2007 年人民币兑美元大幅升值是否受到两国 GDP 增长的影响？

2. 利率

（1）利率的含义。利率，就其表现形式来说，是指一定时期内利息额同借贷资本总额的比率。利率通常由国家的中央银行控制，在美国由联邦储备委员会管理。现在，所有国家都把利率作为宏观经济调控的重要工具之一。当经济过热、通货膨胀上升时，便提高利率、收紧信贷；当过热的经济和通货膨胀得到控制时，便会把利率适当地调低。因此，利率是重要的基本经济因素之一。

（2）利率对汇率的影响。利率是影响汇率的最重要因素。我们知道，汇率是两个国家的货币之间的相对价格。与其他商品的定价机制一样，它由外汇市场上的供求关系所决定。外汇是一种金融资产，人们持有它，是因为它能带来资本的收益。人们在选择是持有本国货币，还是持有某一种外国货币时，首先会考虑持有哪一种货币能够带来较大的收益，而各国货币的收益率首先是由其金融市场的利率来衡量的。某种货币的利率上升，则持有该种货币的利息收益增加，吸引投资者买入该种货币，因此，对该货币有利好（行情看好）支持；如果利率下降，持有该种货币的收益便会减少，该种货币的吸引力也就减弱了。因此，可以说“利率升，货币强；利率跌，货币弱”。

如果持有两种货币所带来的收益不等，则会产生套汇：买进 A 种外汇，而卖出 B 种外汇。这种套汇，不存在任何风险。因而一旦两种货币的收益率不等时，套汇机制就会促使两种货币的收益率相等，也就是说，不同国家货币的利率内在地存在着一种均等化倾向和趋势，这是利率指标对外汇汇率走向影响的关键方面，也是我们解读和把握利率指标的关键。

在开放经济条件下，国际资本流动规模巨大，大大超过国际贸易额，表明金融全球化的极大发展。利率差异对汇率变动的影响比过去更为重要了。当一个国家紧缩信贷时，利率会上升，使国际市场上形成利率差异，将引起短期资金在国际移动，资本一般总是从利率低的国家流向利率高的国家。这样，如果一国的利率水平高于其他国家，就会吸引大量的资本流入，本国资金流出减少，导致国际市场上抢购这种货币；同时资本账户收支得到改善，本国货币汇价得到提高。反之，如果一国松动信贷时，利率下降，如果利率水平低于其他国家，则会造成资本大量流出，外国资本流入减少，资本账户收支恶化，同时外汇交易市场上就会抛售这种货币，引起汇率下跌。

个案思考与分析 3-2

在一般情况下，美国利率下跌，美元走势就疲软；美国利率上升，美元走势偏好。2007 年是美国信贷市场动荡的一年，过去连番升息终令美国房地产牛市结束，衍生出来的金融问题暴露了多年来宽松货币政策下的连串后遗症，威胁着全球的金融稳定。面对当前困局，联储局三度调低利率，而直接给予银行贷款的贴现利率更自 8 月中旬共下调 150 点。联邦基金利率已从 5.25%下调至 4.25%。美国联邦储备局连续调低利率，这在美国近 9 年来还是第一次，在美国乃至各国经济界引起强烈震动。有人预测美联储有可能再调息。

想一想 2007 年人民币兑美元大幅升值是否受到两国利率政策的影响?

3．通货膨胀

（1）通货膨胀的概念。通货膨胀指一国物价水平的普遍上涨，当一个国家中的大多数商品和劳务的价格连续在一段时间内普遍上涨时，就称其经济经历着通货膨胀。具体来说，衡量通货膨胀率的变化主要有生产物价指数、消费物价指数和零售物价指数三个指标，其中消费物价指数（CPI）是最重要的一个指标。

（2）通货膨胀对汇率的影响。20 世纪 70 年代后，随着浮动汇率取代了固定汇率，通货膨胀对汇率变动的影响变得更为重要了。

由于物价是一国商品价值的货币表现，通货膨胀也就意味着该国货币代表的价值量下降。在国内外商品市场相互紧密联系的情况下，一般来说，通货膨胀和国内物价上涨，会引起出口商品的减少和进口商品的增加，从而对外汇市场上的供求关系发生影响，导致该国汇率波动。同时，一国货币对内价值的下降必定影响其对外价值，削弱该国货币在国际市场上的信用地位，人们会因通货膨胀而预期该国货币的汇率将趋于疲软，把手中持有该国货币转化为其他货币，从而导致汇价下跌。按照一价定律和购买力平价理论，当一国的通货膨胀率高于另一国的通货膨胀率时，则该国货币实际所代表的价值相对另一国货币在减少，该国货币汇率就会下降；反之，则会上升。

CPI 物价指数指标对汇率的影响十分重要，而且具有启示性，必须慎重把握，有时公布该指标上升，货币汇率向好，但有时则相反。因为消费物价指数水平表明消费者的购买能力，也反映经济的景气状况，如果该指数下跌，反映经济衰退，必然对货币汇率走势不利。但如果消费物价指数上升，是否对汇率一定有利好呢？不一定，须看消费物价指数"升幅"如何。倘若该指数升幅温和，则表示经济稳定向上，当然对该国货币有利，但如果该指数升幅过大则有不良影响。因为物价指数与购买能力成反比，物价越贵，货币的购买能力越低，必然对该国货币不利。

如果考虑对利率的影响，则该指标对外汇汇率的影响作用更加复杂。当一国的消费物价指数上升时，表明该国的通货膨胀率上升，即货币的购买力减弱，按照购买力平价理论，该国的货币应走弱。相反，当一国的消费物价指数下降时，表明该国的通货膨胀率下降，即货币的购买力上升，按照购买力平价理论，该国的货币应走强。但是由于各个国家均以控制通货膨胀为首要任务，通货膨胀上升同时亦带来利率上升的机会，因此，反而利好该货币。假如通货膨胀率受到控制而下跌，利率亦同时趋于回落，反而会利淡该地区的货币。降低通货膨胀率的政策会导致"龙舌兰酒效应"，这是拉美国家常见的现象。

补充阅读资料 3-1

龙舌兰酒效应

从 20 世纪 90 年代以来，随着金融全球化的不断发展，某一个国家或者某一个地区的金融形势出现动荡的时候，甚至陷入金融危机以后，会产生一种传染效应。西方媒体为了描述这种效应就从这个国家或地区找出一种能够作为其象征的东西的称谓，如 1994 年墨西哥爆发的金融危机，在墨西哥有一种酒叫龙舌兰酒，这种酒是该国特有的，所以人们就把墨西哥金融危机产生的效应叫做"龙舌兰酒效应"。1999 年巴西发生金融动荡，巴西是以桑巴舞闻名于世的，所以国际社会说巴西金融动荡产生的影响叫"桑巴舞效应"。东亚金融危机时，东亚人相信龙，所以当时国际社会说东亚金融危机产生的效应叫做"龙效应"，甚至有人还说 1997 年东亚金融危机如果波及中国且中国陷入危机的话，将会产生一种"长城效应"，这就是龙舌兰酒效应的由来。

4．失业率

（1）失业率的含义。失业率是指一定时期全部就业人口中有工作意愿而仍未有工作的劳动力数字。通过该指标可以判断一定时期内全部劳动人口的就业情况。一直以来，失业率数字被视为反映整体经济状况的指标，而它又是每个月最先发表的经济数据，所以外汇交易员与研究者们喜欢利用失业率指标，对工业生产、个人收入甚至新房屋兴建等其他相关的指标进行预测。在外汇交易的基本分析中，失业率指标被称为所有经济指标的“皇冠上的明珠”，它是市场上最为敏感的月度经济指标。

（2）失业率对汇率的影响。一般情况下，失业率下降，代表整体经济健康发展，有利于货币升值；失业率上升，则代表经济发展放缓衰退，不利于货币升值。若将失业率配以同期的通胀指标来分析，则可知当时经济发展是否过热，是否构成加息的压力，或是否需要通过减息以刺激经济的发展。

个案思考与分析 3-3

美国 2008 年 9 月就业报告解读

在金融危机波及欧美的形势下，对近期汇市而言，美国的基本面变得似乎无足轻重，但最新公布的就业数据值得关注，美国 9 月非农人数减少 15.9 万人，为 2003 年 3 月以来的最大降幅，失业率维持在 6.1%，表明实体经济进一步恶化，看来美国经济二次探底已成定局。

分析：虽然美国就业数据严重恶化，但是美元汇率并没有严重贬值的情况，这是因为在全球金融危机的影响下，欧洲的危机比美国更为严重。由于金融危机尚未波及日本，因此，日元成为除美元外相对安全的资产，而避险情绪的升温也有利于日元走势。

5. 国际收支差额

（1）国际收支的概念。国际收支是一定时期内一国居民与非居民间的经济交易的系统记录，反映了一个国家（或地区）在一定时期对外贸易收支的综合状况。一国的国际收支通常包括经常项目和资本金融项目等方面，尤其是经常项目（有形贸易和无形贸易的总和）是判断宏观经济运行状况的重要指标，也是外汇交易基本分析的重要指标之一。如果一个国家的进口总额大于出口，便会出现“贸易逆差”的情形；如果出口大于进口，则称为“贸易顺差”；出口等于进口的情况不多见。美国贸易数字每月公布一次，每月末公布上月的数字。我国至少每季也要公布进出口数字。

（2）国际收支对汇率的影响。如果一个国家经常出现贸易逆差现象，国民收入便会流出国外，国家经济状况表现转弱。政府若要改善这种状况，就必须使该国的货币贬值，因为币值下降，即变相把出口商品价格降低，从而提高出口产品的竞争能力。因此，当该国外贸赤字扩大时，就会利淡该国货币，令该国货币下跌；反之，当出现外贸盈余时，则利好该种货币。因此，国际贸易状况是影响外汇汇率十分重要的因素。日美之间的贸易摩擦充分说明这一点：美国对日本的贸易连年出现逆差，致使美国贸易收支恶化，为了限制日本对美贸易的顺差，美国政府对日施加压力，迫使日元升值，而日本政府则千方百计地防止日元升值过快，以保持较有利的贸易状况。

由一国对外贸易状况而对汇率造成的影响出发，可以看出国际收支状况直接影响一国汇率的变动。如果一国国际收支出现顺差，对该国的货币需求就会增加，流入该国的外汇就会增加，从而导致该国货币汇率上升。相反，如果一国国际收支出现逆差，对该国货币需求就会减少，流入该国的外汇就会减少，从而导致该国货币汇率下降，该国货币贬值。具体说来，在国际收支诸项目中，对汇率变动影响最大的除了贸易项目外，还有资本项目。贸易收支的顺差或逆差直接影响着货币汇率的上升或下降。

例如，美元汇率下跌的一个重要原因，是美国的贸易逆差愈益严重。相反，日本由于巨额的贸易顺差，国际收支情况较好，日元的外汇汇率呈不断上升的趋势。同样，资本项目的顺差或逆差直接影响着货币汇率的涨跌，当一国资本项目有大量逆差，国际收支的其他项目又不足以弥补时，该国国际收支会出现逆差，从而引起本国货币对外汇率的下跌；反之，会引起本国货币汇率的上升。

6. 外汇储备状况与外债水平

外汇储备状况是外汇交易基本分析的一个重要因素，其重要功能是维持外汇市场的稳定。一国的货币稳定与否，在很大程度上取决于特定市场条件下其外汇储备所能保证的外汇流动性。从国际经验看，即使一国的货币符合所有理论所设定汇率稳定的条件，但是，如果这一货币遭受投机力量的冲击，且在短期内不能满足外汇市场上突然扩大的外汇流动，这一货币也只能贬值。从 1998 年的亚洲金融危机看，在浓厚的投机氛围下，缺乏耐心的国民和谨慎的外国投资者常常丧失对货币的信心，成为推动外汇市场剧烈波动的致命力量。在这一力量的推动下，政府维护汇率的努力实际在储备降为零之前就已经被迫放弃。

外债的结构和水平也是外汇交易基本分析的重要因素之一。如果一个国家对外有负债，必然要影响外汇市场；如果外债管理失当，其外汇储备的抵御力将要被削弱，给货币的稳定性带来冲击。许多国家如阿根廷、巴西等，其外债数额超过其储备额，最初的想法是外债会保持流动。但是，在特定的市场条件下，如果该国通过国际市场大规模融资的努力失败，失去了原来的融资渠道（这也正是东南亚货币危机和阿根廷金融危机中出现过的），就只能通过动用外汇储备来满足流动性，维持市场信心，外汇储备的稳定能力就会受到挑战。从国际经验看，在外债管理失当导致汇率波动时，受冲击货币的汇率常常被低估。低估的程度主要取决于经济制度和社会秩序的稳定性。若一国的短期外债居多，那将直接冲击外汇储备。而如果有国际货币基金组织的“救援”，货币大幅贬值在除了承受基金组织贷款的商业条件外，还要承受额外的调整负担。

7. 消费者信心指数

20 世纪 40 年代，美国密歇根大学的调查研究中心为了研究消费需求对经济周期的影响，首先编制了消费者信心指数（Consumer Confidence Index），随后欧洲一些国家也先后开始建立和编制消费者信心指数。该数据有助于了解消费者目前及未来的心态。

8．央行货币政策

各国央行为了达到稳定物价、促进经济成长两项政策目标，对于汇率波动趋势，以及其所能容忍的波动区间，均早有定见。如果汇率脱离了目标区，中央银行或公开喊话，或改变利率政策，或直接进场干预，总是千方百计地希望把汇率拉回到目标区，因此各国央行的货币政策会对汇率的走势产生影响。

3.1.3　资本市场对汇率的影响

一国股市若表现优异，将吸引国际资金流入，进而带动汇率上扬。当一国的房地产市场活跃、赢利丰厚时，也会吸引大量的外来资金。2007 年中国国民经济持续保持快速增长，同时完成了对股市的股权分置改革，中国股市、房市都迎来了新经济热潮，一波多头行情就此展开。高投资报酬率吸引了大量国际投资资本的流入，也促使了人民币兑美元汇率不断创造历史新高。

3.1.4　政治与新闻因素对汇率的影响

外汇市场中充斥着各种各样的政治消息与新闻，政治与新闻因素是影响短期汇率波动的不可预期的因素。政治因素内容很广，包括政局的稳定、政策的连续性、政府的外交政策以及一国的货币、贸易、税收、财政状况等。新闻因素指世界各地每日出现的新闻舆论，如武装冲突、政府首脑患病或逝世、政府首脑辞职、自然灾害等。所有这些因素都会对外汇市场的短期行为带来影响。

（1）政治因素对外汇汇率的影响。由于资本首先具有追求安全的特性，因而政治因素对国际资本的流动具有直接的影响。通常出现一国政局不稳定的消息时，会使人们对该国的经济的信心下降，最终导致国际资本的净流出，使该国的货币需求下降，该国的货币汇价就会下跌。

（2）新闻因素对汇率波动的影响。新闻因素是影响汇率变动的突发性因素，对于一个处于相对稳定走势的外汇市场，重要的新闻消息可能会打破稳定的走势，使外汇市场发生波动。新闻因素对外汇市场的影响是经常的和大量的，这就要求市场参与者及时充分地搜集新闻资料，并全面系统地加以分析，做出准确的判断，选择恰当的时机入市操作，买进或卖出相应的货币。

3.2 主要货币的基本面分析

3.2.1 影响美元的基本面因素

1. 美元介绍

货币名称：美元（UNITED STATES DOLLAR）

发行机构：美国联邦储备银行（U. S. FEDERAL RESERVE BANK）

货币符号：USD

辅币进位：1美元=100分（CENTS）

钞票面额：1元、2元、5元、10元、20元、50元、100元七种。以前曾发行过500元和1 000元面额的大面额钞票，现在已不再流通。辅币有1分、5分、10分、25分、50分等。

美元的发行权属于美国财政部，主管部门是国库，具体发行业务由联邦储备银行负责办理。美元是外汇交换中的基础货币，也是国际支付和外汇交易中的主要货币，在国际外汇市场中占有非常重要的地位。

2. 影响美元的基本面因素

美国联邦储备银行（Federal Reserve Bank，Fed），简称美联储，美国中央银行，完全独立地制定货币政策，保证经济获得最大限度的非通货膨胀增长。Fed主要政策指标包括：公开市场运作，贴现率，联邦资金利率。

联邦公开市场委员会（Federal Open Market Committee，FOMC），主要负责制定货币政策，包括每年制定8次的关键利率调整公告。FOMC共有12名成员，分别有7名政府官员，纽约联邦储备银行总裁，以及另外从其他11个地方联邦储备银行总裁中选出的任期为一年的4名成员。

利率（Interest Rates），即联邦资金利率（Fed Funds Rate），是最为重要的利率指标，也是储蓄机构之间相互贷款的隔夜贷款利率。当Fed希望向市场表达明确的货币政策信号时，会宣布新的利率水平。每次宣布利率都会引起股票、债券和货币市场较大的动荡。

贴现率（Discount Rate），是商业银行因储备金等紧急情况向Fed申请贷款，Fed收取的利率。尽管这是个象征性的利率指标，但是其变化也会表达强烈的政策信号。贴现率一般小于联邦资金利率。

30年期国库券（30-year Treasury Bond），也叫长期债券，长期债券和美元汇率之间没有明确的联系，但长期债券是市场衡量通货膨胀情况的最为重要的指标。通货膨胀会引起债券价格下跌，即收益率上升，可能使美元受压。这些考虑可能由一些经济数据引起。

根据经济周期的不同阶段，一些经济指标对美元有不同的影响：当通货膨胀没有成为经济的威胁的时候，强经济指标会对美元汇率形成支持；当通货膨胀对经济的威胁比较明显时，强经济指标会打压美元汇率，手段之一就是卖出债券。

3 月期欧洲美元存款（3-month Eurodollar Deposits），欧洲美元是指存放于美国国外银行中的美元存款，如存放于日本国外银行中的日元存款称为“欧洲日元”。这种存款利率的差别可以作为一个对评估外汇利率很有价值的基准，如以 USD/JPY 为例，当欧洲美元和欧洲日元存款之间的正差越大时，USD/JPY 的汇价越有可能得到支撑。

10 年期短期国库券（10-year Treasury Note），当我们比较各国之间相同种类债券收益率时，一般使用的是 10 年期短期国库券。债券间的收益率差异会影响到汇率，如美元资产收益率高，会推升美元汇率。

财政部（Treasury），美国财政部负责发行政府债券，制定财政预算。财政部对货币政策没有发言权，但是其对美元的评论可能会对美元汇率产生较大影响。

经济数据（Economic Data），美国公布的经济数据中，最为重要的包括：劳动力报告（薪酬水平、失业率和平均小时收入），CPI（Consumer Price Index，消费者价格指标），PPI（Producer Price Index，生产者物价指标），GDP（Gross Domestic Product，国内生产总值），国际贸易水平，工业生产，房屋开工，房屋许可和消费信心。

股市（Stock Market），3 种主要的股票指数为：Dow Jones Industrials Index（Dow，道琼斯工业指数），S&P 500（标准普尔 500 种指数）和 NASDAQ（纳斯达克指数）。其中，道琼斯工业指数对美元汇率影响最大。从 20 世纪 90 年代中期以来，道琼斯工业指数与美元汇率有着极大的正关联性（因为外国投资者购买美国资产的缘故）。影响道琼斯工业指数的 3 个主要因素为：① 公司收入，包括预期和实际收入；② 利率水平预期；③ 全球政经状况。

交叉汇率影响（Cross Rate Effect），交叉盘的升跌也会影响美元汇率。

联邦资金利率期货合约（Fed Funds Rate Futures Contract），这种合约价值显示市场对联邦资金利率的期望值（与合约的到期日有关），是对联储政策的最直接的衡量。

3 月期欧洲美元期货合约（3-month Eurodollar Futures Contract），与联邦资金利率期货合约一样，3 月期欧洲美元期货合约对于 3 月期欧洲美元存款也有影响。例如，3 月期欧洲美元期货合约与 3 月期欧洲日元期货合约的息差决定着 USD/JPY 未来走势的基本变化。

3.2.2　影响英镑的基本面因素

1．英镑介绍

货币名称：英镑（POUND、STERLING）

发行机构：英格兰银行（BANK OF ENGLAND）

货币符号：GBP

辅币进位：1 英镑=100 便士（PENCE）

钞票面额：5 英镑、10 英镑、20 英镑、50 英镑

由于英国是世界上最早实行工业化的国家，曾在国际金融业中占统治地位，英镑曾是国际结算业务中计价结算使用最广泛的货币。第一次世界大战和第二次世界大战以后，英国经济地位不断下降，但由于历史原因，英国金融业还很发达，英镑在外汇交易结算中仍占有相当重要的地位。

2．影响英镑的基本面因素

英国央行（Bank of England，BoE），从 1997 年开始，BoE 获得了独立制定货币政策的职能。政府用通货膨胀目标作为物价稳定的标准，一般用除去抵押贷款外的零售物价指数（Retail Prices Index excluding mortgages，RPI-X）来衡量，年增控制在 2.5%以下。因此，尽管独立于政府部门制定货币政策，但是 BoE 仍然要符合财政部规定的通货膨胀标准。

货币政策委员会（Monetary Policy Committee，MPC），此委员会主要负责制定利率水平。

利率（Interest Rates），央行的主要利率是最低贷款利率（基本利率）。每月的第一周，央行都会用调整利率来向市场发出明确的货币政策信号。利率变化通常都会对英镑产生较大影响。

金边债券（Gilts），英国政府债券也叫金边债券。同样，10 年期金边债券收益率与同期其他国家债券或美国国库券收益率的利差也会影响英镑与其他国家货币的汇率。

3 月期欧洲英镑存款（3-month Euro Sterling Deposits），存放在非英国银行的英镑存款称为欧洲英镑存款。其利率与其他国家同期欧洲存款利率之差也是影响汇率的因素之一。

财政部（Treasury），其制定货币政策的职能从 1997 年以来逐渐减弱，然而财政部依然为 BoE 设定通货膨胀指标并决定 BoE 主要人员的任免。

英镑与欧洲经济和货币联盟的关系，英国是否加入欧元区影响着英国的利率水平和汇率走势。英国如果想加入欧元区，则英国的利率水平必须降低到欧元利率水平，即英镑必须为了本国工业贸易的发展而对欧元贬值。因此，任何关于英国有可能加入欧元区的言论都会打压英镑汇价。

经济数据（Economic Data），英国的主要经济数据包括：初始失业人数，初始失业率，平均收入，扣除抵押贷款外的零售物价指数，零售销售，工业生产，GDP 增长，采购经理指数，制造业和服务业调查，货币供应量（M4），收入与房屋物价平衡。

3 月期欧洲英镑存款期货（短期英镑）[3-month Euro Sterling Futures Contract （short sterling)]，期货合约价格反映了市场对 3 个月以后的欧洲英镑存款利率的预期。与其他国家同期期货合约价格的利差可引起英镑汇率的变化。

金融时报 100 指数（FTSE-100），英国的主要股票指数与美国和日本的不同，英国的

股票指数对货币的影响比较小。但尽管如此，金融时报指数同美国道琼斯指数有很强的联动性。

交叉汇率的影响（Cross Rate Effect），交叉汇率也会对英镑汇率产生影响。

3.2.3　影响欧元的基本面因素

1．欧元介绍

货币名称：欧元（EURO）

发行机构：欧洲中央银行（EUROPEAN CENTRAL BANK）

货币符号：EUR

辅币进位：1 欧元=100 欧分（CENTS）

钞票面额：5 欧元、10 欧元、20 欧元、50 欧元、100 欧元、200 欧元、500 欧元。铸币有 1 欧分、2 欧分、5 欧分、10 欧分、20 欧分、50 欧分和 1 欧元、2 欧元共 8 个面值。

欧元（Euro）这个名称是 1995 年 12 月欧洲议会在西班牙马德里举行时，与会各国共同决定的。欧元的正式缩写是 EUR。

2．影响欧元的因素

欧元区（The Eurozone），由 12 个国家组成，德国、法国、意大利、西班牙、荷兰、比利时、奥地利、芬兰、葡萄牙、爱尔兰、卢森堡和希腊，均使用欧元作为流通货币。

欧洲央行（European Central Bank，ECB），控制欧元区的货币政策。决策机构是央行委员会，由执委和 12 个成员国的央行总裁组成。执委包括 ECB 总裁，副总裁和 4 个成员。

ECB 的政策目标，首要目标就是稳定价格。其货币政策有两大主要基础：一是对价格走向和价格稳定风险的展望。价格稳定主要通过调整后的消费物价指数（Harmonized Index of Consumer Prices，HICP）来衡量，使其年增长量低于 2%。HICP 尤为重要，由一系列指数和预期值组成，是衡量通货膨胀的重要指标。二是控制货币增长的货币供应量（M3）。ECB 将 M3 年增的参考值定为 4.5%。

ECB 每两周的周四举行一次委员会，制定新的利率指标。每月的第一次会议后，ECB 都会发布一份简报，从整体上公布货币政策和经济状况展望。

一般利率（Interest Rates），是央行用来调节货币市场流动性而进行的“借新债还旧债”中的主要短期汇率。此利率和美国联邦资金利率的利差是决定 EUR/USD 汇率的因素之一。

3 月期欧洲欧元存款［3-month Eurodeposit Euribor］，指存放在欧元区外的银行中的欧元存款。同样，这个利率与其他国家同种同期利率的利差也被用来评估汇率水平。例如，当 3 个月欧洲欧元存款利率高于同期 3 个月欧洲美元存款利率时，EUR/USD 汇率就会得到提升。

10 年期政府债券（10-year Government Bonds），其与美国 10 年期国库券的利差是另一个影响 EUR/USD 的重要因素。通常用德国 10 年期政府债券作为基准，如果其利率水平低于同期美国国库券，那么如果利差缩小（即德国债券收益率上升或美国国库券收益率下降），理论上会推升EUR/USD汇率。因此，两者的利差一般比两者的绝对价值更有参考意义。

经济数据（Economic Data），最重要的经济数据来自德国，其是欧元区内最大的经济体。主要数据包括：GDP，通货膨胀数据（CPI或HCPI），工业生产和失业率。如果单独从德国看，则还包括IFO调查（是一个使用广泛的商业信心调查指数）。还有每个成员国的财政赤字，依照欧元区的稳定和增长协议（the Stability and Growth Pact），各国财政赤字必须控制在占GDP的3%以下，并且各国都要有进一步降低赤字的目标。

交叉汇率影响（Cross Rate Effect），同美元汇率一样，交叉盘也会影响欧元汇率。

3月期欧洲欧元期货合约［3-month Euro Futures Contract（Euribor）］，这种合约价值显示市场对3个月欧洲欧元存款利率的期望值（与合约的到期日有关）。例如，3月期欧洲欧元期货合约和3月期欧洲美元期货合约的息差是决定EUR/USD未来走势的基本变化。

政治因素，与其他汇率相比，EUR/USD最容易受到政治因素的影响，如法国、德国或意大利的国内因素。苏联国家政治金融上的不稳定也会影响欧元，因为有相当大一部分德国投资者投资到俄罗斯。

3.2.4 影响日元的基本面因素

1．日元介绍

货币名称：日元（JAPANESE YEN）

发行机构：日本银行（NIPPON GINKO）

货币符号：JPY

辅币进位：1元=100钱=1000厘

钞票面额：500元、1 000元、5 000元、10 000元，铸币有1元、5元、10元、50元、100元等。

日本自1886年起采用金本位制，并发行可以兑换金币的日本银行券。第一次世界大战期间，日本废除了金本位制，1964年日元成为国际流通货币。布雷登森林体系瓦解后，日元在1971年实施浮动汇率，此后日元日趋坚挺，与美元的弱势形成强烈的对比，并成为较强的国际货币。

2．影响日元的因素

日本财政部（Ministry Of Finance，MOF），是日本制定财政和货币政策的唯一部门。日本财政部对货币的影响要超过美国、英国或德国的财政部。日本财政部的官员经常就经济状况发布一些言论，这些言论一般都会给日元造成影响，如当日元发生不符合基本面的升值或贬值时，财政部官员就会进行口头干预。

日本央行（Bank Of Japan，BOJ），1998 年，日本政府通过一项新法律，允许央行可以不受政府影响而独立制定货币政策，而日元汇率仍然由财政部负责。

利率（Interest Rates），隔夜拆借利率是主要的短期银行间利率，由 BOJ 决定。BOJ 也使用此利率来表达货币政策的变化，是影响日元汇率的主要因素之一。

日本政府债券（Japanese Government Bonds，JGB），为了增强货币系统的流动性，BOJ 每月都会购买 10 年或 20 年期的 JGB。10 年期 JGB 的收益率被看做长期利率的基准指标。例如，10 年期 JGB 和 10 年期美国国库券的基差被看做推动 USD/JPY 利率走向的因素之一。JGB 价格下跌（即收益率上升）通常会利好日元。

经济和财政政策署（Economic and Fiscal Policy Agency），于 2001 年 1 月 6 日正式替代原有的经济计划署（Economic Planning Agency，EPA），职责包括阐述经济计划和协调经济政策，包括就业、国际贸易和外汇汇率。

国际贸易和工业部（Ministry of International Trade and Industry，MITI），负责指导日本本国工业发展和维持日本企业的国际竞争力。但其重要性与 20 世纪 80 年代和 90 年代早期相比已经大大削弱，当时日美贸易量会左右汇市。

经济数据（Economic Data），较为重要的经济数据包括：GDP，Tankan survey（每季度的商业景气现状和预期调查），国际贸易，失业率，工业生产和货币供应量（M2+CDs）。

日经 255 指数（Nikkei-225），日本主要的股票市场指数。当日本汇率合理降低时，会提升以出口为目的的企业的股价，同时，整个日经指数也会上涨。有时，情况并非如此，股市强劲时，会吸引国外投资者大量使用日元投资于日本股市，日元汇率也会因此得到推升。

交叉汇率的影响（Cross Rate Effect），如当 EUR/JPY 上升时，会引起 USD/JPY 的上升，原因可能并非美元汇率上升，而是对日本和欧洲不同的经济预期所引起的。

本章小结

- 如何进行基本面分析，包括什么是基本面分析；从宏观经济数据、资本市场、政治与新闻因素等不同层面对影响汇率的主要因素进行分析。
- 主要货币的基本面分析，主要对于影响美元、英镑、欧元、日元的基本面因素加以介绍和分析。

复 习 题

1. 简答题

（1）简述什么是基本面分析，基本面分析包括哪些内容。

（2）简述影响汇率未来走势的宏观经济数据有哪些。

（3）简述政治因素对汇率未来走势的影响。

（4）简述一国资本市场的表现对外汇汇率的影响。

2. 案例分析

（1）2007年12月的第二周，美联储宣布再度降息25个基点，同时有消息说，美联储、加拿大央行、英国央行、瑞士央行和欧洲央行将联合采取措施，舒缓市场融资压力。但是美元仍保持12月份以来的反弹，本周美元指数盘中最高曾达76.91。

分析：美元汇率反弹的原因是什么？

（2）2004年11月5日，美国劳工部公布，10月非农业就业人口意外大幅增加33.7万，几乎为分析师原先预计的两倍，增幅为3月以来最大。同时，9月的就业增加人数也从原来公布的6.9万人上调为13.9万人。

据统计，2004年财政赤字上升到4 130亿美元，连续第二年创出纪录水平。布什在11月4日召开的上任后首个记者会上，不但没有提出计划，以实现他五年内减少一半财政赤字的承诺，而且还要求增加750亿美元的拨款以扩大反恐。同时他还表示要将减税政策永久化，这将使缩小财政赤字的希望更加遥遥无期。目前，布什又发动了对伊拉克重镇费卢杰的总攻击，战争的扩大将令财政赤字继续攀升。市场预计美国经常账户赤字将继续扩大，在今年将达到6 000亿美元的历史新高。

在经常账户赤字不断扩大的情况下，流入美国的资金量出现下降。美国财政部近日公布，外资在8月投资于美国资产的步伐微幅放缓。8月资本净流入为590亿美元，7月修正为631亿美元。外资在今年前8个月中有4个月为净卖出美股。外资8月买进美国债券的兴趣也有所下降。外资8月净买入美国债券146亿美元，低于前月的224亿美元，为2003年10月以来最低单月净买入额，当时为净买入118亿美元。

分析：以上资料提供的经济数据对美元汇率将产生怎样的影响？

（3）[新华网伊斯兰堡2007年12月27日电]巴基斯坦前总理、人民党领导人贝·布托27日在首都伊斯兰堡邻近的拉瓦尔品第市举行的竞选集会上遭遇自杀式袭击受伤，在送往医院后不治身亡。

贝·布托是在刚刚发表演说后乘车准备离开会场时遭到枪击和爆炸袭击的。贝·布托的安全顾问拉赫曼·马利克说，贝·布托被一名男性武装人员开枪击中颈部和胸部，袭击者随后引爆了身上的炸弹。

据AKI通讯社报道，基地组织的一名发言人宣布对暗杀巴基斯坦反对派领导人、前巴总理贝·布托事件负责。

受贝·布托遇刺消息影响，道琼斯工业平均指数下跌192.08点，报13 359.61点，跌幅1.42%。纳斯达克综合指数下跌47.62点，报2 676.79点，跌幅1.75%。标准普尔500指数下跌21.39点，报1 476.27点，跌幅1.43%。

受贝·布托遇刺消息推动，纽约商业交易所 2 月交割的黄金期货价格连续第四个交易日上涨，收于 831.80 美元/盎司。美元汇率下滑也是金价上涨的原因之一。2 月交割的原油期货价格上涨 65 美分，收于 96.62 美元/桶，涨幅 0.7%。盘中油价一度上涨至 97.79 美元/桶。

分析：为什么突发的政治事件会对美国的股市、汇市造成影响?

3. 实训题

实训练习 1：

（1）查找最近一次美国失业率及非农就业人口公布前的预测值及其公布值。

（2）查找最近一年美国失业率及非农就业人口数据。

（3）查找最近一年欧元区、日本失业率数据。

分析上述就业数据的变动情况，并观察相应货币的汇率期间变动的情况。

实训练习 2：

（1）查找最近一次美国季度 GDP 公布前的预测值及其公布值。

（2）查找最近一年美国 GDP 数据。

（3）查找最近一年欧元区、日本 GDP 数据。

分析上述 GDP 的变动情况，并观察相应货币的汇率期间变动的情况。

实训练习 3：

（1）查找最近一次美国 CPI 公布前的预测值及其公布值。

（2）查找最近一年美国 CPI 数据。

（3）查找最近一年欧元区、日本 CPI 数据。

分析上述 CPI 的变动情况，并观察相应货币的汇率期间变动的情况。

实训练习 4

（1）查找最近一次美国贸易收支数据公布前的预测值及其公布值。

（2）查找最近一年美国贸易收支数据。

（3）查找最近一年欧元区国家、日本贸易收支数据。

分析上述贸易收支的变动情况，并观察相应货币的汇率期间变动的情况。

实训练习 5：

（1）在网上查找美国、英国、欧元区主要国家（法、德）、日本等国的经济指标数据的相关资料，了解不同经济指标对外汇市场影响的重要性差异。

（2）列出美国及另几个国家（自选）主要经济指标，格式如下。

指标名称	欧　元	美　元	英　镑	日　元
失业率				
GDP				

续表

指标名称	欧　元	美　元	英　镑	日　元
CPI				
国际贸易				
就业率				

（3）通过不同渠道收集关于美元、欧元英镑、日元等货币基本面因素的分析汇评，并进行比较，选出你认为最合理的几篇汇评，说明理由，并以之作为依据进行交易。

	时　间	影响货币	涉及的基本因素	体　会
1				
2				
3				
4				

参考网站——经济数据公布网站：

1．FX168（www2.fx168.com）

2．汇博资讯（www.hope888.net/html/data/Index. html）

3．财经日历（www.dailyfx.com.hk/calendar/）

4．外汇通（www.forex.com.cn/hk/ html /c69）

5．外汇 007（www.waihui007.com）

6．外汇通银行汇评（www.forex.com.cn/hk/ html /c365）

7．环球外汇网（www.cnforex.com. /comment /13）

8．中国外汇超市网（www.fxcs.com.cn/index. html　）

9．中国外汇论坛（www.fx-bbs.com）

10．中金在线（jghp.forex.cnfol.com）

第4章

技术分析

本章学习目标

- **知识目标** 了解对汇率走势进行技术分析的基础知识，掌握运用技术图形对汇率走势做出判断的一般方法。
- **技能目标** 能根据技术图形对汇率的未来走势做出大致的判断。

学习导航

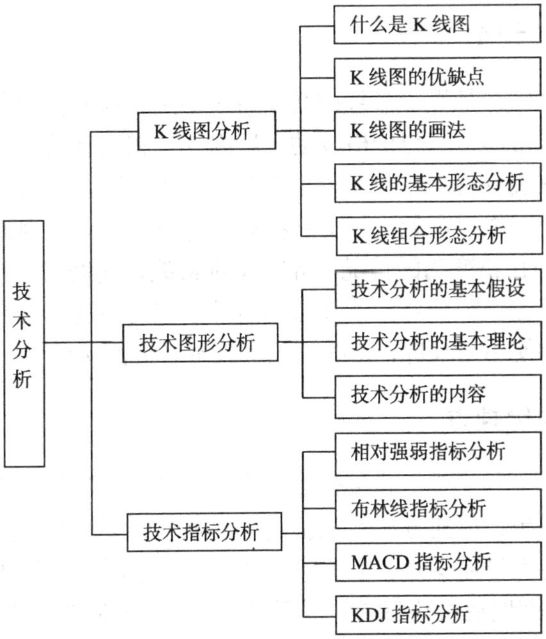

课前导读

外汇宝看盘

欧元兑美元：日线图上，欧元兑美元慢速KD指标超卖区域后形成金叉，SAR指标高位下滑，短期均线空头排列，预计欧元在承压走低至1.30～1.303 0的支撑水平后有望再度企稳回升，不过汇价的反弹力度可能较为有限。

澳元兑美元：日线上，澳元兑美元慢速KD指标接近超卖区域横向整理，短期均线空头排列，SAR指标高位下滑，预计澳元守住下方支撑1.025 0一线在反弹至中期下降趋势线切入位1.035 0附近后可能再度承压走低，整体弱势格局并未改变。

美元兑日元：日线图上，美元兑日元KD指标中部区域死叉下行至超卖区域，5日均线与10日均线持续走低，SAR指标高位一路回调，预计汇价短线在惯性下破81.50～83.50的震荡区间后可能沿着下降趋势线进一步走低至80心理关口。

从上述汇评可以看出除了受基本面因素影响外，汇率在变化过程中往往还会遇到支撑或阻力。如何准确把握汇率走势的规律呢？这需要进一步利用本章介绍的技术分析方法加以判断。

4.1 K线图分析

4.1.1 什么是K线图

K线图又称阴阳图或蜡烛图。K线图源于日本德川幕府时代大阪的米商，被当时日本米市的商人用来记录米市的行情与价格波动，后因其细腻独到的标画方式被引入股市及期货市场。目前，这种图表分析法在我国以至整个东南亚地区尤为流行。由于用这种方法绘制出来的图表形状颇似一根根蜡烛，加上这些蜡烛有黑白之分，因而也叫阴阳线图表。一根K线记录的是一天内价格变动的情况。将每天的K线按时间顺序排列在一起，就组成了汇率价格的历史变动情况。K线将买卖双方力量的增减与转变过程及实战结果用图形表示出来。经过近百年来的使用与改进，K线理论被投资者广泛接受。

4.1.2 K线图的优缺点

K线图具有直观、立体感强、携带信息量大的特点，它吸收了中国古代阴阳学说，蕴涵着丰富的东方哲学思想，能充分显示汇价趋势的强弱，买卖双方力量平衡的变化，预测后市走向较准确，是各类传播媒介、电脑实时分析系统应用较多的技术分析手段。

优点：能够全面透彻地观察到市场的真正变化。我们从K线图中，既可以看到汇价（或大市）的趋势，也同时可以了解到每日市况的波动情形。

缺点：① 绘制方法十分繁复，是众多走势图中最难制作的一种；② 阴线与阳线的变化繁多，对初学者来说，在掌握分析技巧方面会有相当的困难，不及柱线图那样简单易明。

4.1.3　K 线图的画法

K 线是根据汇价一天的走势中形成的四个价位，即开盘价、收盘价、最高价和最低价绘制而成的。K 线图的基本绘制方法是：① 画线包括开盘价、收盘价、最高价和最低价；② 开盘价与收盘价之间用粗线表示，称为实体；③ 如果收盘价比开盘价高，则实体用红色表示，称为阳线；④ 如果收盘价比开盘价低，则实体用绿色表示，称为阴线；⑤ 如果当天的汇价超过实体的部分，用细线画出，称为上影线；比实体的低价还低的部分，也用细线画出，称为下影线。其记录方法如图 4-1 所示。

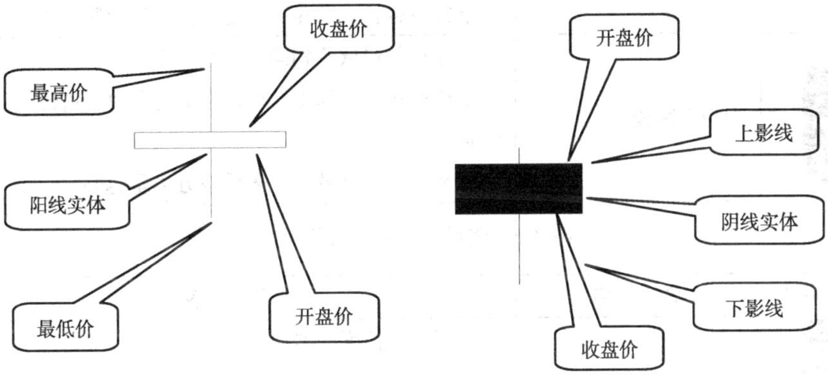

图 4-1　线图

4.1.4　K 线的基本形态分析

阳烛中空，表示该时段中收盘价高于开盘价；阴烛有一段实心的阴影，表示收盘价低于开盘价。烛顶和烛底反映该时段中的最高、最低价。根据开盘价、收盘价、最高价以及最低价之间的不同情况，阴线和阳线会呈现不同的形态。

不同的K线形态代表外汇市场上买卖双方当日交战的结果。炒汇者要想根据已发生的交易分析未来交易时机，那么就必须了解并掌握日K线基本形态中蕴涵的实际意义。K 线图的独到之处在于，利用单日的 K 线形态即可初步判断市场的强弱。下面介绍几种基本的 K 线形态如图 4-2 至图 4-7 所示。

1. 阴线基本形态分析

基本状态	名　　称	形态意义
	大（全）阴线	开盘价与最高价相同，收盘价与最低价相同 没有下影线 表示市场内空方占据着绝对的主力，汇价持续走跌
	大阴下影线	开盘价与最高价相同，小段下影线 汇价试图创下低点，但下方买盘压力沉重，汇价回升 此形态表示空方占优，但下方价位买压很大，有反转的意味，应引起警觉 下影线越长，意味买压越大，反转意味更大
	大阴上影线	收盘价与最低价相同，上段上影线 汇价稍作上扬即被拉回，表示空方力量占优，上档卖盘强劲 下影线的长度越长，表示空方力量越强

图 4-2　阴线基本形态分析（1）

基本状态	名　　称	形态意义
	小阴线	上下影线长度基本相同 此形态表示多空双方争夺激烈，空方仍占据一定优势，但多方的力量不可小视
	上影阴线 （顶部：射击之星或流星形态） （底部：倒锤线形态）	上影线很长，至少是阴线实体长度的二到三倍 此形态表示空方处于优势，并且有空方买盘不断加入，推低汇价 此形态如出现在近期汇价顶部，是强烈的反转信号，应引起注意
	下影阴线 （顶部：上吊线形态） （底部：锥子线形态）	下影线很长，至少是阴线实体长度的二到三倍 此形态表示空方仍处于优势，但已经于强弩之末，是强烈的反转形态 此形态如出现在近期汇价的底部，反转意义更强

图 4-3　阴线基本形态分析（2）

2．阳线基本形态分析

基本状态	名　　称	形态意义
	大（全）阳线	开盘价与最低价相同，收盘价与最高价相同 没有下线影线 表示市场内多方占据着觉得的主力，涨势强烈，气势如虹
	大阳下影线	收盘价与最高价相同，下段下影线 汇价稍作下探即被拉回，表示多方力量占优，下档买盘强劲。 下影线的长度越长，表示多方力量越强
	大阳上影线	开盘价与最低价相同，小段上影线 汇价试图创下高点，但上方卖出压力沉重，汇价回落 此形态表示多方占优，但上方价位卖压很大，有反转的意味，应引起警觉 上影线越长，表示卖压越大，反转意味更大

图 4-4　阳线基本形态分析（1）

基本状态	名　　称	形态意义
	小阳线	上下影线长度基本相同 此形态表示多空双方争夺激烈，多方仍占据一定优势，但空方的力量不可小视
	上影阳线 （顶部：射击之星或流星形态） （底部：倒锤线形态）	上影线很长，至少是阳线实体长度的二到三倍 此形态表示多方仍处于优势，但已经处于强弩之末，是强烈的反转形态 此形态如出现在近期汇价的顶部，反转意义更强。
	下影阳线 （顶部：上吊线形态） （底部：锤子线形态）	下影线很长，至少是阳线实体长度的二到三倍 此形态表示多方处于优势，并且有多方买盘不断加入，推高汇价 此形态如出现在近期汇价底部，是强烈的反转信号，应引起注意

图 4-5　阳线基本形态分析（2）

3. 十字形基本形态分析

基本状态	名　　称	形态意义
	十字线	开盘、收盘价相同 多空势均力敌 若此形态出现在顶部或底部，是强烈的反转形态；出现在长期盘整时期，是强烈的突破信号
	十字线	开盘、收盘价相同 多方力量占优 应密切注意后期 K 线状态发展
	十字线	开盘、收盘价相同 空方力量占优 应密切注意后期 K 线形态发展

图 4-6　十字线基本形态分析（1）

基本状态	名　　称	形态意义
	T 字线	开盘、收盘价相同 收盘价下方多方买盘积极，此价位多方有很强的支撑 底部出现此形态为强烈反转信号
	倒 T 字线	开盘、收盘价相同 收盘价下方空方买盘积极，此价位空方有很强的支撑 顶部出现此形态为强烈反转信号
—	一字线	开盘、收盘、最高、最低价相同 此形态极少出现，若出现就是暴涨或暴跌的前兆

图 4-7　十字线基本形态分析（2）

4.1.5　K 线组合形态分析

1. 双 K 线组合形态分析

（1）如图 4-8 所示，这是多空双方的一方已经取得决定性胜利，牢牢地掌握了主动权，今后将以取胜的一方为主要运动方向。图 4-8（a）是多方获胜，图 4-8（b）是空方获胜。第二根 K 线实体越长，超出前一根 K 线越多，则取胜一方的优势就越大。

（2）如图 4-9（a）所示，一根阴线之后又一根跳空阴线，表明空方全面进攻已经开始。如果出现在高价附近，则下跌将开始，多方无力反抗；若在长期下跌行情的尾端出现，则说明这是最后一跌，是逐步建仓的时候了。要是第二根阴线的下影线越长，则多方反攻的信号更强烈。

图 4-9（b）正好与图 4-9（a）相反。如果在长期上涨行情的尾端出现，是最后一涨，第二根阳线的上影线越长，越是要跌了。

（a）（b）

图 4-8 双 K 线组合 1

（a）（b）

图 4-9 双 K 线组合 2

（3）如图 4-10（a）所示，一根阳线加上一根跳空的阴线，说明空方力量正在增强。若出现在高价位，说明空方有能力阻止汇价继续上升；若出现在上涨途中，说明空方的力量还是不够，多方将进一步创新高。

图 4-10（b）与图 4-10（a）完全相反。多空双方中多方在低价位取得了一定优势，改变了前一天的空方优势的局面。今后的情况由是处在下跌行情中，还是处在低价位而定。

（4）如图 4-11（a）所示，连续两根阳线，第二根的收盘不比第一根低，说明多方力量有限，汇价掉头向下的可能性大。

图 4-11（b）与图 4-11（a）正好相反。多方出现转机，汇价可能向上反弹一下。两种情况中上下影线的长度直接反映了多空双方力量的大小。

（a）（b）

图 4-10 双 K 组合 3

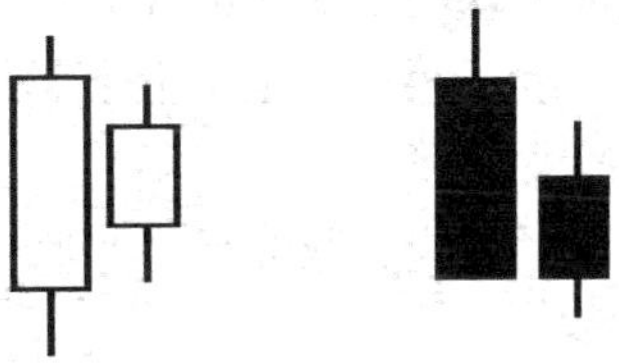

（a）（b）

图 4-11 双 K 线组合 4

（5）如图 4-12（a）所示，一根阳线被一根阴线吞没，说明空方已经取得决定性胜利，多方将节节败退，寻找新的抵抗区域。图 4-12（b）与图 4-12（a）正好相反，是多方掌握主动的局面，空方即将瓦解。

（6）如图 4-13（a）所示，一根阴线吞没一根阳线，空方显示了力量和决心，但收效不大，多方没有伤元气，可以随时发动进攻。图 4-13（b）与图 4-13（a）刚好相反，多方进攻了，但效果不大，空方还有相当实力。同样，第二根线的上下影线的长度也是很重要的。

（a）　　（b）

图 4-12　双 k 线组合 5

（7）如图 4-14（a）所示，为一根阴线后的小阳线，说明多方抵抗了，但力量相当弱，很不起眼，空方将发起新一轮攻势。图 4-14（b）与图 4-13（a）正好相反，空方弱，多方将发起进攻，再创新高。

（a）　　（b）

图 4-13　双 K 线组合 6

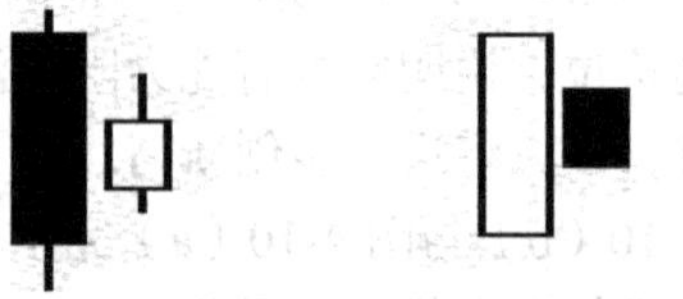

（a）　　（b）

图 4-14　双 K 线组合 7

2. 三 K 线组合形态分析

（1）早晨之星（见图 4-15）。早晨之星是典型的底部反转形态，通常出现在汇价连续大幅下跌和数浪下跌的中期底部或大底部。早晨之星由三根 K 线组成：第一天为长阴线，为下降趋势的继续；第二天是带上下影线的十字星，与第一天之间有一向下跳空缺口，收盘价与开盘价持平；第三天是长阳线，实体长度已上推到第一天阴线实体之内。早晨之星的含义是黑暗已经过去，曙光已经来临，多空力量对比已开始发生转变，一轮上升行情将要展开。

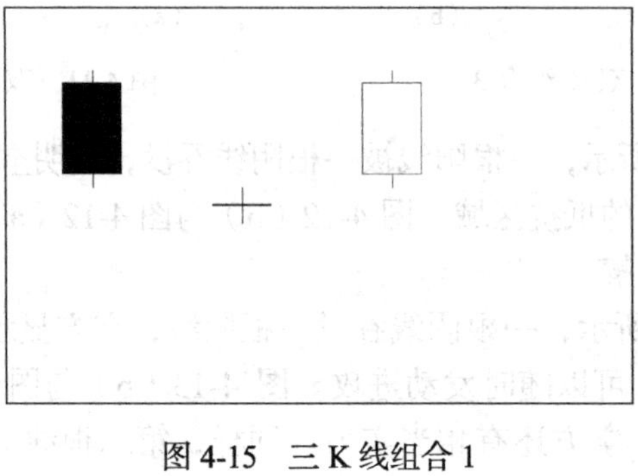

图 4-15　三 K 线组合 1

（2）黄昏之星（见图 4-16）。黄昏之星与早晨之星正好相反，是典型的顶部反转形态，通常出现在汇价连续大幅上涨和数浪上涨的中期顶部和大顶部。黄昏之星也由三根 K 线组成；第一天是大阳线，为上升趋势的延续；第二天是带上下影的十字星，通常伴随着向上跳空缺口；第三天是大阴线，实体已插入到第一天阳线实体的内部。黄昏之星的出现预示着黑暗已经降临，一轮上涨行情已经结束，投资者应尽快抛售离场。

（3）射击之星（见图 4-17）。射击之星是指一个小实体，上面有一根长长的上影线，似古人拉弓射箭的形状。射击之星常出现在连续上涨之后，是市场见顶的信号。射击之星是在上升趋势中，市场跳空向上开盘，出现新高点，最后收盘在较低的位置，留下长长的上影线，上影线长度是实体长度的三倍以上。射击之星是市场失去上升动能的表现，是主力出货的常见图形。一般来说，后势要想突破射击之星造成的高位，往往需要相当长的时间。投资者应退场观望，以免在高位长久被套。

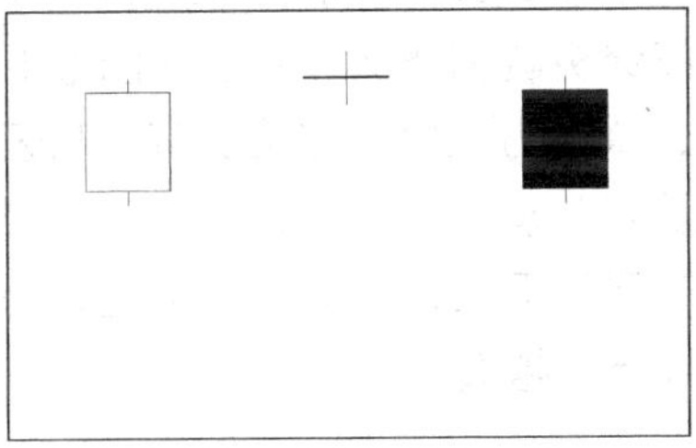

图 4-16　三 K 线组合 2

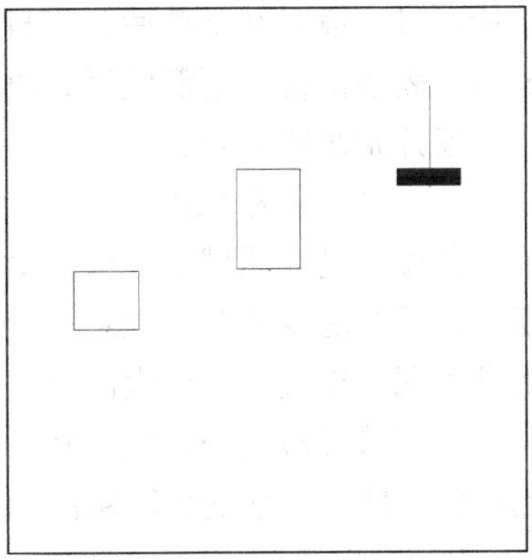

图 4-17　三 K 线组合 3

（4）锤头（见图 4-18）。锤头是一个小实体下面带有长长的下影线的 K 线形态，似带着锤把的形状。锤头的出现预示着下跌趋势将结束，表示市场在夯实底部，是较可靠的底部形态。锤头是在下降趋势中，市场跳空向下开盘，疯狂卖出被遏制，市场又回到或接近当日最高点，留下长长的下影线。小实体在交易区域的上面，上影线没有或很短。常伴有底部放量，放量越明显，信号越强烈。

（5）吊颈（见图 4-19）。吊颈是在高位出现的小阴实体，并带有长长的下影线，形状像一具上吊的尸体。表示上涨趋势结束，主力正在出货。吊颈是在上涨趋势中，当天汇价高开低走，盘中出现大阴线，主力尾市将汇价拉起，几乎以最高点收盘，留下较长下影线。吊颈欺骗性强，杀伤力很大，许多投资者会误认为下档有较强支撑，而买入被套。吊颈形态出现的第二天多为阴线，且开盘价较低。阴线的长度越长，新一轮跌势开始的概率越大。

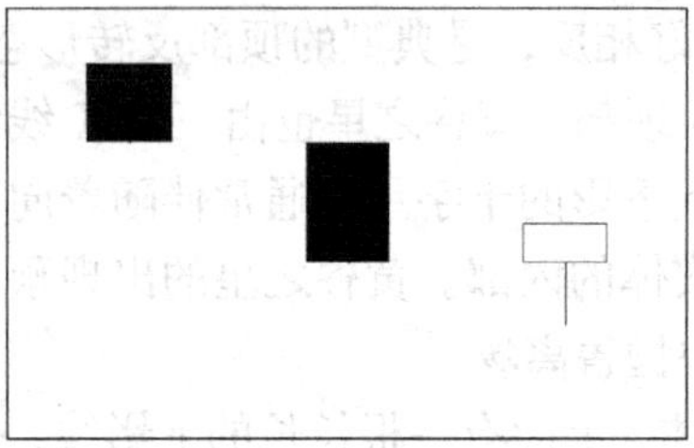

图 4-18　三 K 线组合 4

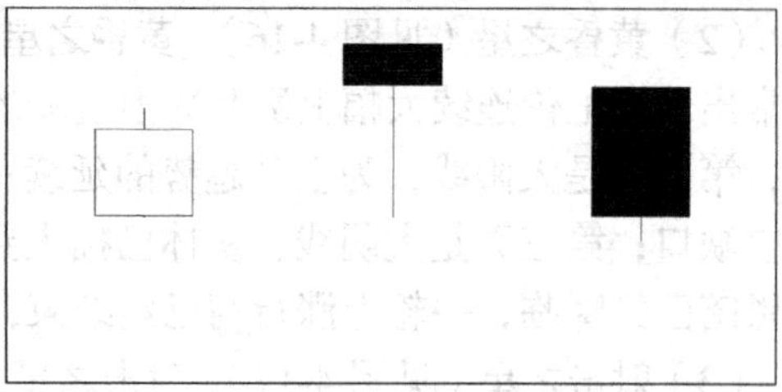

图 4-19　三 K 线组合 5

（6）穿头破脚（见图 4-20）。穿头破脚有底部和顶部两种形态，是市场中最强烈的反转信号。顶部类似于“崩盘”，而底部多为“井喷”。顶部穿头破脚是指汇价经过较长时间上升后，当天汇价高开低走，收出一根大阴线，并将前日阳线全部覆盖。表示主力将汇价推至高处后，高开制造假象，吸引跟风盘，随后大肆出货，将跟风者一网打尽。底部穿头破脚是指汇价经过一段时间下跌后，当日汇价低开高走，收出大阳线，这根大阳线将前日阴线全部覆盖。表示汇价跌至低位后，再次杀跌引出割肉盘，随后将汇价推高，一举收复前日失地，市场开始快速攀升。

（7）乌云盖顶（见图 4-21）。乌云盖顶也属于拉高出货的顶部反转形态，预示在暴风雨即将来临的前夜，乌云压城城欲摧。乌云盖顶与顶部穿头破脚类似，只是在图形上阴线的收盘仅切入到阳线的 2/3 处，具有一定的不确定性，杀伤力也次于穿头破脚。乌云盖顶是在市场上升后期，出现了一根大阳线，第二天汇价跳高开盘，收盘价却下降到阳线实体中间之下。表示趋势反转已经发生，随后将出现较长时间的下跌，投资者应迅速离场。通常第二天阴线刺入前日阳线的程度越深，顶部反转的可能性越大。

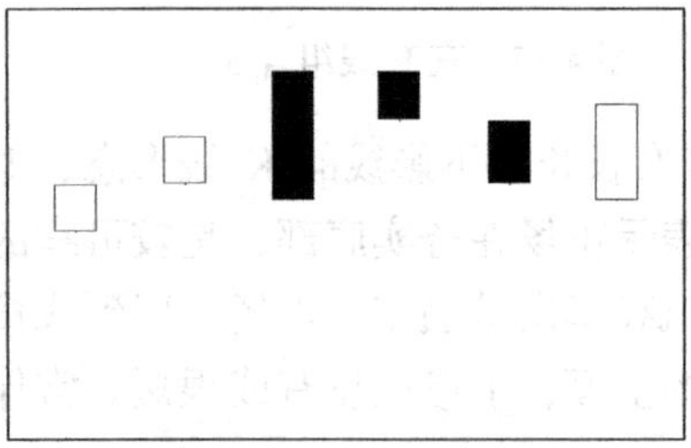

图 4-20　三 K 线组合 6

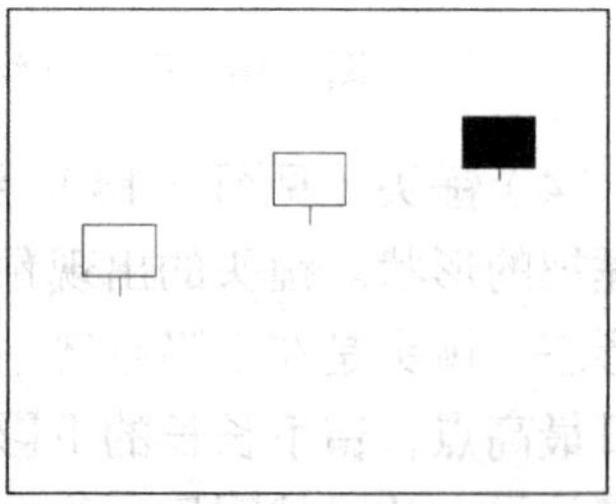

图 4-21　三 K 线组合 7

（8）双飞乌鸦（见图 4-22）。双飞乌鸦是指在市场的高位出现了两根并排的阴线，像两只乌鸦在摇摇欲坠的枯树枝上乱叫，预示“祸不单行”，市场将大幅下跌。双飞乌鸦是在汇价连续大幅上升之后，第一天是大阳线，第二天高开收出带上升缺口的阴线，表示向上攻击失败，第三天再次跳高开盘，收出阴线，收盘比前一日阴线低，但仍高于第一天阳线的收盘价。这说明强市已被遏制，汇价将下跌。

（9）双针探底（见图 4-23）。双针探底是指两根有一定间隔的 K 线，都带有较长的下影线，下影线的位置非常接近，是常见的底部反转形态。双针探底出现在汇价连续下跌之后，表示汇价已经过二次探底，下档有较强的支撑，底部确认有效。双针探底经常由一个底部十字星和一个锤头组成，第二根 K 线的低点常比第一根 K 线低点高。

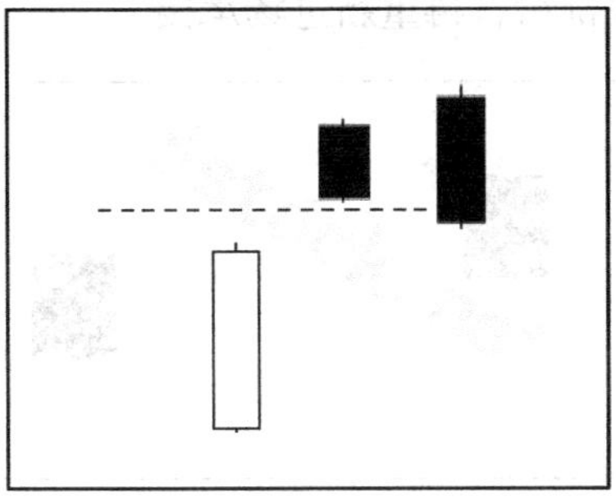

图 4-22　三 K 线组合 8

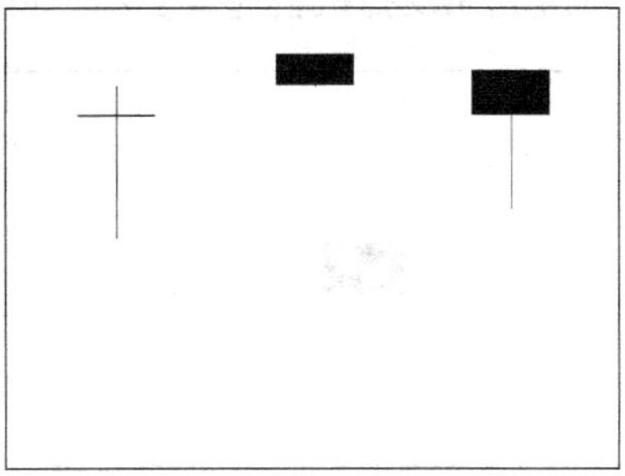

图 4-23　三 K 线组合 9

（10）三个白武士（见图 4-24）。三个白武士又称为红三兵，是指三根连续上升的阳 K 线，收盘价一日比一日高。表示多头力量聚集，武士稳扎稳打，步步进逼。三个白武士一般出现在市场见底回升的初期，每日收盘价虽为当天最高点，但开盘价均在前一天的实体之内，因而总体升幅不大，是稳步向上推高。投资者应逢低建仓，及时跟进以免踏空。市场底部出现此形态，常表示后势将加速上涨。

（11）三只黑乌鸦（见图 4-25）。三只黑乌鸦是指三根连续下跌的阴 K 线，收盘价一日比一日低，表示空方力量在逐步加强，后势看淡。三只黑乌鸦一般出现在市场见顶之后，每日的收盘均出现新低点，而每日的开盘价却在前一日的实体之内。下跌的节奏较为平和，空方在缓慢杀跌，后势有可能加速下滑。投资者应果断决策，争取在第一时间平仓离场。

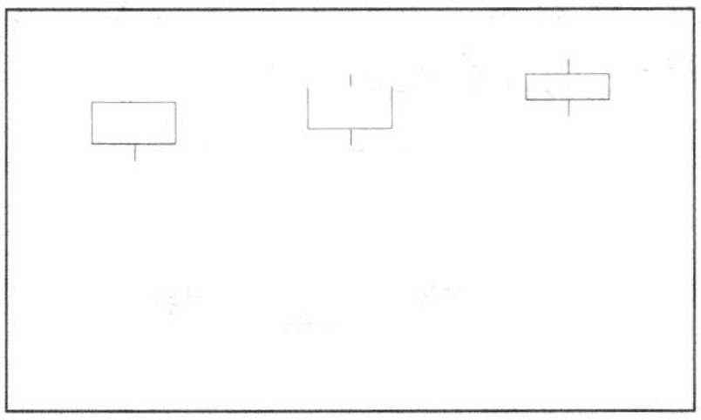

图 4-24　三 K 线组合 10

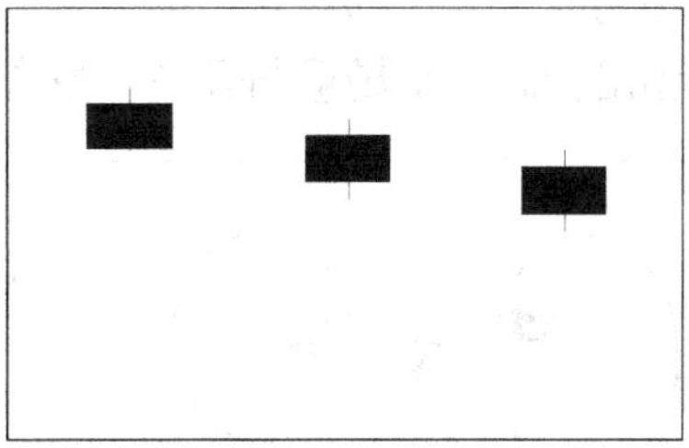

图 4-25　三 K 线组合 11

（12）两阳夹一阴（见图 4-26）。两阳夹一阴属上升中继形态，是指在上升途中一根阴线夹在两根阳线中间，主力震荡洗盘的图形。两阳夹一阴是常见的上升形态，表示汇价在盘升过程中，不断遭到卖方打压，但逢低介入的买方众多，汇价回档有限，且顽强上涨。

擅长短线操作的投资者可利用冲高和回档之际做短差，但前提是不能丢掉筹码。

（13）两阴夹一阳（见图 4-27）。两阴夹一阳属下跌抵抗形态，是指在下跌途中一根阳线夹在两根阴线之间，主力震荡出货的图形。两阴夹一阳是常见的下跌形态，表示汇价在下跌过程中，不断受到买方抵抗，但逢高出货的卖方众多，汇价反弹高度有限，且跌势不止。投资者应利用反弹机会逢高卖出，待汇价跌到底部后，再重新进场承接。

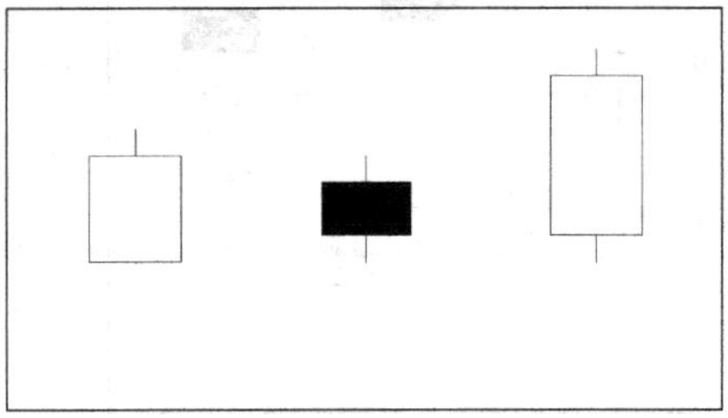

图 4-26　三 K 线组合 12

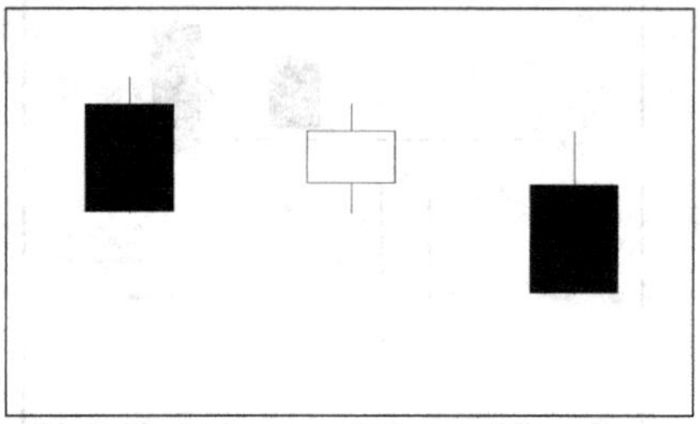

图 4-27　三 K 线组合 13

（14）身怀六甲（见图 4-28）。身怀六甲是指在高位大阳线或低位大阴线之后，在实体中间部位出现的小阳线或小阴线，好像前日 K 线怀中的胎儿。人们常把小阳线称为上涨孕，小阴线称为下跌孕，一般预示着市场上升或下跌的力量已经衰竭，市场已有改变即有趋势的迹象。身怀六甲常出现在涨势或跌势的后期，由于反转的速度较慢，许多投资者会以为市场处于休整状态而未能及时采取措施。投资者此时可观察成交量，如果前日成交量放大后又突然急剧萎缩，市场反转的可能性大。

（15）上升三部曲（见图 4-29）。上升三部曲是持续组合形态，指一根大阳线后接三根较小阴线，再接一根大阳线的组合。这是典型的震荡洗盘手法，表示后市将会继续上涨。上升三部曲不是转势信号，而是升势将继续整固的信号。通常第一天为急升大阳线，随后是三根小阴线，实体都包含在第一天阳线之内，成交量萎缩，接着又一根阳线拔地而起，收盘价创出新高，市场重归升途。投资者应在整理结束时建仓或加码买进。

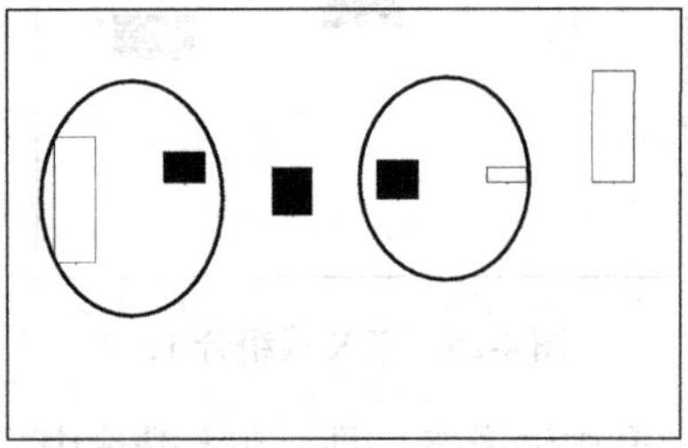

图 4-28　三 K 线组合 14

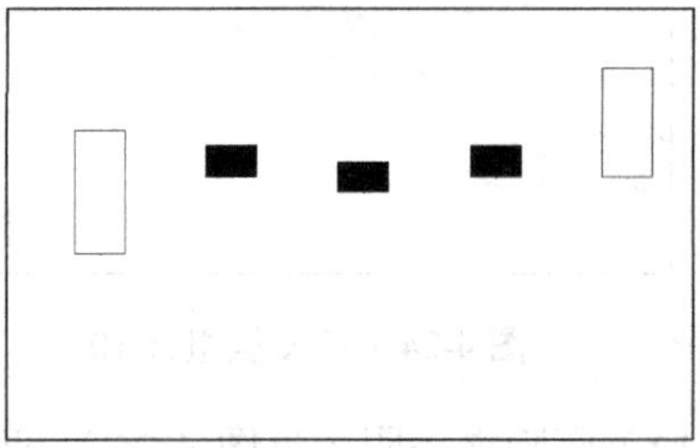

图 4-29　三 K 线组合 15

（16）下跌三部曲（见图 4-30）。下跌三部曲也是持续组合形态，是指一根大阴线后接三根小阳线，再接一根大阴线的组合。反映市场极度虚弱，汇价大跌小涨，空方占有绝对优势的情况。下跌三部曲发生在市场下跌途中，第一天为急跌大阴线，随后出现三根细小的反弹阳线，实体都包含在第一根阴线之内，接着又一根阴线破位而下，击穿市场多日形成的盘整巩固区间，市场重新纳入下跌的轨道。

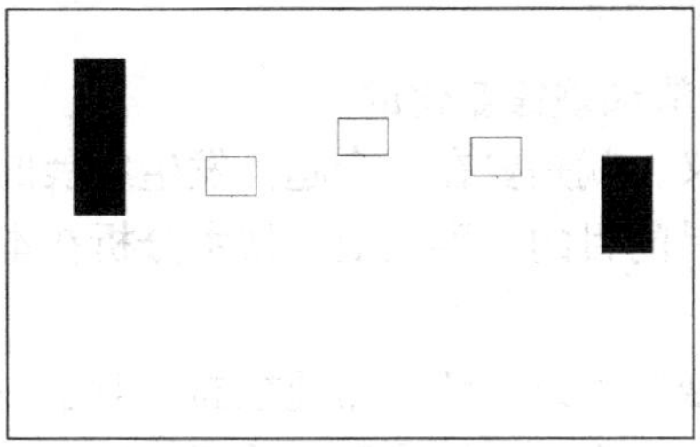

图 4-30　三 K 线组合 16

4.2 技术图形分析

外汇汇率的波动虽然千变万化，但与其他商品一样，归根到底是由供求关系决定的。在国际外汇市场中，当某种货币的买家多于卖家时，买方争相购买，买方力量大于卖方力量；卖方奇货可居，价格必然上升。反之，当卖家见销路不佳，竞相抛售某种货币，市场卖方力量占了上风，则汇价必然下跌。所以，技术分析重点研究以往价格交易的数据，进而预测未来的价格走向。此类型分析侧重于图表与公式的构成，以捕获主要和次要的趋势，并通过估测市场周期长短，识别买入/卖出机会。根据选择的时间跨度，可以使用每日或日内（每 5 分钟、每 15 分钟、每小时）技术分析，也可使用每周或每月技术分析。

4.2.1　技术分析的基本假设

1. 汇价变动是一切影响因素的综合反应

经济、政治、心理预期等影响汇率的所有因素的变化都会真实而充分地反应在汇率价格上。我们要完全理解和接受这个前提条件，否则学习技术分析毫无意义。

技术分析者认为，能够影响某种汇率价格的任何因素如基础的、政治的、心理的或其他方面的，实际上都反映在其价格之中。由此推论，我们必须做的事情就是研究价格变化。这个前提的实质含义其实就是价格变化必定反映供求关系，如果需求大于供给，价格必然上涨；如果供给大于需求，价格必然下跌。供求规律是所有经济预测方法的出发点。反过来推论，只要价格上涨，不论什么具体原因，需求一定超过供给，从经济基础上说必定看好；如果价格下跌，从经济基础上说必定看淡。归根结底，技术分析不过是通过价格的变化间接地研究基本面。图表本身并不能导致市场的升跌，只是简明地显示出市场中流行的乐观或悲观的心态。

既然影响市场价格的所有因素最终必定要通过市场价格反映出来，那么研究价格就够了。实际上，图表分析只不过是通过研究价格图表及大量的辅助技术指标，让市场自己揭示其最可能的走势，而并不是分析师凭借个人的精明“征服”了市场。我们讨论的所有技术工具都只是市场分析的辅助手段。

2. 汇率是按照一定的趋势和规律变化的

研究价格图表的全部意义，就是要在一个趋势发生发展的早期，及时准确地把它揭示出来，从而达到顺着趋势交易的目的。事实上，技术分析在本质上就是顺应趋势，即以判定和追随既成趋势为目的。

从“价格以趋势方式演变”可以自然而然地推断：对于一个既成的趋势来说，下一步常常是沿着现存趋势方向继续演变，而掉头反向的可能性要小得多。这当然也是牛顿惯性定律的应用。我们可以换个说法：当前趋势将一直持续到掉头反向为止。虽然这句话差不多是同语反复，但这里要强调的是：坚定不移地顺应一个既成趋势，直至有反向的征兆为止。

3. 汇价会循环往复

技术分析和市场行为学与人类心理学有着千丝万缕的联系。例如，价格形态通过一些特定的价格图表形状表现出来，而这些图形表示了人们对某市场看好或看淡的心理。其实这些图形在过去的几百年里早已广为人知并被分门别类。既然它们在过去很管用，就不妨认为它们在未来同样有效。

4.2.2 技术分析的基本理论

1. 道琼斯理论

这是技术分析中最古老的理论，它是由查尔斯·道创立。他认为价格能够全面反映所有现存信息，可供参与者（交易商、分析家、组合资产管理者、市场策略家及投资者）掌握的知识已在标价行为中被折算。由不可预知事件引起的货币波动，都将被包含在整体趋势中。技术分析旨在研究价格行为，从而做出关于未来走向的结论。

道氏理论由五个“定理”组成。

定理1：道氏的三种走势，即短期趋势、中期趋势和长期趋势。

道氏理论认为股票指数与其他资本市场都有三种趋势：① 短期趋势，是指持续数天至数个星期；② 中期趋势，是指持续数个星期至数个月；③ 长期趋势，是指持续数个月至数年。任何市场中，这三种趋势必然同时存在，彼此的方向相反。

定理2：主要走势，即空头市场或多头市场。

主要走势表示市场是处于空头市场还是多头市场，持续时间一般在一年以上，甚至数年之久。

定理 3：主要的空头市场。

空头市场一般经历三个主要阶段；第一阶段，市场参与者不再期待股票可以维持过度膨胀的价格；第二阶段的卖压反映经济状况与企业盈余的衰退；第三阶段是来自健全股票的失望性卖压。

定理 4：主要的多头市场。

多头市场一般也要经历三个阶段；第一阶段，人们对未来的景气恢复信心；第二阶段股价对于已知的企业盈余改善产生反应；第三阶段，投机热潮高涨股价明显膨胀。

定理 5：次级折返走势。

次级折返走势是多头市场中重要的下跌走势，或者是空头市场中重要的上涨走势，持续时间通常在三个星期至数个月。

2．波浪理论

波浪理论由艾略特（Elliot）创立。这种理论认为，股票价格的运动是遵循着有规律的波浪形态发展的。掌握波浪运动的规律，可以自觉地预测价格的升跌走势。艾略特波浪理论分别将推动波和修正波分为 5 种（1–2–3–4–5）和 3 种（a–b–c）主要走向，这 8 种走向组成一个完整的波浪周期（见图 4-31）。

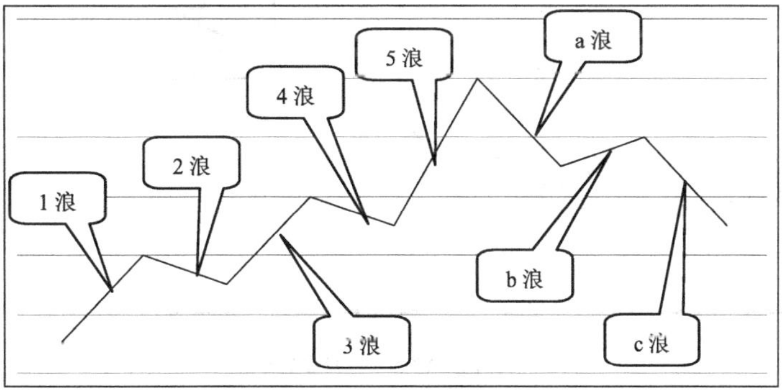

图 4-31　波浪理论图

以上两种理论虽然源于对股票市场的分析，但同样适用于外汇市场，并早已应用于外汇市场。

4.2.3　技术分析的内容

1．趋势分析

如果我们在一定时间内考察外汇市场上汇率的变化，就会发现汇率的变动不是杂乱无章的，而是有其规律性。它是沿着某种趋势上下波动震动变动，如果我们选取波动的高点或低点（至少两个高点或低点）进行连线，就可以粗略地画出一条趋势线。趋势线在识别市场趋势方向方面是简单而实用的工具。向上趋势线由至少两个相继低点（或高点）连接而成，显然第二点必须高于第一点，直线的延伸帮助我们研判市场将来沿着什么样的路径向上运动。相反，向下趋势线是至少两个相继低点（或高点）连接而成，显然第二点必须低于第一点，直线的延伸帮助我们研判市场将来沿着什么样的路径向下运动。如果在较长的时间跨度内，找到的两个点基本相同，由此连接而成的趋势线，基本上是一条水平方向的直线，我们通常称之为整理趋势。

趋势线并不完全是一条直线，它只是近似于直线，它代表着未来汇价可能发展的方向。趋势线根据形态可分为不同种类的趋势线，它们各自代表着不同的市场信息，依次可进行买卖决策。

（1）上升趋势。汇价上升趋势线是指汇价上升波段中，汇价底部之连接线而言，这条连接而形成的上升趋势线通常比较规则，它沿着一定的斜率向上运行，如图4-32所示。

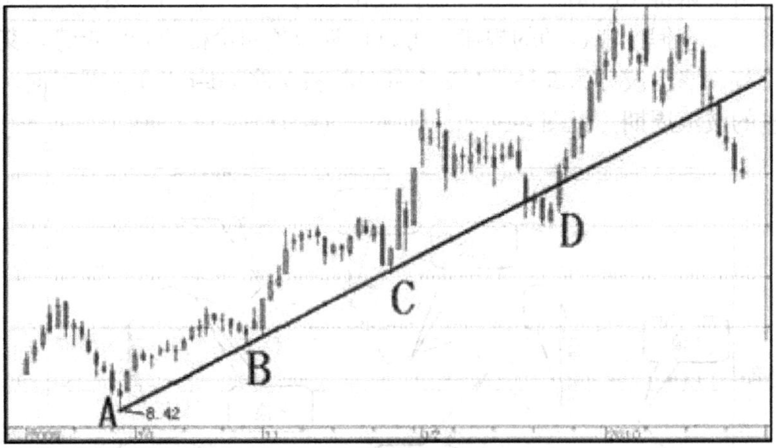

图4-32　上升趋势图

趋势分析及应用：

一个多头行情主要由原始、次级或短期上升波动组成，汇价一波比一波高，每两个底部低点即可连成一条上升趋势线。一般而言，原始上升趋势线较为平缓，历经时间较长，而次级或短期上升趋势线较为陡峭，其历经时间有时甚短。

在汇价上升趋势中，当汇价下跌而触及汇价上升趋势线时，便是绝佳的买点，投资者可酌量买进。

（2）下降趋势。汇价下降趋势线是指汇价下降波段中，汇价底部之连接线而言，这条连接而形成的下降趋势线通常比较规则，它沿着一定的斜率向下运行，如图4-33所示。

图 4-33　下降趋势图

趋势分析及应用：

下跌趋势一般由短期下跌波动所构成，汇价一波比一波低，每两个下跌的低点或反弹之高点即可连成一条下跌趋势线。一般而言，下跌趋势一旦形成就会经历时间较长的走势。汇价下跌，远离汇价下降趋势线，背离太大，汇价就会反弹。某种汇率的汇价形成下跌趋势后，不建议投资者抢反弹进行买卖操作，其风险非常大。

趋势线表明，当价格向其固定方向移动时，它非常有可能沿着这条线继续移动。无论在上升或下跌趋势轨道中，当汇价触及上方的压力线时，就是卖出的时机；当汇价触及下方的支撑线时，就是买进的时机。若在上升趋势轨道中，发现汇价突破上方的压力线时，证明新的上升趋势线即将产生；同理，若在下跌趋势中，发现汇价突破下方的支撑线时，可能新的下跌趋势轨道即将产生。汇价在上升行情时，一波的波峰会比前一波波峰高，一波的波谷会比前一波波谷高；而在下跌行情时，一波的波峰比前一波波峰低，一波的波谷会比前一波波谷低。处于上升趋势轨道中，若发现汇价无法触及上方的压力线时，即表示涨势趋弱了。

（3）整理趋势。矩形整理在汇市亦称为箱形整理。汇价在某一价格区的上下移动，移动的轨道由两条平行于横轴的平行线所界定，其形状就像几何图形的矩形或长方形，矩形整理亦称为箱形整理。箱形整理形态通常出现在汇价上升走势或下跌走势之初期或中期，若箱形出现在汇价上升走势或下跌走势之末期，往往形成反转形态，而非整理形态，如图 4-34 所示。

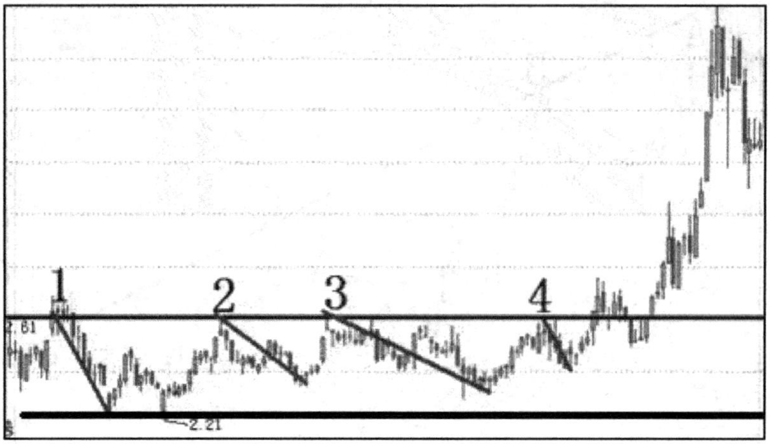

图 4-34　整理趋势图

趋势分析及应用：

箱形整理形态一般在汇价上升波完成或下跌波完成之后出现。成交量配合箱形整理的完成，起初量大而后逐步萎缩，一直到汇价突破箱形整理为止。汇价一般横盘整理三至四周或者更长时间，然后再寻找方向进行突破。向上突破初期时箱形向上平移；向下跌破时箱形向下平移，暴涨暴跌的情况除外。

在箱形整理形态中，汇价高点与低点的价差较小，不适应买卖操作。当汇价下跌而触及汇价箱形整理下轨时，投资者可酌量买进外汇。当汇价上升而触及汇价箱形整理上轨时，投资者可酌量卖出外汇。

2．移动平均线分析

在汇率图形分析中，移动平均线（Moving Averages）是应用最广泛的分析方法。该指标显示汇率价格在一段时期内的平均值。在计算移动平均线的时候，要对给定时间内的汇率平均值进行数学分析。当汇率价格变化时，它的平均价格就会上升或者下降。

移动平均线可分为简单移动平均线和复杂移动平均线。简单移动平均线也称单一移动平均线，是指只有一条移动平均线的图形。移动平均可以对任何数据系列进行计算，包括汇率的收盘价、成交量或者其他数据。对另一个移动平均线数进行移动平均也是有的。复杂移动平均线是指不同天数的两条或两条以上的移动平均线组合的图形。依据时间的长短，不同天数的移动平均线会形成不同的波动，这样为我们投资决策提供了很好的依据。

使用移动平均数的最流行方法是，将汇率价格的移动平均数与汇率价格自身进行比较。当汇率价格升至它的平均线值之上时生成了买入信号；当汇率价格跌至它的平均线值以下时生成了卖出信号。这种类型的移动平均线交易系统并不试图让在真正的底部进入市场，或者在真正的市场顶部退出市场，因为市场真正的底部与顶部是很难预测的。移动平均线代表着一定时期段投资者的平均持仓成本，当移动平均线向对自己有利的方向发展时，可继续持有，直到移动平均线掉头转向才平仓，能够在市场到达底部后不久买入和在市场达到顶部后不久卖出，从而与汇率价格趋势保持相同的步骤，这样可捕捉巨额的利差。

投资者可以利用移动平均线的原理，随时修正对汇价的判断，决定买卖时机，确定风险的大小。利用移动平均线测定汇率的走势，以葛兰维尔（Granville）所创的八大法则最具实用性与权威性，主要内容如下：

（1）移动平均线的买进信号。

1）移动平均线止跌盘旋，而且汇率线从移动平均线下方往上方突破时，是买进信号，如图 4-35 所示。

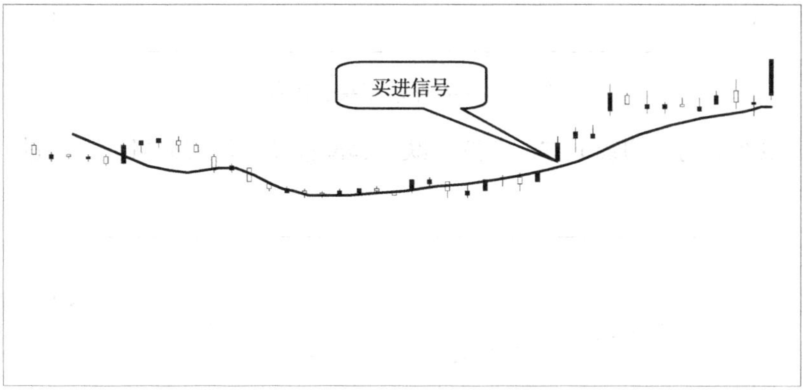

图 4-35　移动平均线买进信号 1

2）汇率线稍稍降在移动平均线下方，立即迅速突破移动平均线而向上时，可谨慎买进，如图 4-36 所示。

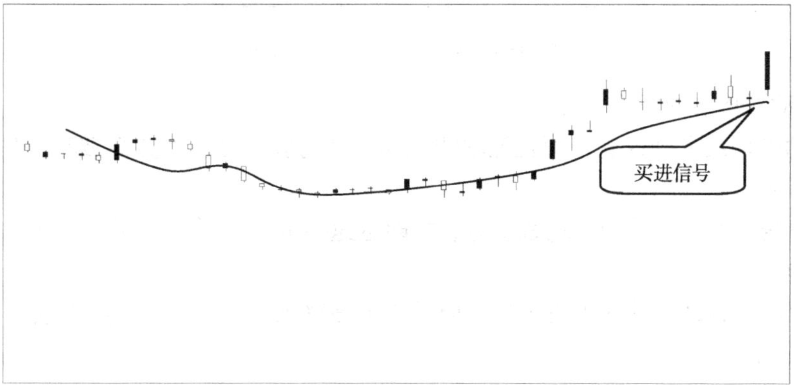

图 4-36　移动平均线买进信号 2

3）汇率线在移动平均线上方下跌，在未降到移动平均线之下却上升时，可以买进，如图 4-37 所示。

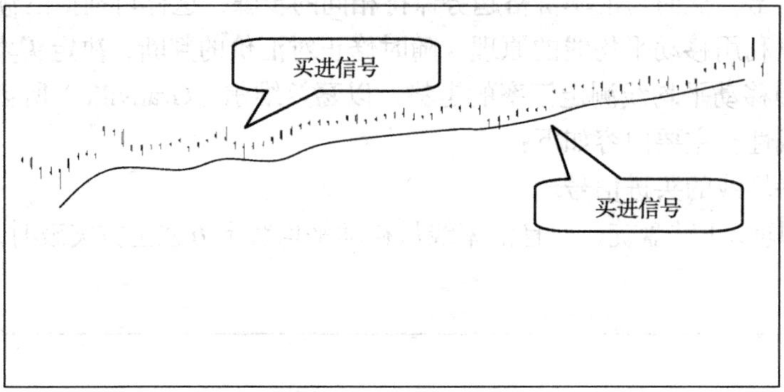

图 4-37 移动平均线买进信号 3

4）汇率线在移动平均线下方，突然暴跌，远离移动平均线时可加码买进，如图 4-38 所示。

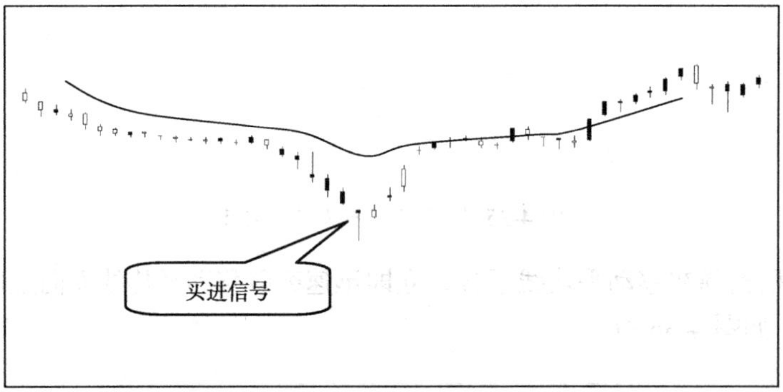

图 4-38 移动平均线买进信号 4

（2）移动平均线的卖出信号。

1）移动平均线上升盘旋，而且汇率线从移动平均线上方往下方突破时，是卖出信号，如图 4-39 所示。

2）汇率线稍稍升在移动平均线上方，立即迅速突破移动平均线而向下跌时，可谨慎卖出，如图 4-40 所示。

3）汇率线在移动平均线下方上升，但是未突破移动平均线，却再度下跌时，可以及时卖出，如图 4-41 所示。

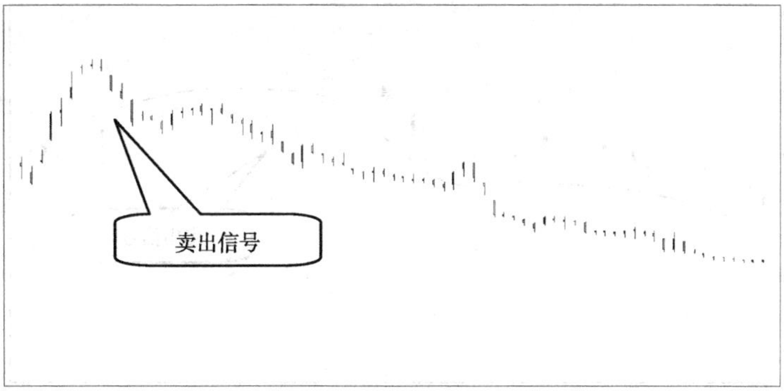

图 4-39 移动平均线卖出信号 1

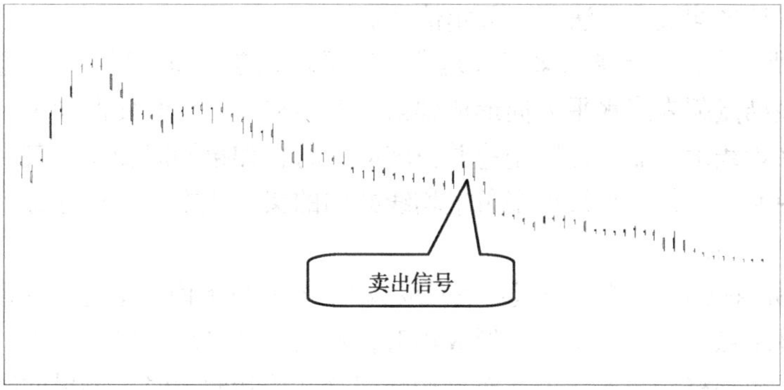

图 4-40 移动平均线卖出信号 2

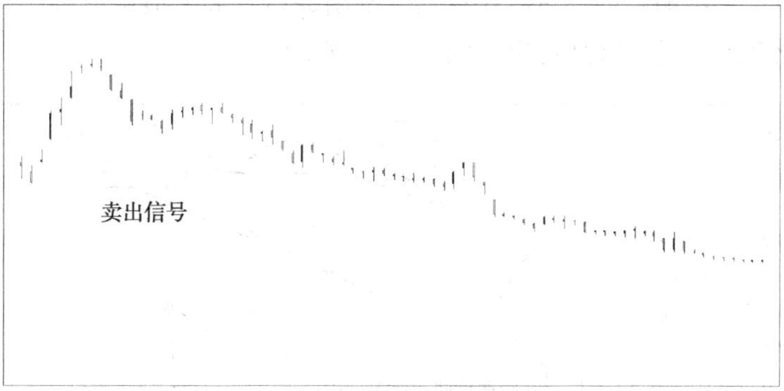

图 4-41　移动平均线卖出信号 3

4）汇率线在移动平均线上方，突然暴涨，远离移动平均线时，可短线考虑卖出，如图 4-42 所示。

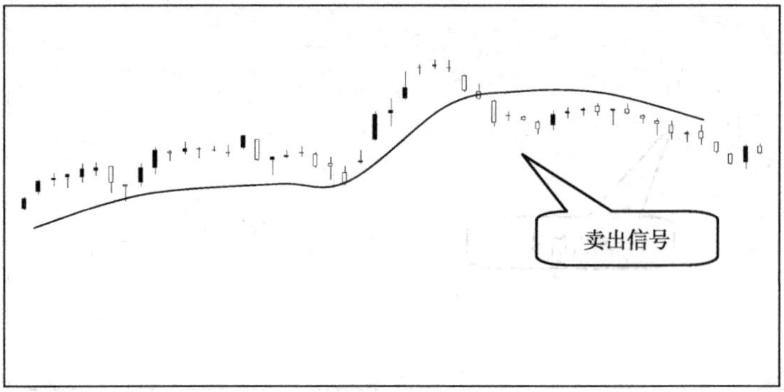

图 4-42 移动平均线卖出信号 4

（3）利用移动平均线交叉法研判买卖信号。

1）金叉。所谓金叉，是指由多条长短期移动平均线自上而下运行，并逐步扭转向上所形成的结点，该结点朝未来水平方向形成辐射，各条移动平均线发散向上，对未来汇价有支撑。当多条平均线由上而下探底企稳并扭转向上时，如果同时交叉在某一个价位或某一个价位附近，说明这个价位是最近多条平均线共同的买入成本。所以在金叉出现后应逢低买入，如图 4-43 所示。

2）死叉。所谓死叉，是指由多条长短期移动平均线自下而上运行，并逐步扭转向下所形成的结点，该结点朝未来水平方向形成辐射，各条移动平均线发散向下，对未来汇价有压迫。当多条长短期移动平均线由下而上冲高回落并扭转向下时，如果同时交叉在某一个价位或某一个价位附近，说明这个价位是最近多条平均线共同的买入成本。说明近期内买入的人都有亏损。当这种亏损示范被传播后，会引导更多的人退出市场，并使汇价继续下跌。所以，在死叉出现后应逢高卖出。如图 4-43 所示。

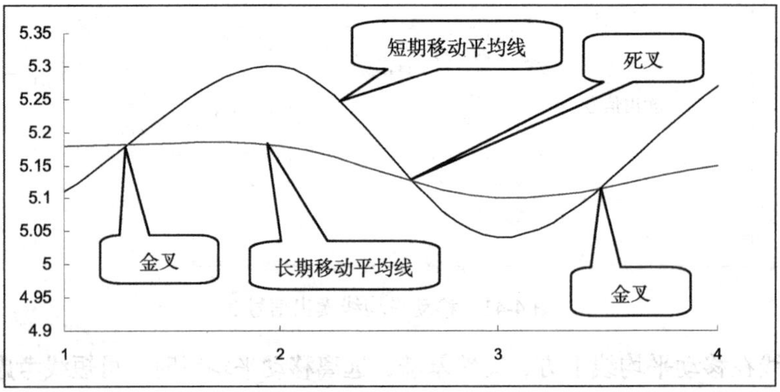

图 4-43 金叉、死叉

由于移动平均线具有上述诸多功能，所以在外汇市场上得到日益广泛的应用，成为许多外汇投资者的好帮手，逐渐得到越来越多人的青睐。

4.3 技术指标分析

所谓技术指标分析，是依据一定的数理统计方法，运用一些复杂的计算结果，判断汇率走势的量化的分析方法，主要有相对强弱指标、布林线指标、随机指标和 MACD 指标等十几种方法。由于以上的分析往往与一些电脑软件相配合，所以技术指标分析已成为国际外汇市场职业外汇交易员非常重视的汇率分析与预测工具。这里主要介绍几种常用的指标。

4.3.1　相对强弱指标分析

相对强弱指标（Relative Strength Index，RSI）是一个较为流行的常用技术指标。由威尔斯·魏尔德［Welles Wilder］所创造，是目前汇市技术分析中比较常用的中短线指标。相对强弱指标是一个随价格的波动而摆动的变量，它的变化范围为 0 ~ 100。

1. RSI 指标变动的市场含义

（1）一般来说，RSI 值保持在 50 以上时，为强势市场，低于 50 时，为弱势市场。

（2）RSI 值在 50 ~ 70 波动时，表示市场出现超买现象，如继续上升，超过 90 时，则已到严重超买区，价格已形成顶部，极可能在短期内转升为跌。

（3）当 RSI 值下降至 20 ~ 50 时，表示市场已进入超卖状态；如果一旦下降至 10 以下，表明进入严重超卖区，价格可能止跌回升。

（4）有时 RSI 上升而价格反而下跌，或 RSI 下降而价格反而上涨，这种情况称为“背驰”，意味着市场可能反转。

2. RSI 指标的买卖时机分析

RSI=50 为强势市场与弱势市场的分界点。通常设 RSI>80 为超买区，市势回挡的机会增加；RSI<20 为超卖区，市势反弹的机会增加。在强势市场中，短期相对强弱指标（RSI）在 80 以上，汇价会形成短期的头部，可以认为是一次卖出机会；而当 RSI 回调下破 50 分界线时，可以认为是一次买入机会，如图 4-44 所示。在弱势市场中，短期 RSI 值于 20 以下，汇价会形成短期的底部，可以认为是一次买入机会，而当 RSI 反弹上穿 50 分界线时，可以认为是一次卖出机会，如图 4-45 所示。RSI 有背离原理，当汇价创新高，而 RSI 创不了新高时，为卖出信号；当汇价创新低，而 RSI 未创新低时，则为买进信号；RSI 创新高，汇价未创新高时，为卖出信号；RSI 创新低，汇价未创新低时，亦为买入信号。

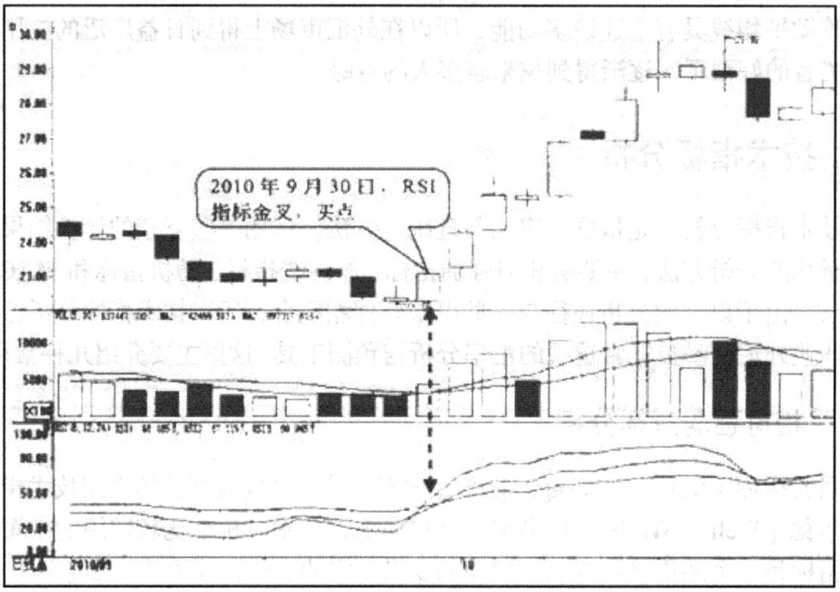

图 4-44 RSI 指标买点

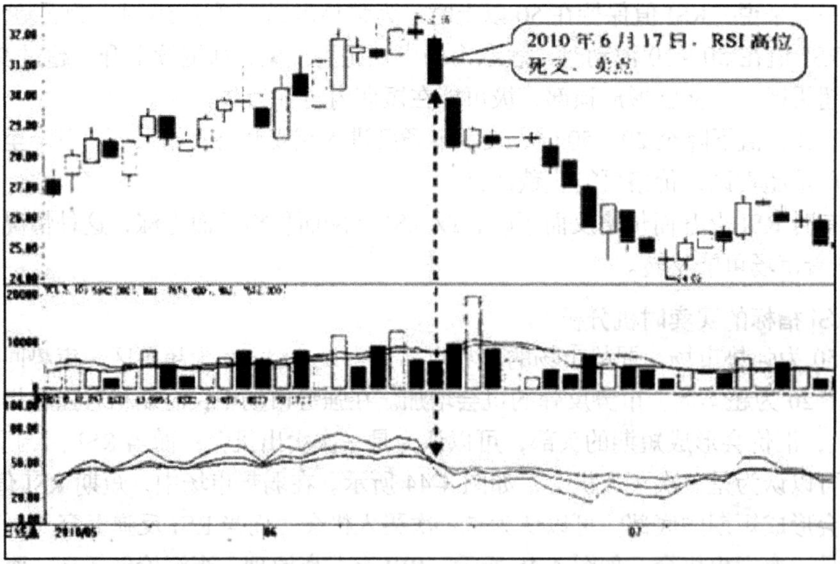

图 4-45 RSI 指标卖点

4.3.2 布林线指标分析

布林线指标（BOLL）是由约翰布林（John Bollinger）发明的，是研判汇价运动趋势的一种技术分析工具。布林线是揭示汇价短线震荡剧烈程度的指标，其侧重点在于通过汇价的震荡分析预测走势。从震荡角度着眼，汇价的基本走势为盘整和突破，汇价的运动就是由一次次盘整和对盘整的突破构成。在汇市分析软件中，BOLL 指标一共由三条线组成：中间线是一条简单的移动平均线；上线与中间线的计算是一样的，但向上移动数个标准离差；下线是中间线向下移动数个标准离差。

1．布林线的市场含义

布林线反映了汇价震荡的剧烈程度。BOLL 指标中的上、中、下轨线所形成的汇价通道的移动范围是不确定的，通道的上下限随着汇价的上下波动而变化。正常情况下，汇价应始终在汇价通道内运行。如果汇价脱离汇价通道运行，则意味着行情处于极端的状态下。在 BOLL 指标中，汇价通道的上下轨是显示股价安全运行的最高价位和最低价位。下轨线可以对汇价的运行起到支撑作用，而上轨线则会对汇价的运行起到压力作用。一般而言，当汇价在布林线的中轨线上方运行时，表明汇价处于强势趋势；当汇价在布林线的中轨线下方运行时，表明汇价处于弱势趋势，如图 4-46 所示。

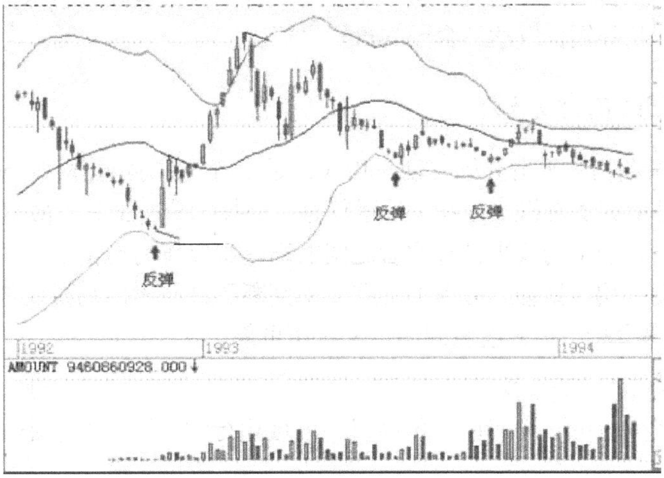

图 4-46　布林线指标

2．布林线的买卖时机分析

（1）当汇价线向上突破布林线中轨线时，预示着汇价的强势特征开始出现，汇价将上涨，投资者应以中长线买入。

（2）当汇价线从布林线的中轨向上突破布林线上轨时，预示着汇价的强势特征已经确立，汇价将可能短线大涨，投资者应以持汇待涨或短线买入为主。

（3）当汇价线向上突破布林线上轨以后，其运动方向继续向上时，如果布林线的上、中、下轨线的运动方向也同时向上，则预示着汇市的强势特征依旧，汇价短期内还将上涨，投资者应坚决持汇待涨。

（4）当汇价线在布林线上方向上运动了一段时间后，如果汇价线的运动方向开始掉头向下，投资者应格外小心，一旦汇价线掉头向下并突破布林线上轨，预示着汇价短期的强势行情可能结束，汇价短期内将会调整，投资者应及时短线买入离场观望。

（5）当汇价线向下突破布林线的中轨时，如果布林线的上、中、下线也同时向下，预示着汇价前期的强势行情已经结束，汇价的中期下跌趋势已经形成，投资者应中线及时卖出。

（6）当汇价线向下跌破布林线的下轨并继续向下时，预示着汇价处于极度弱势行情，投资者应坚决以持币观望为主，尽量不买入。

（7）当汇价线在布林线下轨运行了一段时间后，如果汇价线的运动方向有掉头向上的迹象时，表明汇价短期内将止跌企稳，投资者可以少量逢低建仓。

（8）当汇价线向上突破布林线下轨时，预示着汇价的短期行情可能回暖，投资者可以及时适量买进，做短线反弹行情。

虽然布林线有许多用处，但是也有很多不足之处，投资者在进行操作时可以结合其他指标配合使用，取长补短，以达到自己的投资目标。

4.3.3 MACD 指标分析

MACD 指标又叫指数平滑异同移动平均线，是由查拉尔·阿佩尔（Gerald Apple）创造的，是一种研判外汇买卖时机、跟踪汇价运行趋势的技术分析工具。MACD 是根据两条不同速度的指数平滑移动平均线来计算两者之间的离差状况作为行情研判的基础，实际是运用快速与慢速移动平均线聚合与分离的征兆，来判断买进与卖出的时机与信号。通常采用 DIF 值和 DEA 值来分析行情，既直观明了又实用可靠。

1. MACD 指标的市场含义

（1）当 DIF 线和 DEA 线都在 0 值线以上区域运行时，说明汇市是处于多头行情中，汇价将继续上涨。

（2）当 DIF 线和 DEA 线都在 0 值线以下区域运行时，说明汇市处于空头行情中，汇价将继续下跌盘整。

（3）当 DIF 线和 DEA 线都在 0 值线以下区域运行很长一段时间后，这两条线在低位经过“黄金交叉”后，其运行方向开始同时向上并越来越向上靠近 0 值线时，表明汇价经过长时间的整理后，下跌趋势已经结束，汇价在大量买盘的推动下将开始一轮新的上升行情。

（4）当 DIF 线和 DEA 线都在 0 值线以上区域运行很长一段时间后，这两条线在高位经过“黄金交叉”后，其运行方向开始同时向上并越来越向下靠近 0 值线时，表明汇价经过长时间的上涨后，上升趋势已经结束，汇价在大量卖盘的推动下将开始一轮新的回调行情。

2. MACD 指标的买卖时机分析

（1）当 MACD 指标中的 DIF 线和 DEA 线在远离 0 值线以下区域同时向下运行很长一段时间后，当 DIF 线开始进行横向运行并向上突破 DEA 线时，这时会形成“黄金交叉”。它表示汇价经过很长一段时间的下跌，并在低位整理后，即一轮比较大的跌势后，汇价将开始反弹向上，是买入信号，如图 4-47 所示。

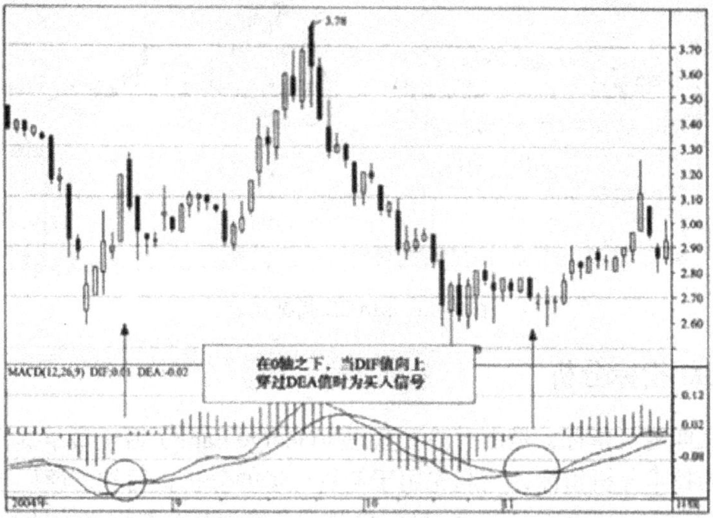

图 4-47　MACD 指标买点

（2）当 DIF 线和 DEA 线都在 0 值线以下区域运行很长一段时间后，这两条线在低位经过“黄金交叉“后，其运行方向开始同时向上靠近 0 值线时，也是买入信号。它可能预示着汇价的一轮升幅可观的上涨行情将很快开始，这是投资者买入外汇的比较好的时机。

（3）当 MACD 指标中的 DIF 线和 DEA 线在远离 0 值线以上区域同时向上运行很长一段时间后，当 DIF 线开始进行横向运行并向下突破 DEA 线，这时会形成“死亡交叉“。它表示经过很长一段时间的上涨后，汇价将开始回调，是卖出信号，如图 4-48 所示。

（4）当 DIF 线和 DEA 线都在 0 值线以上区域运行很长一段时间后，这两条线在高位经过“死亡交叉“后，其运行方向开始同时向下靠近 0 值线时，它可能预示着汇价的一轮较大的回调行情将很快展开，也是卖出信号。

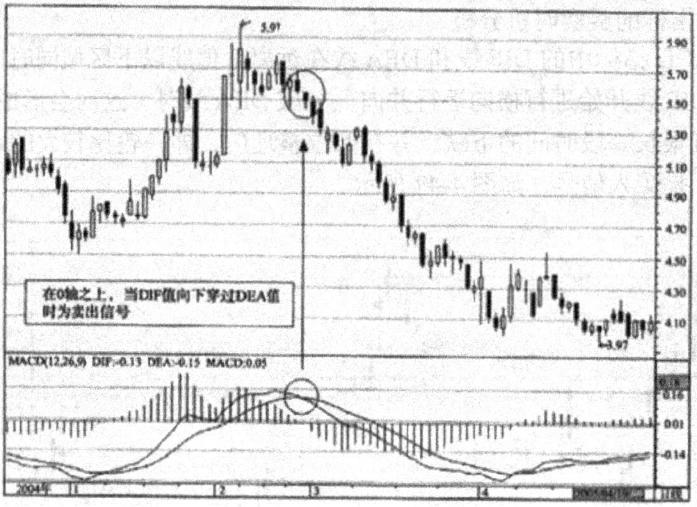

图 4-48 MACD 指标卖点

4.3.4 KDJ 指标分析

KDJ 指标又叫随机指标，是由乔治·蓝恩（George Lane）博士最早提出的，是一种相当新颖、实用的技术分析指标，它起先用于期货市场的分析，后被广泛用于汇市的中短期趋势分析。随机指标 KDJ 是以最高价、最低价及收盘价为基本数据进行计算，得出的 K 值、D 值和 J 值分别在指标的坐标上形成一个点，连接无数个这样的点位，就形成一个完整的能反映价格波动趋势的 KDJ 指标。KDJ 指标主要利用价格波动的真实波幅来反映价格走势的强弱和超买超卖现象，在价格尚未上升或下降之前发出买卖信号的一种技术分析工具。KDJ 指标的取值范围是 0 ~ 100。

1．KDJ 指标的市场含义

K 线是快速确认线，数值在 90 以上为超买，数值在 10 以下为超卖；D 线是慢速主干线，数值在 80 以上为超买，数值在 20 以下为超卖；J 线为方向敏感线，当数值大于 100 时，特别是连续 3 天以上，汇价至少会形成短期头部，反之数值小于 0 时，特别是连续数天以上，汇价至少会形成短期底部。

2．KDJ 指标的买卖时机分析

（1）当 K 值由较小逐渐大于 D 值，K 线从下方上穿 D 线时，显示目前趋势是向上的，所以当 K 线向上突破 D 线时，形成买进信号，如图 4-49 所示。

（2）当 K、D 线在 20 以下交叉向上，此时的短期买入的信号较为强烈，后市汇价可能会上升。

（3）当 K 值由较大逐渐小于 D 值，K 线从上方下穿 D 线时，显示目前趋势是向下的，所以当 K 线向下突破 D 线时，形成卖出信号，如图 4-50 所示。

（4）当 K、D 线在 80 以上交叉向下，此时的短期卖出的信号较为强烈，后市汇价可能会调整。

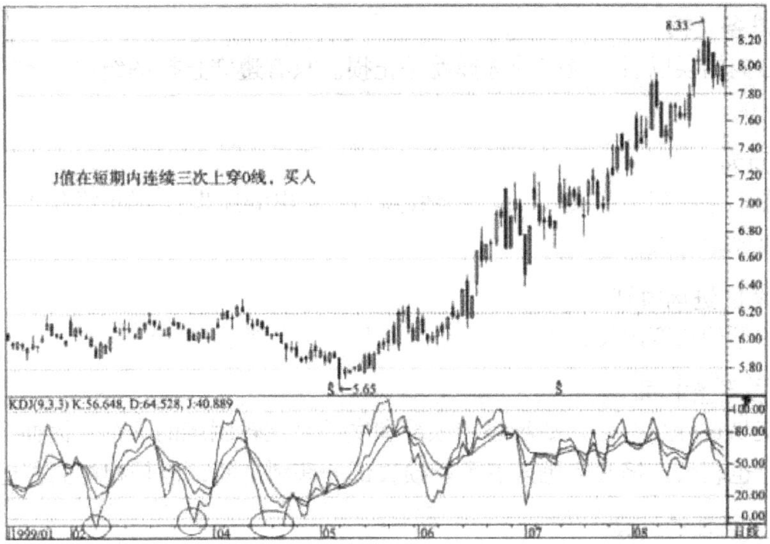

图 4-49　KDJ 指标买点

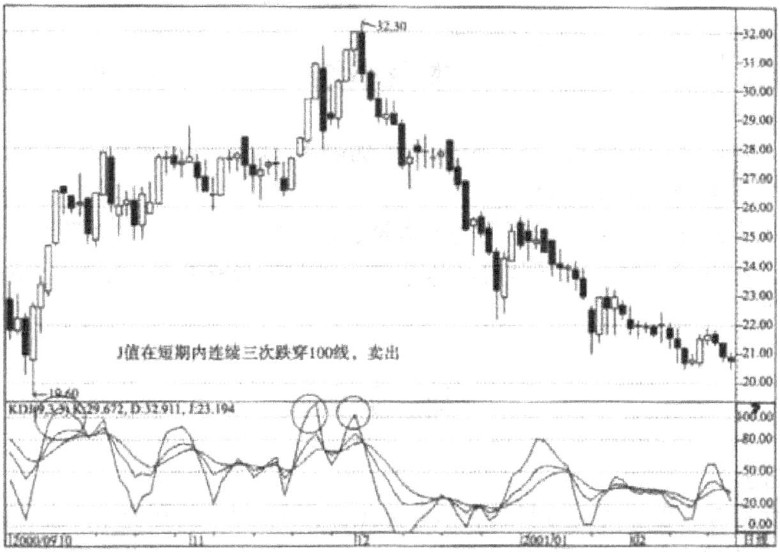

图 4-50　KDJ 指标卖点

4.3.5 技术操作理念

1. 不怕错，就怕拖

在做交易中犯错误是必然的，而在一段行情中，真正的进入信号是比较少的。因此，在机会来临时必须“冒一定风险”进入。

2. 随时准备止损

在确定方向错误以后，最好的选择就是止损。只有遵守止损的纪律，才能达到“一致性”的获利。

3. 顺势而为

市场从来不会高到不能买入，也不会低到不能卖出的地步。逆市操作不但获利空间较小，而且相对风险更大。

4. 金字塔的进场原则

从资金的管理角度出发，资金如果集中交易，风险则相对集中。

5. 掐头去尾赚中间

在实际交易过程当中，判断趋势的顶部和底部是比较困难的事情，因而在顶部和底部进行交易风险也较大。掐头去尾虽然可能损失部分获利空间，但是相对而言比较稳妥。

6. 选择少而精的工具

技术分析中，大概有上百种技术指标和交易工具。交易者不可能运用所有的交易工具进行交易。交易者可以根据自己的实际情况和特点，选择自己的交易工具。

本章小结

- K线分析，包括K线的含义、K线图的优缺点、K线图的画法、单日K线图的基本形态以及K线组合形态分析。
- 技术图形分析，包括技术分析的基本假设、技术分析的基本理论以及技术分析的内容。
- 技术指标分析，包括相对强弱指标分析、布林线指标分析、MACD 指标分析以及KDJ指标分析。

复 习 题

1. 填空题

（1）开盘价与收盘价之间用粗线表示称为（　　）；如果收盘价比开盘价高的K线称为（　　）；如果收盘价比开盘价低的K线称为（　　）；如果当天的汇价超过实体的部分，

用细线画出称为（　　）；比实体的低价还低的部分，也用细线画出，称为（　　）。

（2）汇价在持续上升过程中出现的一根实体很小，但上影线很长、下影线很短的 K 线叫做（　　），它是一个（　　）信号，后市（　　），投资者看见此 K 线形态应（　　）。

（3）汇率价格运动基本形态有（　　）、（　　）和（　　）。

2. 简答题

（1）利用所学的技术图形和技术指标对当前美元的走势做出判断。

（2）在对汇价走势进行预测时，应如何处理好基本面分析和技术分析的关系。

（3）如何理解"技术分析不是万能的，同样不重视技术分析是万万不能的"这一说法。

3. 技能训练

（1）从图 4-51 中找出早晨之星与黄昏之星的 K 线组合。

图 4-51　K 线组合实例 1

（2）从图 4-52 中找出身怀六甲与穿头破脚的 K 线组合。

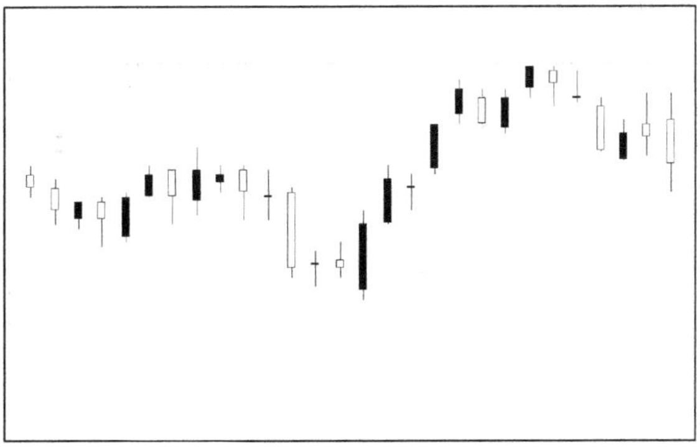

图 4-52　K 线组合实例 2

（3）从图 4-53 中找出射击之星与锤头的 K 线组合。

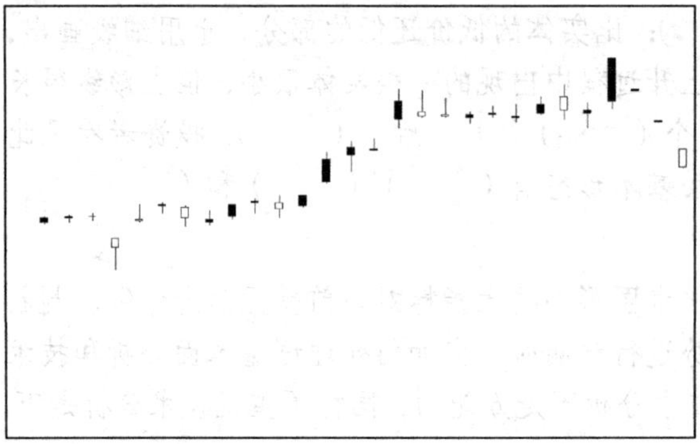

图 4-53　K 线组合实例 3

（4）从图 4-54 中找出乌云盖顶和双飞乌鸦的 K 线组合。

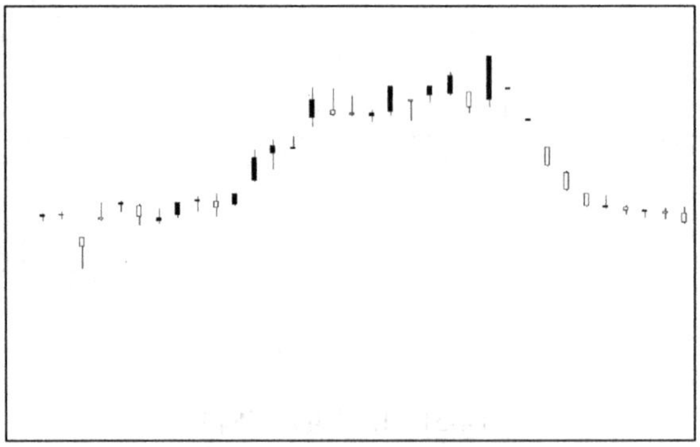

图 4-54　K 线组合实例 4

（5）从图 4-55 中找出多方炮的 K 线组合。

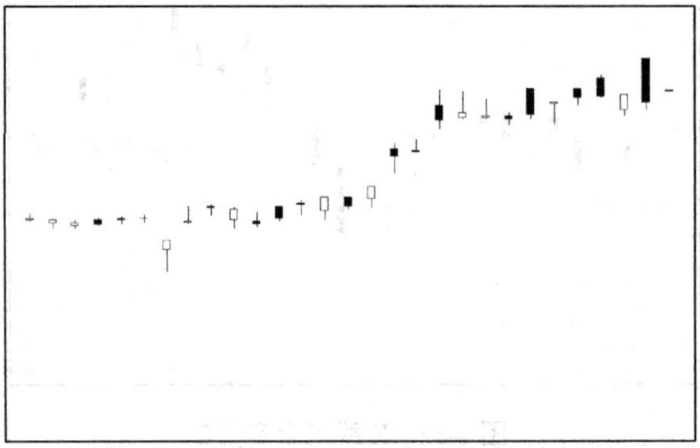

图 4-55　K 线组合实例 5

（6）从图 4-56 中找出三只黑乌鸦的 K 线组合。

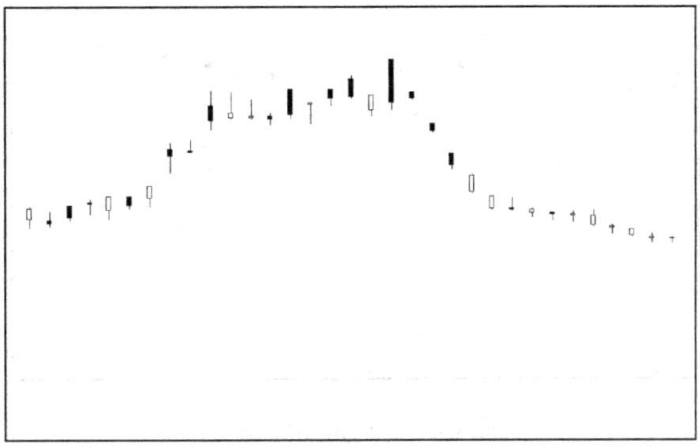

图 4-56　K 线组合实例 6

（7）从图 4-57 中找出双针探底的 K 线组合。

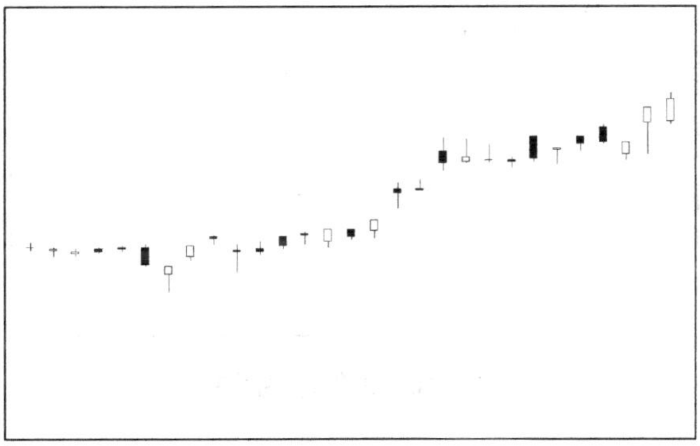

图 4-57　K 线组合实例 7

4．综合分析

根据所学原理仔细观察图 4-58～图 4-60，并进行趋势判断，然后分析汇价的后继走势。

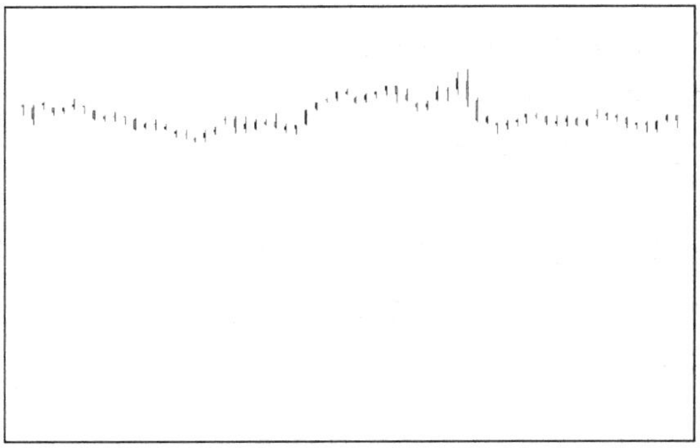

图 4-58　汇价走势图 1

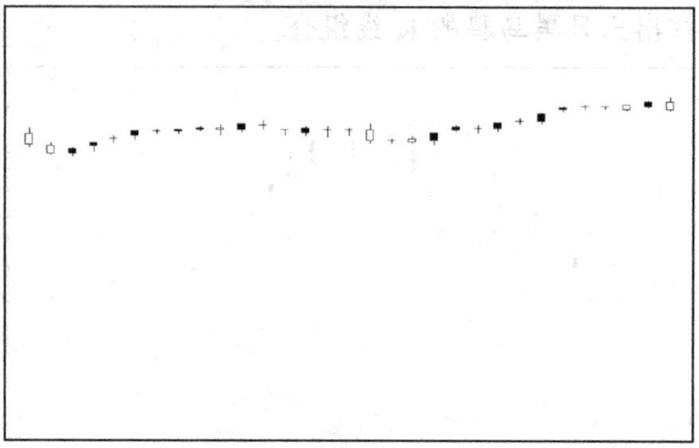

图 4-59　汇价走势图 2

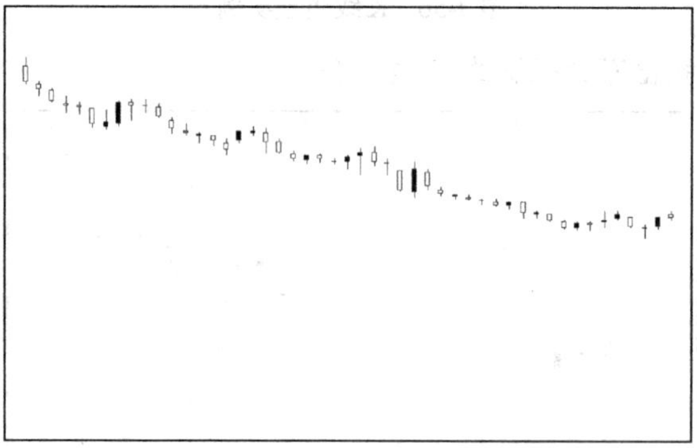

图 4-60　汇价走势图 3

5. 实训任务

在 MT4 外汇模拟交易平台中，选择任意图表窗口，完成以下实训任务。

实训任务 1:

画 2 条趋势线，要求如下:

（1）画一条支撑线，并圈出买点、卖点；

（2）画一条压力线，并圈出买点、卖点；

（3）将完成后的（1）、（2）截图保存。

实训任务 2:

（1）分别找出三角形、头肩型、双重型 3 种图形；

（2）在每种图形中找出相应的买点或卖点；

（3）圈注后做截图保存。

实训任务 3:

（1）在任意图表中插入 Stochastic Oscillator 随机指标线（KDJ），说明其应用原理；

（2）在主图中的相应位置圈出买点和卖点，并做截图保存。

实训任务4:

（1）在任意图表中插入相对强弱指标RSI，说明其应用原理；

（2）在主图中的相应位置圈出相应的买点和卖点。

实训任务5:

（1）在任意图表中插入MACD指标，说明其应用原理；

（2）在主图中的相应位置圈出相应的买点和卖点，并做截图保存。

实训任务6:

（1）在任意图表中插入移动平均线MA指标，说明其应用原理；

（2）在主图中的相应位置圈出相应的买点和卖点，并做截图保存。

实训任务7:

（1）在任意图表中插入布林线指标，说明其应用原理；

（2）在主图中的相应位置圈出相应的买点和卖点，并做截图保存。

第 3 篇

外汇交易模拟

第 5 章

外汇交易相关知识

本章学习目标

- **知识目标** 掌握实盘交易，了解外汇保证金交易的含义和相关知识。
- **技能目标** 掌握外汇实盘交易基本交易方法，能够进行外汇买卖。

学习导航

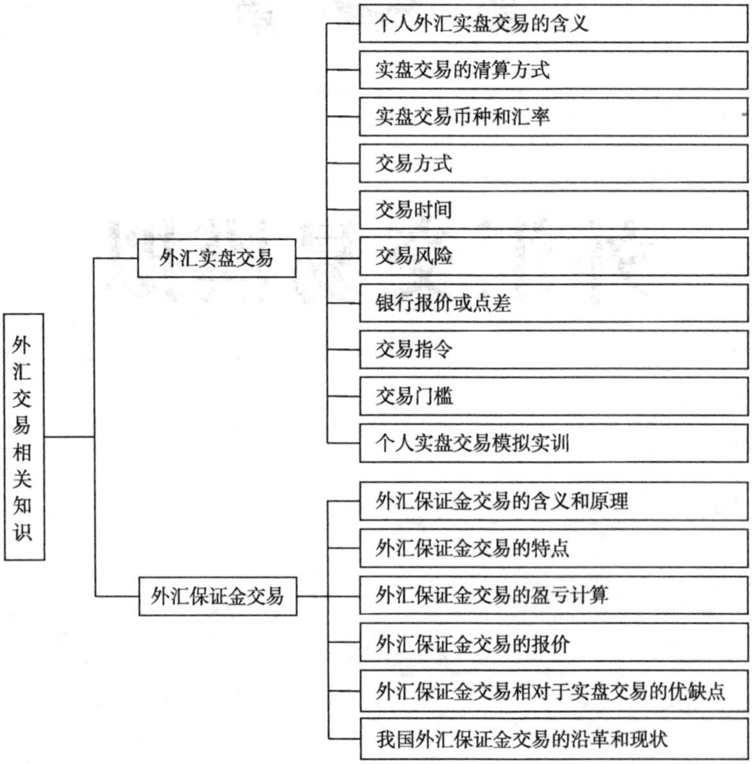

课前导读

随着我国经济的发展，老百姓手中持有的外汇越来越多，但外汇市场变幻莫测，如何做到个人外汇资产的保值和增值，变得日益重要。目前，我国外汇持有者主要的投资渠道有三种：一是外汇存款，二是个人外汇买卖，三是通过合格的境内机构投资者①（Qualified Domestic Institutional Investors，QDII）投资国外股票、证券和短期的金融产品。根据中国人民银行对于金融机构的统计显示，截至 2012 年 9 月，我国外汇储备余额高达 33 653 亿美元，而金融机构个人外汇储蓄存款额却呈逐年下降趋势，外汇买卖总额则呈逐年递增趋势。在我国人民币不断升值、国际资本市场低迷的金融环境下，外汇买卖成为个人外汇投资的重要渠道。

通过本章学习，有意通过外汇买卖进行投资的投资者可以学习一些最为基本的个人外汇买卖业务知识，奠定必要的外汇交易的知识基础。

5.1 外汇实盘交易

5.1.1　个人外汇实盘交易的含义

客户通过国内的商业银行，将自己持有的某种可自由兑换的外汇（或外币）兑换成另外一种可自由兑换的外汇（或外币）的交易，称为“外汇实盘交易”，俗称“外汇宝”。所谓“实盘”，指的是在这种交易中，客户现钞或现汇账户必须有足额的外汇，不允许客户透支交易的行为。

目前，国内多数银行都开设了个人外汇实盘交易的业务。凡持有有效身份证件，拥有完全民事行为能力，拥有一定金额的外币的境内个人居民，均可进行个人实盘外汇买卖。

5.1.2　实盘交易的清算方式

外汇实盘交易采取的是 T+0 的清算方式。客户在完成一笔交易之后，银行电脑系统立即自动完成资金交割。因此，外汇市场行情波动频繁时，投资者可以在一天内多次买进卖出，抓住获利或止损的机会。

5.1.3　实盘交易币种和汇率

目前，国内商业银行可供外汇实盘交易的币种，基本上包括美元、欧元、英镑、日元、

① QDII 是 Qualified Domestic Institutional Investors（合格境内机构投资者）的英文首个字母缩写，指在人民币资本项下不可兑换、资本市场未开放条件下，在一国境内设立，经该国有关部门批准，有控制地，允许境内机构投资境外资本市场的股票、债券等有价证券投资业务的一项制度安排。

瑞士法郎、加拿大元、澳大利亚元、港元、新加坡元等，这些币种都是可自由兑换的。外汇实盘交易不提供不可自由兑换的外汇（或外币）间的交易。

在进行外汇实盘交易时，如果兑换的是美元与另外一种可自由兑换的外汇（或外币），这种交易习惯上被称为“直盘交易”，所使用的报价为“直盘报价”；如果兑换的是除美元外的两种可自由兑换的外汇（或外币），这种交易习惯上被称为“交叉盘交易”，所使用的报价方法称为“交叉盘报价”。

目前国内主要银行均提供8种直盘报价，即美元/港币USD/HKD、美元/日元USD/JPY、欧元/美元EUR/USD、英镑/美元GBP/USD、澳元/美元AUD/USD、美元/瑞士法郎USD/CHF、美元/新元USD/SGD、美元/加元USD/CAD。

招商银行个人实盘外汇买卖报价如表5-1所示。

表5-1 招商银行个人实盘外汇买卖报价表

货币/兑换货币	基本买入价	基本卖出价	优惠买入价	优惠卖出价	大额买入价	大额卖出价	贵宾买入价	贵宾卖出价	至尊买入价	至尊卖出价
澳大利亚元/港币	8.1255	8.1335	8.1257	8.1333	8.1260	8.1330	8.1260	8.1330	8.1260	8.1330
澳大利亚元/美元	1.0478	1.0498	1.0479	1.0497	1.0480	1.0496	1.0481	1.0495	1.0482	1.0494
澳大利亚元/加拿大元	1.0340	1.0380	1.0342	1.0378	1.0344	1.0376	1.0346	1.0374	1.0348	1.0372
澳大利亚元/日元	91.29	91.69	91.31	91.67	91.33	91.65	91.35	91.63	91.37	91.61
澳大利亚元/新加坡元	1.2872	1.2920	1.2874	1.2918	1.2876	1.2916	1.2878	1.2914	1.2880	1.2912
澳大利亚元/瑞士法郎	0.9676	0.9716	0.9678	0.9714	0.9680	0.9712	0.9682	0.9710	0.9684	0.9708
美元/港币	7.7491	7.7541	7.7494	7.7538	7.7496	7.7536	7.7498	7.7534	7.7500	7.7532
美元/加拿大元	0.9868	0.9888	0.9869	0.9887	0.9870	0.9886	0.9871	0.9885	0.9872	0.9884
美元/日元	87.13	87.33	87.14	87.32	87.15	87.31	87.16	87.30	87.17	87.29
美元/新加坡元	1.2287	1.2307	1.2288	1.2306	1.2289	1.2305	1.2290	1.2304	1.2291	1.2303
美元/瑞士法郎	0.9233	0.9257	0.9236	0.9254	0.9237	0.9253	0.9238	0.9252	0.9238	0.9252
欧元/港币	10.1301	10.1411	10.1311	10.1401	10.1316	10.1396	10.1316	10.1396	10.1316	10.1396
欧元/澳大利亚元	1.2438	1.2498	1.2443	1.2493	1.2448	1.2488	1.2450	1.2486	1.2450	1.2486
欧元/美元	1.3064	1.3088	1.3067	1.3085	1.3068	1.3084	1.3069	1.3083	1.3070	1.3082
欧元/加拿大元	1.2888	1.2944	1.2892	1.2940	1.2894	1.2938	1.2896	1.2936	1.2898	1.2934
欧元/日元	113.78	114.34	113.82	114.30	113.84	114.28	113.86	114.26	113.88	114.24

续表

货币/兑换货币	基本买入价	基本卖出价	优惠买入价	优惠卖出价	大额买入价	大额卖出价	贵宾买入价	贵宾卖出价	至尊买入价	至尊卖出价
欧元/新加坡元	1.6048	1.6108	1.6053	1.6103	1.6058	1.6098	1.6063	1.6093	1.6063	1.6093
欧元/瑞士法郎	1.2058	1.2118	1.2063	1.2113	1.2068	1.2108	1.2073	1.2103	1.2073	1.2103
加拿大元/港币	7.8423	7.8523	7.8428	7.8518	7.8433	7.8513	7.8438	7.8508	7.8438	7.8508
加拿大元/日元	88.16	88.46	88.18	88.44	88.20	88.42	88.21	88.41	88.22	88.40
加拿大元/新加坡元	1.2431	1.2465	1.2433	1.2463	1.2434	1.2462	1.2436	1.2460	1.2437	1.2459
英镑/港币	12.4272	12.4392	12.4282	12.4382	12.4287	12.4377	12.4289	12.4375	12.4289	12.4375
英镑/澳大利亚元	1.5254	1.5334	1.5259	1.5329	1.5264	1.5324	1.5269	1.5319	1.5269	1.5319
英镑/美元	1.6028	1.6052	1.6031	1.6049	1.6032	1.6048	1.6033	1.6047	1.6034	1.6046
英镑/欧元	1.2242	1.2292	1.2245	1.2289	1.2247	1.2287	1.2249	1.2285	1.2251	1.2283
英镑/加拿大元	1.5814	1.5874	1.5819	1.5869	1.5824	1.5864	1.5829	1.5859	1.5829	1.5859
英镑/日元	139.62	140.22	139.67	140.17	139.72	140.12	139.77	140.07	139.77	140.07
英镑/新加坡元	1.9693	1.9753	1.9698	1.9748	1.9703	1.9743	1.9708	1.9738	1.9708	1.9738
英镑/瑞士法郎	1.4799	1.4859	1.4804	1.4854	1.4809	1.4849	1.4814	1.4844	1.4814	1.4844
日元/港币	8.8814	8.8914	8.8819	8.8909	8.8824	8.8904	8.8829	8.8899	8.8829	8.8899
新加坡元/港币	6.3009	6.3069	6.3014	6.3064	6.3019	6.3059	6.3024	6.3054	6.3024	6.3054
新加坡元/日元	70.83	71.05	70.84	71.04	70.85	71.03	70.86	71.02	70.87	71.01
瑞士法郎/港币	8.3797	8.3897	8.3802	8.3892	8.3807	8.3887	8.3812	8.3882	8.3812	8.3882
瑞士法郎/加拿大元	1.0668	1.0702	1.0670	1.0700	1.0671	1.0699	1.0673	1.0697	1.0675	1.0695
瑞士法郎/日元	94.19	94.53	94.21	94.51	94.22	94.50	94.24	94.48	94.26	94.46
瑞士法郎/新加坡	1.3281	1.3321	1.3283	1.3319	1.3285	1.3317	1.3287	1.3315	1.3289	1.3313

（资料来源：招商银行网站）

5.1.4　交易方式

目前国内的商业银行为外汇实盘交易者提供了多种交易方式。客户可以通过银行柜台、银行营业厅内的个人自助终端、电话和因特网进行外汇实盘交易。

各种交易方式的具体说明需要参考开户银行提供的帮助文件。图 5-1 是招商银行网上个人外汇买卖的流程。

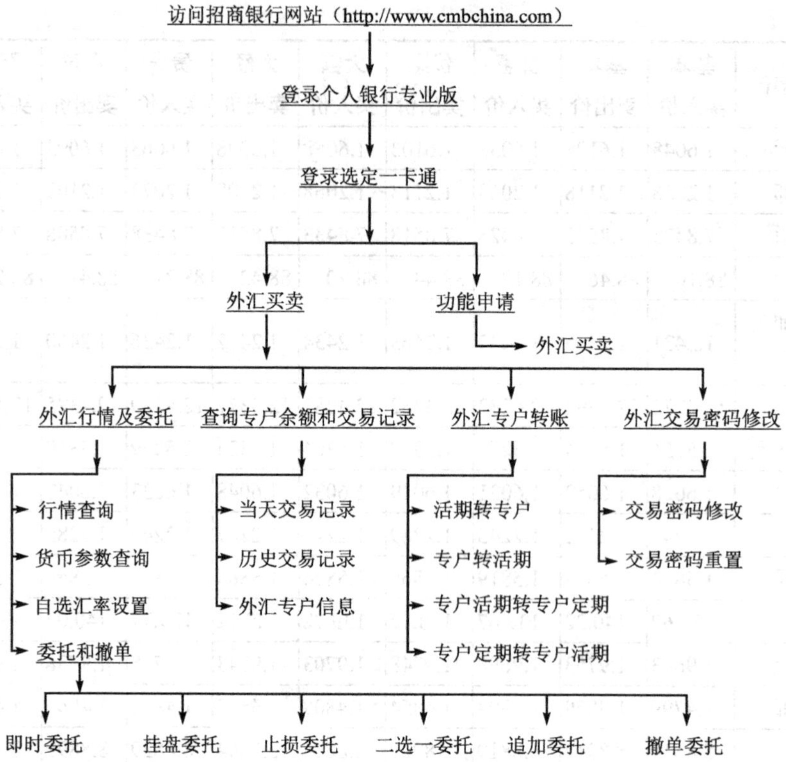

（资料来源：招商银行网站）

图 5-1　网上个人外汇买卖流程图

5.1.5　交易时间

由于交易方式不同，交易的时间也有区别。柜台交易时间通常是当地银行营业网点的正常工作日的工作时间，多为周一至周五的 9:00—17:00，公休日、法定节假日及国际市场休市均无法进行交易，对比不同银行会有不同规定。其他方式的交易时间与国际汇市同步，通常是 24 小时全天候交易，从周一凌晨国际市场开市一直持续到周六凌晨国际市场休市。公休日、法定节假日及国际市场休市同样不能交易。

5.1.6　交易风险

外汇汇率受众多因素的影响，变幻莫测。客户进行外汇实盘交易有可能获得利润，也有可能遭受损失，面临市场风险和成交风险。

由于客户对市场行情判断不准确，所带来的风险称为“市场风险”。

当某些突发事件发生时，汇率可能短时间内快速波动。银行不一定能保证按照客户发给银行的市价指令和委托指令成交或者在客户指定的价位成交。无法确保成交或无法确保在客户指定的价位上成交有可能带给客户利润，不过多数情况下会给客户带来损失，这就是所谓的“成交风险”。

一般来说，只有通过因特网的外汇实盘交易方式才能从硬件条件上具备一定应对快速市场行情的能力。同样，当国际市场汇率波动剧烈时，买卖价差会加大，开户银行为了防范自己面临的风险也将适当调整提供给客户的买卖价差，这时客户交易成本要比平时高很多。

5.1.7　银行报价或点差

银行对个人实盘交易的双向报价是参照国际外汇市场的价格，加上一定的点差构成的。点差是买入价和卖出价的差价。不同的外汇交易商点差会有所不同，如欧元对美元的报价如表 5-2 所示。

表 5-2　欧元对美元报价举例

交易品种	买 入 价	卖 出 价
欧元/美元（EUR/USD）	1.306 4	1.308 6

买入价和卖出价的价差为 1.3086–1.3064=0.0022，即欧元/美元的点差为 22 点。当投资者买入欧元时，按照欧元卖出价 1.3086 成交，当平仓时，投资者按照欧元买入价 1.3064 成交，这样投资者就付出了 22 个点的点差成本。

个案思考与分析 5-1

表 5-3 中列出招商银行个人实盘外汇买卖交易系统的五档报价，根据不同的交易金额分别适用。

表 5-3　招商银行个人实盘外汇买卖报价

价格档次	基 本 价	优 惠 价	大 额 价	贵 宾 价	至 尊 价
起点金额	100	10 000	50 000	100 000	200 000
点差参数	50	40	30	20	10
招行报价	1.306 4/88	1.306 7/85	1.306 8/84	1.306 9/83	1.307 0/82

分析：假设当前国际市场报价为 EUR/USD=1.3070/82，招商银行报价如表 5-3 所示，当客户即时卖出欧元买入美元，委托金额 15 000 欧元，根据起点金额档次，采用优惠价成交价格应为欧元买入价 1.3067；当客户即时卖出美元买入欧元，委托金额 18 000 欧元，成

交价格应为欧元卖出价 1.308 5。

当客户预计国际市场欧元/美元将上涨 50 个基点，并计划在国际市场的 1.312 0/32 价位挂盘卖出欧元买入美元时，若委托金额为 15 000 欧元，按照优惠价格挂盘价应为 1.311 7 若委托金额为 55 000 欧元，挂盘价应为 1.311 8。

（**数据来源**：招商银行）

补充阅读资料 5-1

目前国内商业银行对外汇实盘交易不收取任何手续费或佣金，交易点差即成为银行唯一的业务收入，也是银行唯一控制和抵御风险的工具。银行的风险主要来自在国际汇市平盘过程中的汇率波动风险。

举例来说，一位客户通过银行买进 1 万美元，事实上当下的这笔美元是由银行预先垫付的，银行只有凑够 10 万～50 万美元一档的资金时才可以到国际汇市上去平盘。银行交易相对散户交易的滞后性意味着客户买进美元那一刻的汇率并不是银行在国际汇市交易时的汇率，在这段时间差里，国际汇市的波动极有可能给银行造成亏损。在个人外汇买卖业务中，银行唯一控制和抵御风险的工具就是交易点差，而国际汇市波动上下 20 点是很平常的事，由此看来，银行要想抵御国际汇市的交易风险绝非易事。

银行炒汇业务源于香港的“外汇宝”，国外一些银行虽然也开办这项业务，但对客户的资金量要求极高，并对一般小金额客户收取很多手续费。在点差的定位上，以香港“外汇宝”为例，只有金额在 100 万美元以上的交易才可以获得 5 个点差的批发价，而对于一般散户的零售价在 100～200 点。

5.1.8 交易指令

目前的外汇实盘交易指令，总体来说分为市价交易指令和委托交易指令两种。市价交易指令，即按照银行当前的报价即刻成交的买卖指令。委托交易指令，俗称挂盘交易指令，即投资者可以先将交易指令传给银行，当银行报价到达投资者希望成交的汇率水平时，银行电脑系统就立即根据投资者的委托指令成交。委托交易指令给客户带来的方便在于，客户无须每时每刻紧盯外汇市场变化，节省了大量时间。

委托交易指令又分为止损[①]委托指令、获利委托指令和双向委托指令。

① 所谓“止损”，就是一个自动平仓的委托交易指令。当市场汇率朝不利于所建仓位的方向变化时，可以通过这种止损委托交易指令自动平仓。例如，客户持有一笔英镑头寸（以 1.900 0 的价格买入），为了防止英镑下滑到 1.890 0 以下造成的损失，将止损指令设在 1.890 0 的位置上，当汇率下滑到这个价位时，银行系统会自动平掉英镑多头仓位。

补充阅读资料 5-2

招商银行个人实盘外汇买卖交易系统提供的委托指令

（1）即时委托，指以立即有效的价格完成交易的买卖指令，成交汇率为市场正在进行交易的当前汇率。

实例 如果在客户做买入欧元卖出美元的即时委托时，市场汇价是 1.306 4/88，那么即时委托就以 1.308 8 的价格买入欧元卖出美元。

（2）挂盘委托（获利委托），指当市场汇率达到指定价位时，按市场汇率完成交易的买卖指令。挂盘委托的价格通常高于买卖货币当前的市价。

实例 如果客户持有一笔欧元头寸（以 1.308 8 的价格买入），希望在汇价 1.3148 时卖出欧元，可以通过招商银行的系统投放挂盘委托，当市场汇价达到 1.3148 时（等于或大于 1.3148），客户的委托成交并带来至少 60 点的利润。

（3）止损委托 当市场汇率达到并跌破指定价位时，按市场汇率完成交易的买卖指令。止损委托的价格通常低于买卖货币当前的市价。

实例 如果客户持有一笔欧元头寸（以 1.308 8 的价格买入），当前汇价为 1.306 4/88，为防止欧元贬值可能带来的损失，此时可通过招商银行的交易系统投放一个止损委托的交易指令，如可将止损委托设定成以 1.305 8 的价格卖出欧元，这样在欧元下跌时，客户最多损失 30 点。

（4）二选一委托 二选一委托由挂盘委托和止损委托两部分组成，即该委托可以同时预设挂盘价和止损价，俗称天地价。一旦市场汇率达到指定价位（挂盘价或止损价），委托的一半命令将被执行（挂盘或止损），同时，剩余部分的委托将被取消（止损或挂盘）。

实例 如果某客户持有一笔欧元头寸（以 1.308 8 的价格买入），此时客户希望同时投放一份挂盘委托和一份止损委托，以保护客户的利润并控制欧元下跌的损失，那么可通过招商银行的交易系统投放一份二选一委托的交易指令。如果二选一委托挂盘汇率为 1.314 8，而二选一委托的止损汇率为 1.305 8，一旦市场汇率达到 1.1715，那么系统将在 1.314 8 卖出欧元，同时止损汇率被撤销；反之，如果欧元跌至 1.305 8，则系统将按此止损价卖出欧元，同时挂盘汇率被撤销。

（5）追加委托 追加委托是一种假设完成委托，在与其相关联的原委托成交后随即生效并投放市场。其交易方向与原委托的交易方向相反，卖出金额为原委托的买入金额。原委托可以是挂盘委托、止损委托或二选一委托，追加的委托也可以是挂盘委托、止损委托或二选一委托。

实例 当前汇价EUR/USD=1.3064/88，根据预测，针对欧元的操作策略为在1.307 0～1.309 2买入欧元，目标位1.314 8，止损位1.305 8。可以通过招商银行的交易系统投放一个二选一委托买入欧元，挂盘价1.307 0，止损价1.309 2；同时追加一个二选一委托卖出欧元，挂盘价1.314 8，止损价1.305 8，以实现利润或及时止损。

（6）撤单委托 是撤销委托的指令。对未成交的委托以及未生效的追加委托，客户可以投放撤单委托指令。

（**资料来源**：招商银行网站）

5.1.9 交易门槛

凡持有有效身份证件，拥有完全民事行为能力的境内居民，具有一定金额的可自由兑换外汇（或外币）均可以在国内的商业银行的柜台开设户头，进行外汇实盘交易。选择电话交易或网络交易的客户，需要办理一些手续或下载一些软件。

外汇实盘交易每笔最低的交易金额一般为100美元或等值外币，没有最高限额。部分商业银行可能为了吸引客户，给出更低的每笔最低交易金额。

5.1.10 个人实盘交易模拟实训

1．活动流程

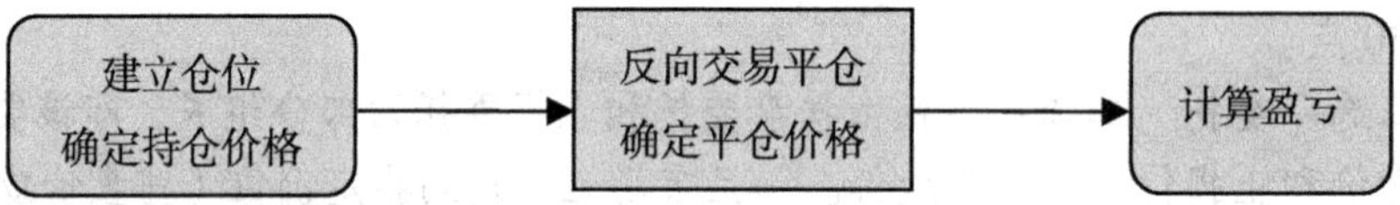

2．活动步骤

（1）建立仓位，确定持仓价格。

1）准备交易——多头交易还是空头交易？

2）查询汇率，判断交易价格（持仓价格）。

多头交易（客户买入基础货币，建立基础货币的多头仓位，银行卖出基础货币）：选择基础货币的卖出价。

空头交易（客户卖出基础货币，建立基础货币的空头仓位，银行买入基础货币）：选择基础货币的买入价。

3）确定交易头寸——买卖多少货币？

（2）反向交易平仓，确定平仓价格：与初始交易头寸相等，交易方向相反。

查询汇率，判断反向交易的价格（平仓价格）。

（3）交易完成，计算盈亏。

盈亏=基础货币交易数量×（买入价–卖出价）

多头交易：先买后卖

多头交易的盈亏=基础货币交易数量×（平仓价格–持仓价格）

空头交易：先卖后买

空头交易的盈亏=基础货币交易数量×（持仓价格–平仓价格）

个案思考与分析 5-2

如果欧元/美元的交易价在 1.240 0/03，客户在 1.240 3 买入欧元（做多欧元，做空美元）；在另一笔交易中，客户决定卖出日元，如果美元/日元交易价在 107.20/23（做空日元，做多美元）；假设欧元上涨到 1.253 7 但是日元下跌到 106.76。盈亏情况如何？

分析：

（1）欧元/美元交易：在 1.240 3 买入 100 000 单位的欧元，在 1.253 7 卖出欧元，低价买入，高价卖出，赢利。赢利是（1.2537–1.2403）×100000=$1340。

（2）美元/日元交易：在 107.23 价位买入$100 000，卖出价 106.76，高价买入，低价卖出，损失。损失是（107.23–106.76）×$100000 / 106.76=$440.24。

（3）综合两笔交易，总盈亏为：$1340–$440.24 = $899.76。

5.2 外汇保证金交易

5.2.1 外汇保证金交易的含义和原理

外汇保证金交易也称按金交易，它是指在金融机构（银行、经纪商和交易商）之间以及金融机构（银行、经纪商和交易商）与个人投资者之间，签订委托买卖外汇的合同，缴付一定比率（一般不超过 10%）的按金（保证金），便可买卖 100%额度的外汇的交易。

从本质上讲，保证金交易有点类似于国内已经发展多年的期货交易。这种合约形式的买卖只是对某种外汇的某个价格做出书面或口头的承诺，然后等待价格出现上涨或下跌时，再做买卖的结算，从变化的价差中获取利润，当然也承担了亏损的风险。

5.2.2 外汇保证金交易的特点

1. 以合约形式买卖外汇

外汇保证金的合约单位类似期货合约，都是以一个规定的最低固定数目作为单位来进行，也被称为 1 手（口）合约。这里的合约金额是客户保证金按比率放大后的交易金额。

2．具有杠杆投资效应

进行外汇保证金交易，投资者实际交易的金额是其交付保证金的几倍至几十倍甚至上百倍不等。以小搏大是外汇保证金交易的重要特点之一。放大倍数的保证金交易是把双刃剑，放大收益的同时，也放大了风险，投资者操作不当，可能血本无归。

3．可以进行多空双向交易

投资者可以根据自己的预期，自由选择做多或做空外汇，交易币种和多空方向不受账户资金、币种限制。以USD/JPY（美元/日元）为例，当预期美元兑日元走强，汇率看涨时，投资者可以做多美元，即先以现在的低价买入美元，等价格涨高后再抛出美元；反之，如果预期美元兑日元走弱，汇率看跌时，投资者可以做空美元（做多日元），先以现在的高价卖出美元（买入日元），等价格下跌时再补进美元。投资者如果准确把握汇率的走势，不仅在汇率上升的行情中可以获利，在汇率下跌的形式下也可以赚钱。不管行情涨落，都有赚钱机会。

4．涉及利息的收付

计息的本金是投资者的合约金额。投资者买入高息货币可获得利息收入，但卖出高息货币，也要支付利息费用。

个案思考与分析 5-3

某投资者投入10 000美元作为保证金，并买入5个合约英镑，但利息不是按照投资人实际投资的10 000美元的保证金来计算的，而是按照5个合约的英镑的总值（英镑标准合约价值×合约数量即62500×5）来计算的。

5.2.3 外汇保证金交易的盈亏计算

1．直接标价法下，利息及损益的计算公式

利息=合约金额×1/入市价×利率×天数/360×合约数

损益=合约金额×（1/卖出价–1/买入价）×合约数–手续费±利息

2．间接标价法下，利息及损益的计算式

利息=合约金额×入市价×利率×天数/360×合约数

损益=合约金额×（卖出价–买入价）=合约数–手续费±利息

个案思考与分析 5-4

王先生在中国银行开立了保证金外汇宝交易账户。假设当前USD/JPY的汇率为

87.01/97，王先生在交易保证金专户中存入 1 000 美元，放大倍数为 10 倍。王先生经过分析，预计美元/日元的汇价将在短期内出现下跌，并决定动用 1 000 美元作为保证金以卖出 10 手美元/日元合约，成交价为 87.01，入市交易量为 1 万美元。当晚，由于美国出台的经济数据不利于美元，美元/日元的汇价出现下跌，达到 85.59/88，王先生决定获利了结，买入 10 手美元/日元合约进行平仓，成交价为 85.88。

通过本次保证金外汇宝交易，王先生实现获利为 10000× (87.01–85.88)=11300 日元（没有利息支付），按照获利时美元/日元的汇价折算，实际获利为 11300 / 85.88=131.58 美元，因此王先生本次交易的收益率为 131.58/1000×100%=13.158%。

假如，当晚美国经济出现逆转，USD/JPY 不降反升到 88.01/97，王先生买入 10 手平仓止损，成交价为 88.01。其损失为 10000×(88.01–87.01)=10000 日元，实际损失为 10000/88.01=113.62 美元，损失率为 113.62/1000×100%=11.362%。

5.2.4　外汇保证金交易的报价

外汇保证金的买进和卖出价格都是银行或做市商、经纪商自行决定报出的，也就是金融机构针对个人报出买入价/卖出价，由个人客户根据自身的判断决定当时的买卖方向。

如果某经纪商现在的 EUR/USD 报价显示为 1.059 7/1.060 0，就表示经纪商现在愿意以 1.059 7 从客户手中买入欧元，愿意以 1.060 0 卖出欧元。我们可以很清楚地看到，买入和卖出的差价（点差）为 1.0600–1.0595=0.0005，也就是 5 个基点。对于投资者来说，点差越小，交易成本就越小，获利的机会就越大。

5.2.5　外汇保证金交易相对于实盘交易的优缺点

1．优点

（1）资本低，一般少于实际投资 10%。

（2）双向交易投资，涨跌都有获利机会。

（3）杠杆投资，收益放大倍数。

2．缺点

外汇保证金交易的缺点，本质上是应对市场波动情况下的巨大风险问题。一次平时看似小的错误投资，在实盘交易中，就算全部资金投入也只亏损本金的百分之一二；而在保证金交易里，因为放大的作用，可能亏掉全部本金甚至更多。

这种大比例的亏损，主要是因为投资者在以下几个方面出现了问题：

（1）放大比数过高，风险加强。

（2）过分主观，猜头猜底。

（3）赌博心理。

（4）没有资金控管，全仓押入。

（5）缺少基础分析能力，盲目跟风。

5.2.6 我国外汇保证金交易的沿革和现状

外汇保证金交易是一种利用杠杆效应，使实际交易金额在原基础上放大几十倍甚至上百倍的外汇交易。投资这种交易，可能一夜暴富，也会瞬间输得倾家荡产。

中国的外汇保证金交易的发展之路是非常曲折的。我国在1992—1993年，曾经是金融衍生品的高度活跃期，不仅外汇保证金交易为银行等金融机构青睐，外汇期货甚至也兴盛一时。但好景不长，由于缺乏监管，市场混乱，部分机构借此机会诈骗钱财，南京“金中富”、深圳“百事高”、上海“润丰”、河南“财鑫”等一批机构轰然崩塌，不少银行也因为没有对风险进行应有的控制而产生大额损失。央行、国家外管局等部门在1994年联合下文，严禁金融机构以任何形式从事外汇保证金及外汇期货交易。此后10余年，中国金融监管机构对外汇保证金交易及相关外汇交易一直持否定甚至严厉打击的态度，外汇保证金交易从此在国内止步。

2006年6月，中国建设银行上海分行首先推出面向个人投资者的外汇期货交易，而且采用了保证金交易模式。这等于开启了中国境内外汇保证金交易的大门。2006年11月交通银行在全国范围内率先开通“满金宝”保证金交易系统之后，2007年2月，中国银行也在部分地区开通了“保证金外汇宝”，2008年2月，民生银行在全国范围内开通“易富通”。（见附录A）

2008年6月12日，银监会发布《中国银监会办公厅关于银行业金融机构开办外汇保证金交易有关问题的通知》，银行在相关管理办法发布前不得开办或变相开办外汇保证金交易业务。这是银监会自1994年全面叫停保证金后的首次正式叫停外汇保证金交易业务。银监会通知称，在本通知发布前已开办外汇保证金交易业务的银行业金融机构，不得再向新增客户提供此项业务，不得再向已从事此业务客户提供新交易（客户结清仓位交易除外）。

开放外汇市场是中国履行加入世贸开放银行业承诺的一部分，尤其在目前美元不断走低的现状下，外汇交易的赢利机会要远远大于从前，所以这次叫停应该是暂停。银监会表示，将继续根据审慎监管的原则，会同外汇管理等部门，进一步研究对此业务的风险监管，在各方面条件成熟时，研究推出新的统一规范管理的办法。换句话说，外汇保证金交易业务仍有重返舞台的可能。在经济全球化以及金融投资国际化的大背景下，中国投资者不可能永远地被隔绝在国际外汇市场之外。

本章小结

- 个人外汇实盘交易和保证金交易的含义、特点、交易。
- 个人外汇实盘交易和保证金交易的交易方式、交易时间、报价和点差、交易指令的内容。
- 个人外汇实盘交易和保证金交易的风险特点。

复 习 题

1. 简答题

（1）个人外汇实盘交易和外汇保证金交易的区别是什么？

（2）相对于个人外汇实盘交易，外汇保证金的风险如何？

（3）个人实盘外汇买卖的清算方式是 T+1 还是 T+0？这种方式的优势是什么？

（4）个人实盘外汇买卖包括哪些委托方式？分别解释其含义。

（5）个人实盘外汇买卖的委托交易方式有哪些？各自的优势是什么？

2. 实训题

【实训任务 1】

打开工商银行网站，进入外汇模拟交易系统登录页面，完成以下任务：

（网址：https://member.icbc.com.cn/commlog/logon.jsp）

（1）注册一个账号后，用该账户登录进入外汇模拟交易系统。

（2）查看基本盘、交易盘和所有盘的行情报价。比较无优惠汇率与各档优惠汇率的点差情况。

（3）做以下几笔交易，进行实盘交易及盈亏计算（见表 5-4）。

表 5-4　实盘交易及盈亏计算

交易日期	操作过程	交易结果	持仓说明
5月　日	原始资金 1 万美元	账户资金 1 万美元	持仓及盈亏
5月　日	第 1 笔： 买入？ 汇率？ 支付？美元	当前账户可用资金：	持仓情况

续表

交易日期	操作过程	交易结果	持仓说明
5月　日	第2笔： 买入？ 汇率？ 支付？美元	当前账户可用资金：	持仓情况
5月　日	当前汇率：	浮动盈亏：	盈亏情况：
5月　日	抛售持仓货币 当前汇率：	分别计算盈亏：	合计盈亏： 账户余额：

【实训任务2】

客户张帆在财贸模拟银行开设外汇账户以进行个人外汇买卖。财贸模拟银行个人外汇买卖每手为1 000货币单位。

（1）银行报价GBP/USD=1.6028/1.6052

1）张帆欲进行多头英镑交易，试判断交易价格是多少？假设做5手英镑，换算成美元是多少？

2）银行报价买卖价差是多少个点？英镑汇率变化多少，张帆是否会赢利？

3）假设3小时后，银行报价GBP/USD=1.6058/1.6082，汇率变化了几个点？张帆在此价位上平仓，盈亏几个点，共计多少美元？

4）若在GBP/USD=1.6052/1.6074价位平仓呢？

5）若在GBP/USD=1.6025/1.6047价位平仓呢？

【实训任务3】

银行报价USD/JPY=87.13/87.33

（1）王晓刚欲做空美元，试判断交易价格是多少？卖出10手美元换算成日元是多少？

（2）银行报价买卖价差是多少个点？美元汇率变化多少，王晓刚是否会赢利？

（3）假设3小时后，银行报价USD/JPY=87.10/87.30，汇率变化了几个点？王晓刚在此价位上平仓，是否能赢利？盈亏多少？

（4）美元兑日元的汇率变化多少，王晓刚才有可能赢利？

3．课外实训任务

（1）以小组为单位，每小组收集一家商业银行（中国银行、中国工商银行、建设银行、农业银行、交通银行、招商银行等）个人外汇实盘交易的有关资料（见表5-5），根据收集的资料制作PPT，进行交流学习。

表 5-5　银行个人外汇实盘交易情况表

银行名称	
交易币种	
交易方式	
交易时间	
产品名称	
交易指令	
最低交易额	

（2）目前金融市场和商业银行产品中针对外汇的产品，除了投资者接触较多的外汇存款，还有两种：一是个人外汇买卖；二是个人外汇结构存款，即现在各家商业银行推出的各种外汇理财产品，它是银行根据国际衍生市场报价，为客户设计的含有期权结构的个人外汇理财产品，那么，作为个人外汇投资者到底应如何选择呢？

请结合本章的学习，通过查阅相关商业银行的网站和亲自去银行向理财经理咨询的方式，了解这些金融产品，并同本章个人外汇买卖业务比较，分析各自的区别和优劣势，说明适合的客户群体。

第 6 章

个人外汇交易模拟

本章学习目标

- **知识目标**　通过中国工商银行个人外汇模拟交易平台、世华财讯外汇模拟系统和MT4外汇模拟交易平台，了解个人外汇买卖的操作过程。
- **技能目标**　掌握商业银行的个人外汇买卖业务操作流程。

学习导航

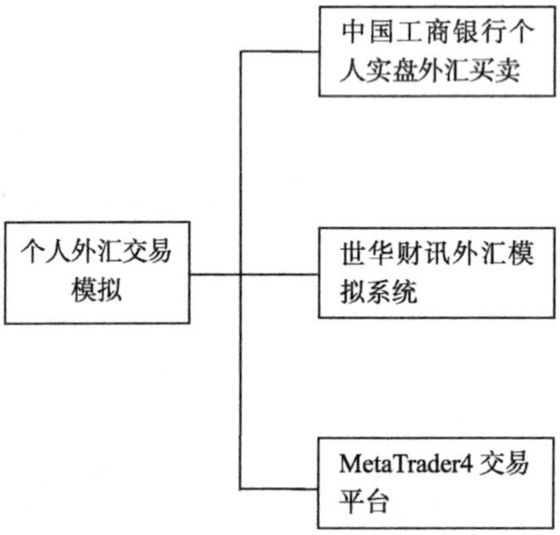

课前导读

目前，我国主要商业银行都可以进行个人实盘外汇买卖，即个人客户在银行进行的可自由兑换外汇（或外币）间的交易。客户根据银行提供的外汇实时汇率，将持有的一种外币买卖成另一种外币。个人外汇买卖的开办，既丰富了银行的中间业务品种，吸引和稳定了储户的外汇存款，又为储户提供了保值增值的投资手段，使银行、储户都得益。随着中国金融市场的进一步开放，个人外汇收入的增加，银行客户投资意识的增强，商业银行正在不断开拓市场、发展业务新品种来提高银行的竞争力。目前我国较大的商业银行都可以进行个人实盘外汇买卖。

相比之下，外汇保证金交易在我国的经历较为曲折，中国银行、交通银行和民生银行三家银行曾经进行过虚盘（保证金）外汇买卖。2008 年 6 月 12 日，银监会发布《中国银监会办公厅关于银行业金融机构开办外汇保证金交易有关问题的通知》，叫停银行业金融机构开办外汇保证金交易，至此，已经开办此业务的三家银行全部停止开立新户。

外汇保证金交易已经是国际上非常普遍的交易形式，也是个人投资者和机构投资者的重要投资工具，一个不存在外汇保证金交易的市场，很难说是一个完善的金融市场。随着各种条件逐步具备，相信不远的将来外汇保证金业务会正式踏入中国的金融市场。

6.1 中国工商银行个人实盘外汇买卖①

“汇市通”是中国工商银行面向个人客户推出的外汇买卖业务，是指客户在规定的交易时间内，通过中国工商银行个人外汇买卖交易系统（包括柜台、电话银行、网上银行、手机银行、自助终端等），进行不同币种之间的即期外汇交易。

6.1.1 产品特色

（1）交易方式多样。客户既可进行即时交易，也可进行获利、止损以及双向委托交易，事先锁定收益或损失，适宜不同客户的不同投资策略。

（2）委托时限宽泛。最长时限 120 小时，且有 24 小时、48 小时、72 小时、96 小时及 120 小时五种时间范围可供选择，便于客户短期脱离市场、长期关注市场。

（3）优惠幅度分档。实行多档分级优惠，交易金额只要满足相应档次起点，即可享有对应档次优惠报价，为单笔大额交易客户提供更大获利空间。（具体优惠方式以当地工行公布的为准。）

（4）交易时间和币种。工行“汇市通”业务可提供从周一早上 7 点至周六凌晨 4 点每日 24 小时外汇交易服务，报价与国际外汇市场即时汇率同步。交易币种包括美元、日元、港币、英镑、欧元、加拿大元、瑞士法郎、澳大利亚元、新加坡元 9 个币种，共 36 个货币对。因各分行情况差异，工行“汇市通”交易的具体时间、币种以及交易方式以当地工行公布的为准。

（5）交易起点金额低。通常只需 100 美元便可在工行进行“汇市通”个人外汇买卖交易。

① 资料来源：中国工商银行网站 http://www.icbc.com.cn

（6）不收取手续费，收益部分免税。

（7）T+0交易，每日交易次数不限，投资更为灵活。

6.1.2 交易渠道

1. 营业网点

客户可凭外币存款凭证或现钞，通过银行柜面办理“汇市通”个人外汇买卖即时交易或委托交易。

2. 电话银行

客户申请开通电话银行交易后，可凭在工行开立的账户及密码，直接拨通 95588，按照语音提示进行“汇市通”个人外汇买卖即时或委托交易。

3. 网上银行

客户申请开通网上银行交易后，可凭账户和密码，登录工行网站 www.icbc.com.cn 或当地工行的网站，进行“汇市通”个人外汇买卖即时或委托交易。

4. 自助终端

客户可使用活期一本通存折，通过工行提供的自助终端机进行交易及有关查询。

6.1.3 “汇市通”个人外汇买卖网上银行的操作流程

“汇市通”个人外汇买卖网上银行操作流程如图 6-1 所示。

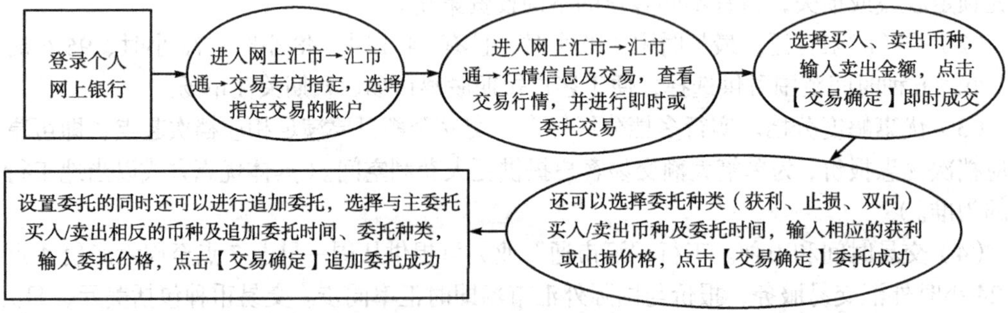

图 6-1 “汇市通”个人外汇买卖网上银行的操作流程

1. 登录中国工商银行网址

登录 http://www.icbc.com.cn，打开主页后选择“个人网上银行登录”，正确输入“注册卡号”和“登录密码”后，便可进入网上银行，如图 6-2 和图 6-3 所示。

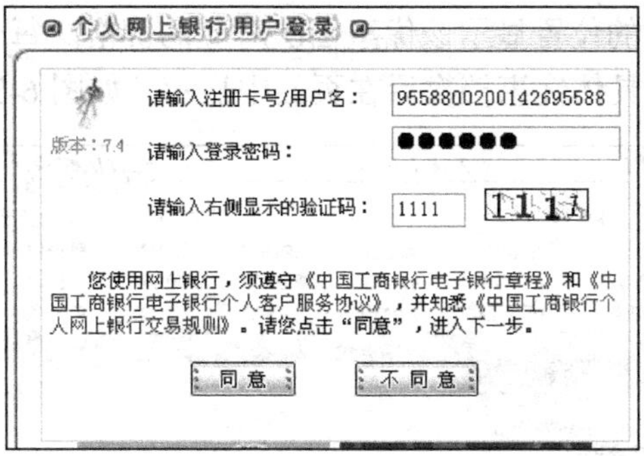

图 6-2　网银登录界面

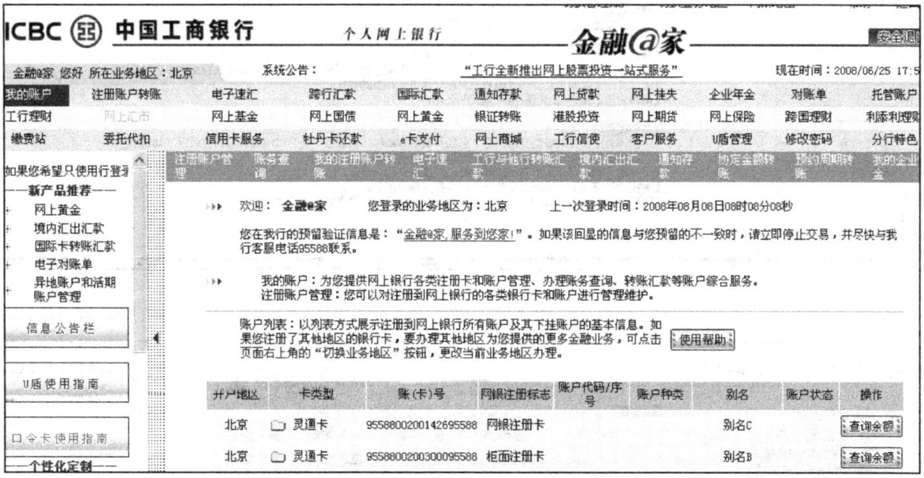

图 6-3　进入网银“我的账户”

2. 了解网上外汇交易工具栏内容

（1）行情信息。

（2）即时买卖、获利委托、止损委托和双向委托。

（3）撤销委托。

（4）交易明细查询。

以上内容如图 6-4 所示。

6.1.4　操作指南

1. 行情信息查询

行情信息为客户提供当地工行的各个交易档次的优惠价格。客户在选择好显示牌价的方式（如基本盘、交叉盘、所有盘、自定义盘）后，可以通过下拉菜单选择优惠档次，从而直接在买入价、卖出价的位置显示该优惠档次对应的价格。每个优惠档次所对应的具体交易金额区间，将在选中具体优惠档次后在页面中显示，如图 6-5 所示。

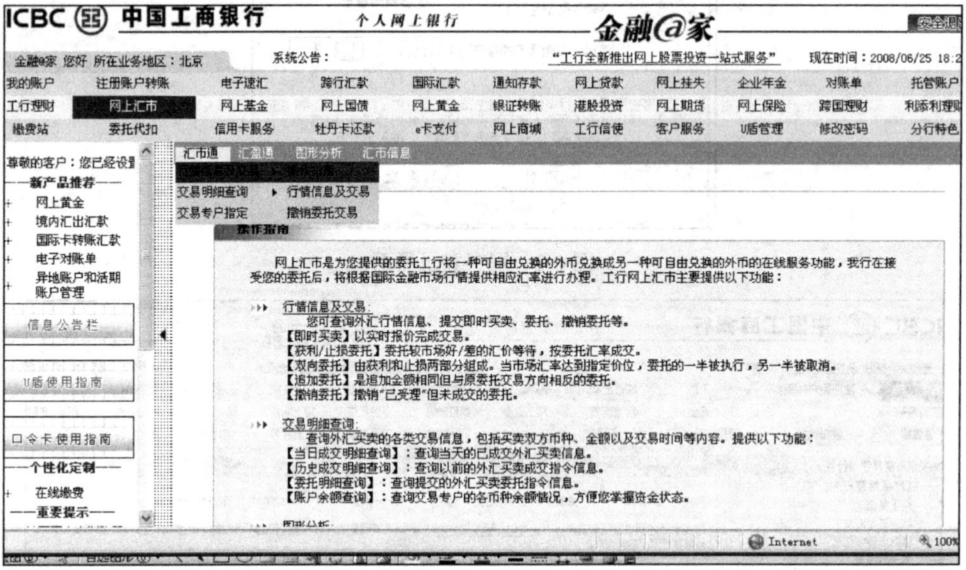

图 6-4　网上汇市

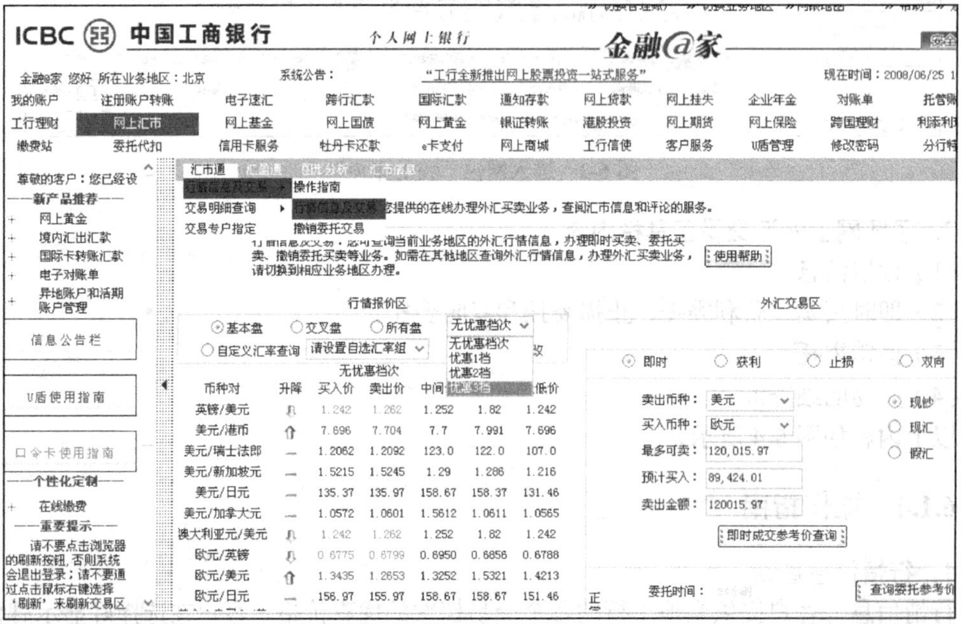

图 6-5　行情报价

2. 即时买卖

（1）选择“即时买卖”，选择买入和卖出币种，选择钞\汇标志，输入卖出金额，点击“交易确定”，进入交易确认页面，如图 6-6 所示。

图 6-6　即时交易界面

（2）进入交易确认页面，如果客户确认输入无误，点击“提交”按钮，即时交易成功，显示交易证实书；如发现输入有误，可点击“取消”按钮重新建立交易。需要注意的是，交易提交的时间限制为 10 秒钟，10 秒钟后系统自动提示交易超时，客户需要重新建立交易，如图 6-7 所示。

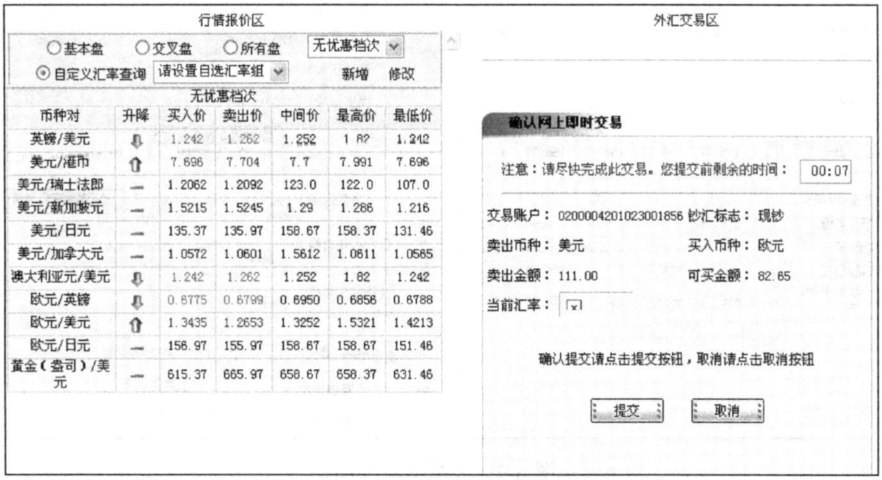

图 6-7　确认即时交易

（3）交易成功后系统生成交易成功证实书，如图6-8所示。

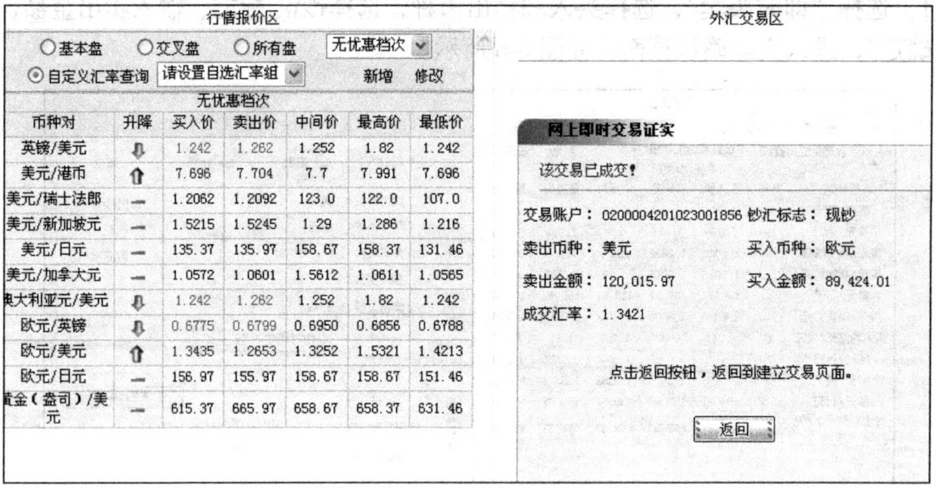

图6-8 即时交易成功证实

3．委托交易

（1）获利委托。

第一步：选择“获利”委托。选择买入/卖出货币，选择钞、汇标志及委托有效期。输入卖出金额和获利委托汇率，点击“交易确认”进入获利委托交易确认页面，如图6-9所示。

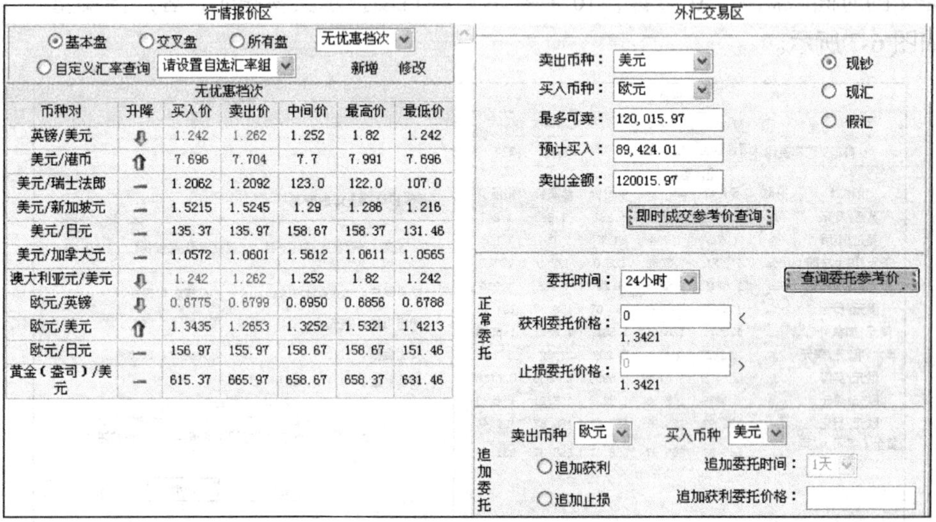

图6-9 委托交易界面

提示：中国工商银行委托时间有 24 小时、48 小时、72 小时、96 小时、120 小时共 5 个期限，客户可以根据自身情况选择使用，如图 6-10 所示。

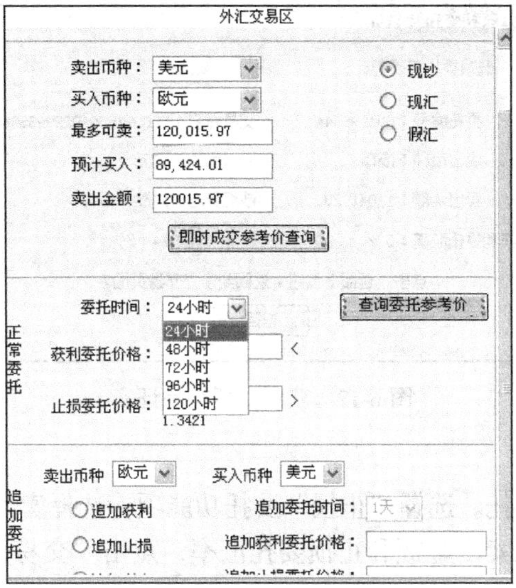

图 6-10　委托时间选择

第二步：委托交易确认。进入委托交易确认页面，系统提示“请尽快完成此交易”，点击“提交”按钮，生成获利委托交易证实书；点击“取消”按钮重新委托，如图 6-11 所示。

在客户设置的委托期限内，客户的委托资金处于冻结状态，若中国工商银行的外汇即时汇率等于或优于客户设置的获利委托汇率，则客户的获利委托交易按即时汇率成交。如果委托到期，尚未成交的委托自动失效。如果客户委托期限包含工行的非交易时间，则在非交易时间内，客户的资金也仍然处于冻结状态。

图 6-11　确认获利委托交易

第三步：获利委托交易成功后，系统生成委托证实书，卖出货币资金处于冻结状态，如图 6-12 所示。

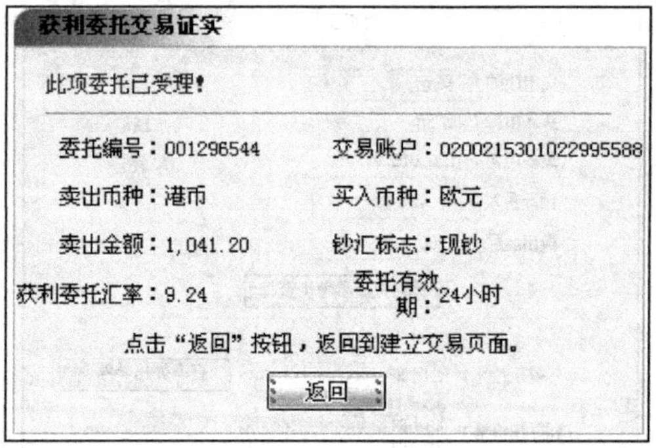

图 6-12　获利委托交易证实

（2）止损委托。

第一步：建立止损委托。选择“止损”委托功能项，选择卖出和买入货币，选择钞/汇标志及委托有效期。输入卖出金额和止损委托汇率，点击“交易确认”进入止损委托交易确认页面，如图 6-13 所示。

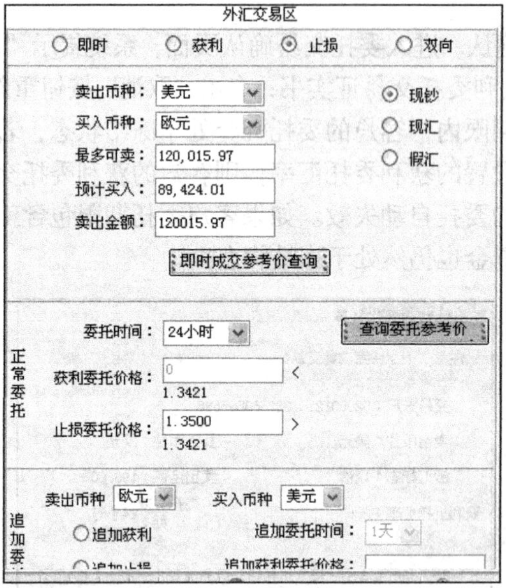

图 6-13　止损委托交易界面

第二步：委托确认。进入委托交易确认页面，系统提示“请尽快完成此交易”。点击“提交”按钮，生成止损委托交易证实书；点击“取消”按钮重新委托，如图 6-14 所示。

在客户设置的委托期限内，客户的委托资金处于冻结状态，若中国工商银行的外汇即时汇率等于或劣于客户设置的止损委托汇率，则客户的止损委托交易按即时汇率成交。如果委托到期，尚未成交的委托自动失效。

第三步：委托证实。委托交易成功后，系统生成委托证实书，相应的卖出货币资金处于冻结状态，如图 6-15 所示。

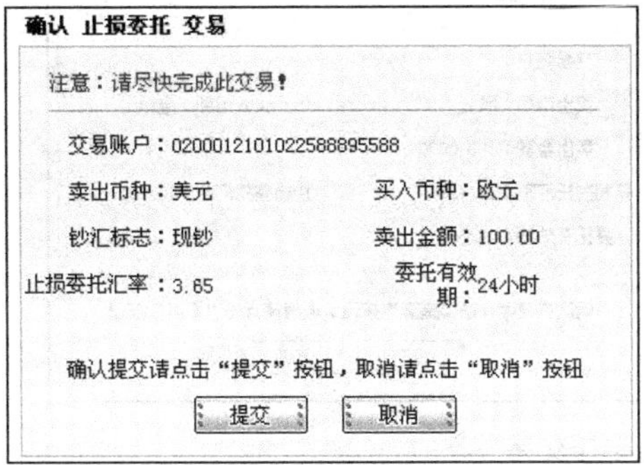

图 6-14　确认止损委托交易

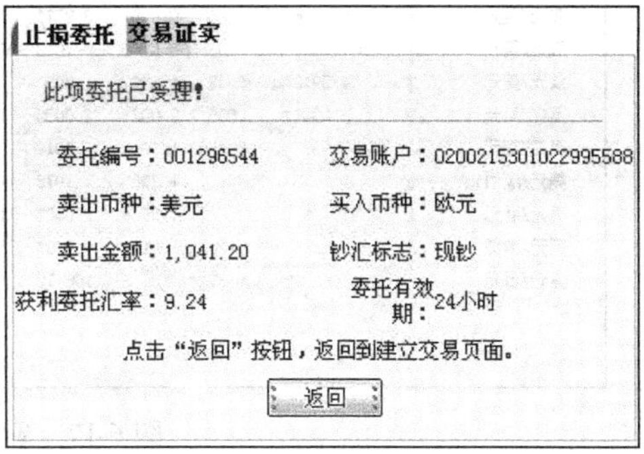

图 6-15　止损委托交易证实

（3）双向委托。

第一步：建立双向委托。选择“双向委托”功能项，选择卖出和买入货币，选择钞、汇标志及委托有效期。输入卖出金额及获利、止损委托汇率，点击“下单”进入双向委托交易确认页面，如图 6-16 所示。

图 6-16　双向委托交易界面

第二步：委托确认。进入双向委托交易确认页面，系统提示“请尽快完成此交易”。点击“提交”按钮，生成双向委托交易证实书；点击“取消”按钮重新委托，如图 6-17 所示。

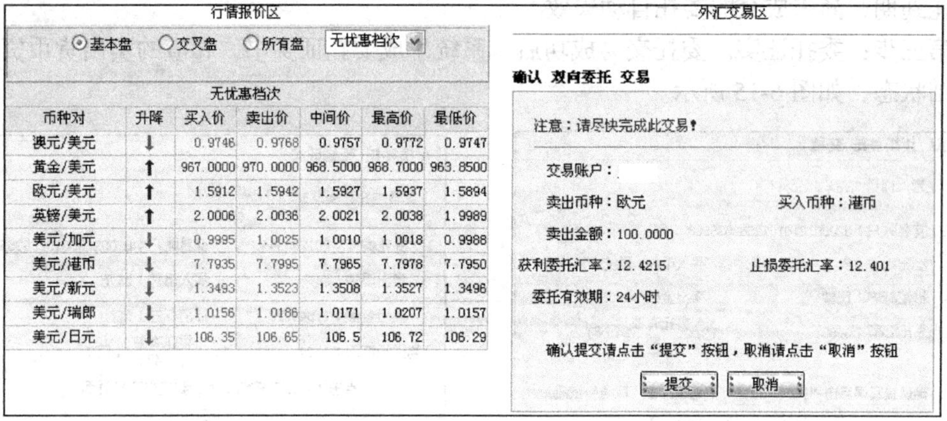

图 6-17　确认双向委托交易

第三步：委托证实。委托交易成功后，系统生成委托证实书，相应的卖出货币资金处于冻结状态，如图 6-18 所示。

图 6-18　双向委托交易证实

（4）撤销委托①。

第一步：撤销委托交易有两种方式。方式一：点击“行情信息及交易”下拉列表框，选择“撤销委托交易”项，在“委托编号”输入栏中输入欲撤销的委托编号，点击“提交”按钮，进入撤销委托确认页面，如图 6-19 所示。

方式二：点击“交易明细查询”，选择“委托明细查询”查找相应的委托交易，如图 6-20 所示。

① 撤销委托是指在委托的有效期内、委托交易尚未成交之前，客户撤销已经建立的有效委托。只能撤销委托状态为“已受理”但未成交的各种委托。

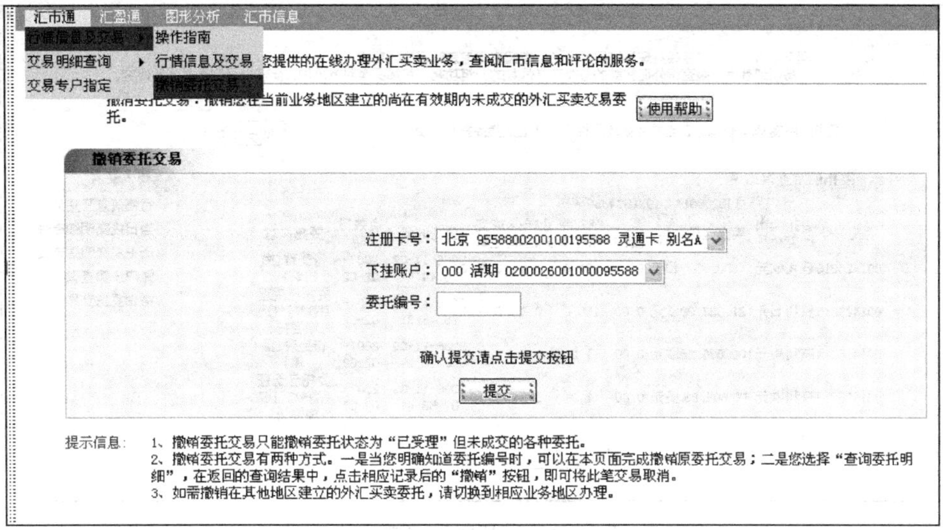

图 6-19 撤销委托交易

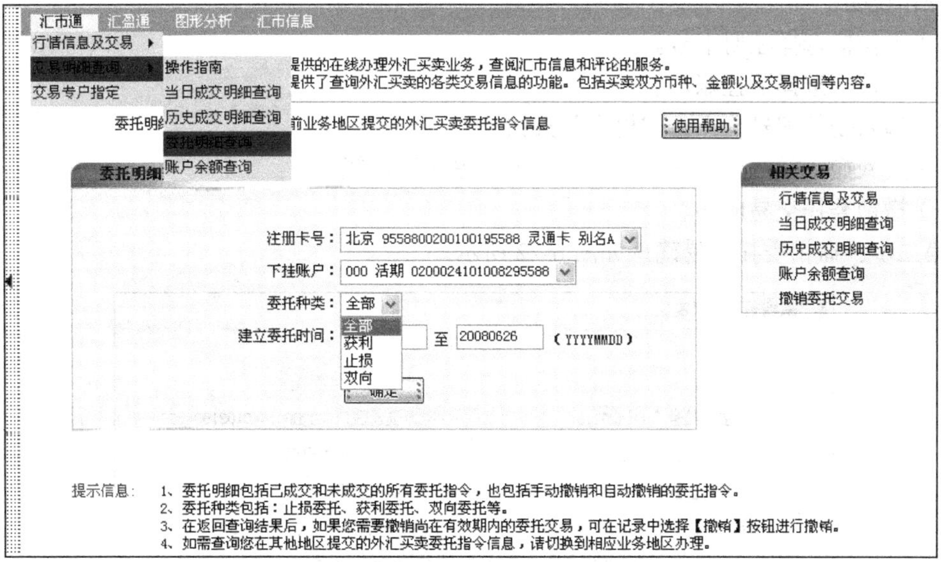

图 6-20 查询委托交易

根据系统返回的查询信息，查找相应需要撤单的委托交易，直接选择“撤单”即可，如图 6-21 所示。

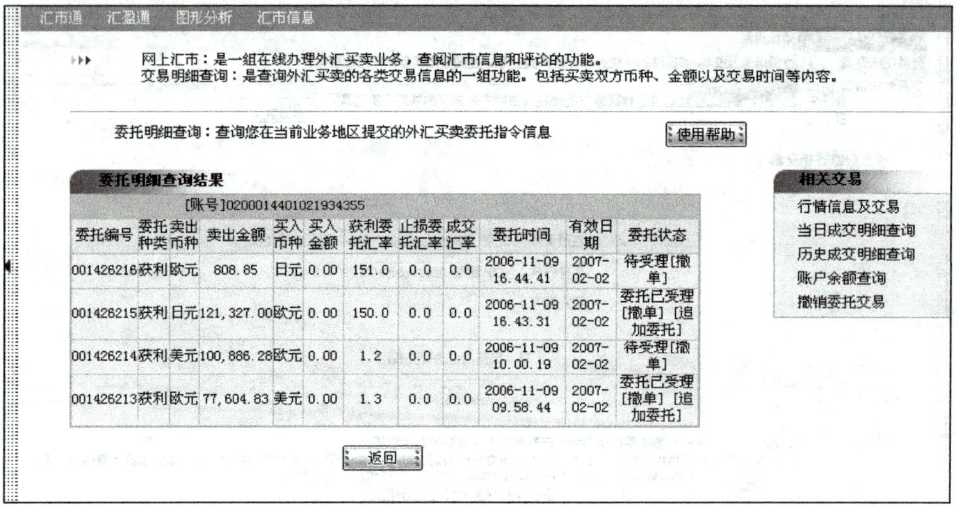

图 6-21 委托明细查询结果

操作说明：

1）下拉框选择注册卡号。

2）下拉框选择下挂账户。

3）输入委托编号，点击“提交”按钮。

4）进入撤销委托交易确认页面，点击“提交”按钮。

5）撤销委托交易成功。

第二步：撤销委托交易确认如图 6-22 所示。

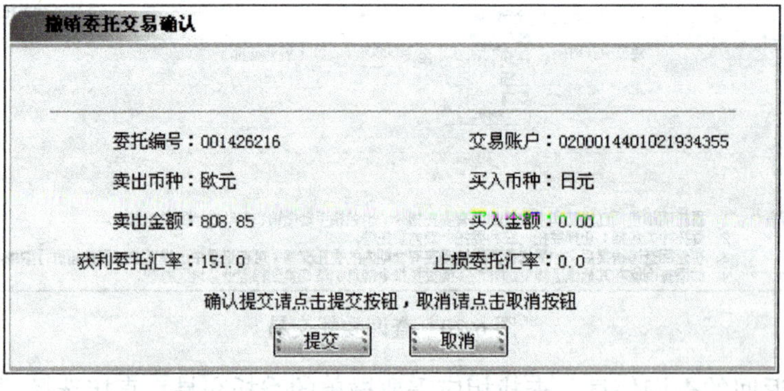

图 6-22 撤销委托交易确认

第三步：撤销委托交易证实，如图 6-23 所示。

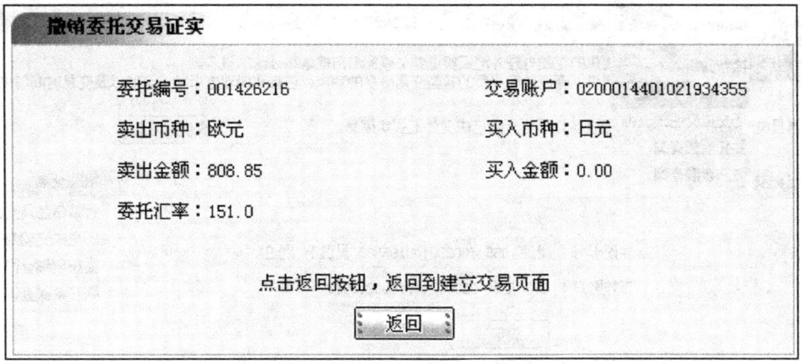

图 6-23　撤销委托交易证实

4. 交易明细查询

客户所有的委托都可以通过交易明细（包括当日交易和历史交易）查询，账户余额的查询也可以通过交易明细查询菜单来进行，如图 6-24 所示。

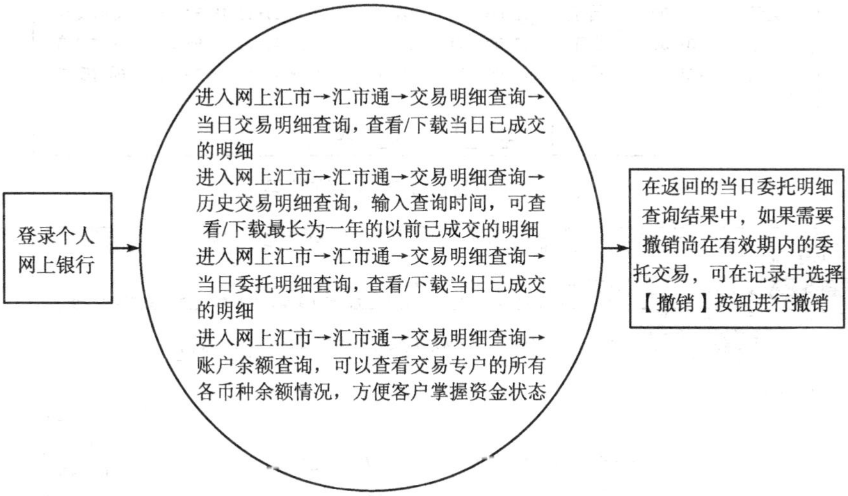

图 6-24　交易明细、账户余额查询

（1）当日成交明细查询。点击“交易明细查询”中的“当日成交明细”，可以查询同一客户名下多个账户的交易明细，如图 6-25 和图 6-26 所示。

（2）历史成交明细查询。点击“交易明细查询”中的“历史成交明细”，可以查询同一客户名下多个账户的一段时间内的交易明细，如图 6-27 所示。

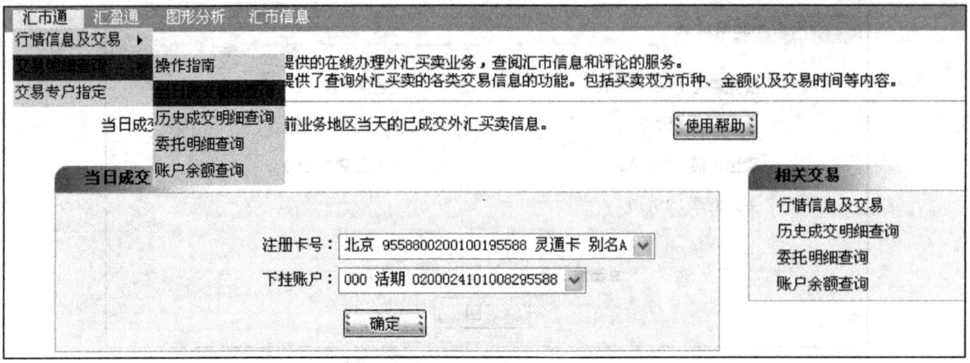

图 6-25 当日成交明细查询

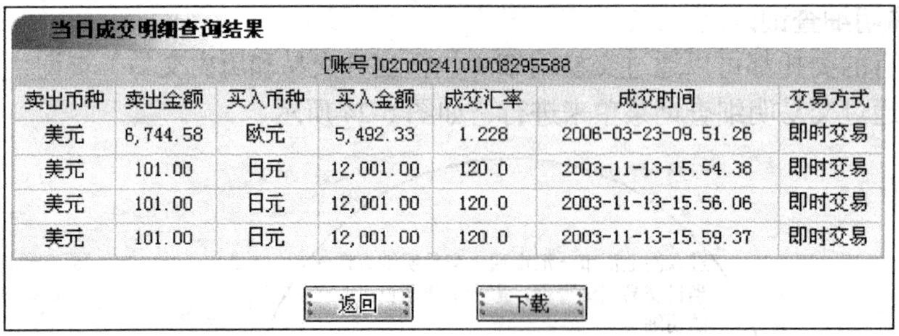

当日成交明细查询结果

[账号]0200024101008295588

卖出币种	卖出金额	买入币种	买入金额	成交汇率	成交时间	交易方式
美元	6,744.58	欧元	5,492.33	1.228	2006-03-23-09.51.26	即时交易
美元	101.00	日元	12,001.00	120.0	2003-11-13-15.54.38	即时交易
美元	101.00	日元	12,001.00	120.0	2003-11-13-15.56.06	即时交易
美元	101.00	日元	12,001.00	120.0	2003-11-13-15.59.37	即时交易

返回　下载

图 6-26 当日成交明细查询结果

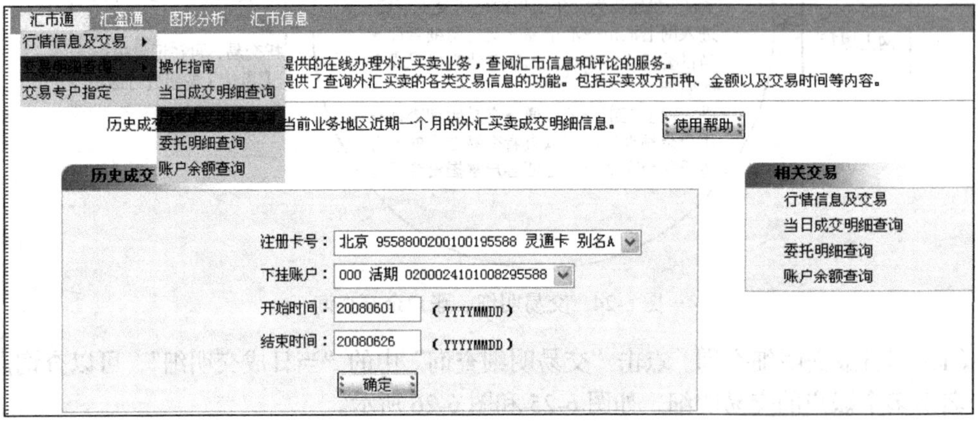

图 6-27 历史成交明细查询

提示：

1）历史成交明细有一定的时间限制。更详细的查询，需要进入“我的账户→账务查询”中的“历史账户明细查询”进行，如图 6-28 所示。

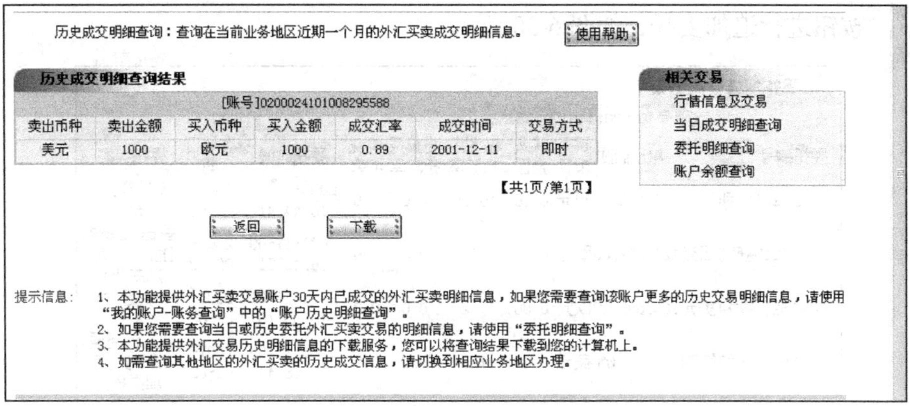

图 6-28　历史成交明细查询结果

2）委托交易的明细需要到“委托明细查询”中查询。

（3）委托明细查询。

1）通过“交易明细查询”中的“委托明细查询”，客户输入需要查询的委托时间段，即可查询相应期限内的委托交易记录，如图 6-29 所示。

图 6-29　委托明细查询

提示：委托明细查询可以通过选择不同的“委托种类”进行详细查询。

2）系统返回委托查询的结果包括了期限内所有或相应类型的委托交易的详细情况。如果委托已受理但未成交，可以点击“委托状态”栏内“撤销”按钮进行撤销，或点击“追加委托”[①]按钮进行追加委托，如图 6-30 所示。

委托明细查询结果

[账号]0200014401021934355

委托编号	委托种类	卖出币种	卖出金额	买入币种	买入金额	获利委托汇率	止损委托汇率	成交汇率	委托时间	有效日期	委托状态
001426216	获利	欧元	808.85	日元	0.00	151.0	0.0	0.0	2006-11-09 16.44.41	2007-02-02	待受理[撤单]
001426215	获利	日元	121,327.00	欧元	0.00	150.0	0.0	0.0	2006-11-09 16.43.31	2007-02-02	委托已受理[撤单] [追加委托]
001426214	获利	美元	100,886.28	欧元	0.00	1.2	0.0	0.0	2006-11-09 10.00.19	2007-02-02	待受理[撤单]
001426213	获利	欧元	77,604.83	美元	0.00	1.3	0.0	0.0	2006-11-09 09.58.44	2007-02-02	委托已受理[撤单] [追加委托]

返回

图 6-30 委托明细查询结果

（4）账户余额查询。中国工商银行外汇交易系统还提供了账户余额查询功能，如图 6-31 所示。

图 6-31 账户余额查询

5. 图形分析

网上交易系统提供了所有交易货币的各种图形分析，便于客户对趋势的研究和判断，如图 6-32 所示。

① 由于追加委托是在原委托基础上，以原委托成交为前提条件的委托功能，因此，其交易方向与原委托的交易方向相反，当客户提交追加委托时，委托卖出货币必须与原委托买入货币一致，卖出金额必须小于等于原委托买入的金额。目前，中国工商银行对于追加委托，只支持获利和止损委托的追加委托，暂不支持针对双向委托提交追加委托。

图 6-32　交易货币图形分析

6.2 世华财讯外汇模拟系统

世华财讯是由中国数码信息有限公司（中国香港交易所上市公司）旗下控股公司——北京世华国际金融信息有限公司管理经营的产品和服务品牌，是国内金融财经资讯领域中历史最悠久且规模最大的财经资讯供应商，为金融机构、投资者、管理决策人士提供实时财经数据与行情、资讯与分析研究。

这里我们借助世华的外汇模拟交易系统，了解一下不同终端的外汇交易操作系统。

6.2.1　登录

（1）登录网站 http://fx.caixun.com/，登记注册后，选择“外汇”点击“模拟交易”进入。

（2）打开网站 http://fx.caixun.com/，进入世华财讯网站外汇板块，再用注册名登录，点击“模拟交易”进入。

6.2.2　行情信息

（1）点击左侧的行情显示，进入行情信息页面。页面右侧是行情信息区域，显示产品的最新行情信息，刷新时间由服务器设定，如图 6-33 所示。

图 6-33 外汇行情信息

（2）行情的显示分直盘、交叉盘和所有盘，根据买卖币种的不同，客户可以选择显示方式。

（3）需要显示两种货币之间的汇率时，可以在页面左侧“理财工具”中选择“查询工具”，找到需要的货币，点击“查询”按钮，相关信息会在弹出窗口中显示，如图 6-34 所示。

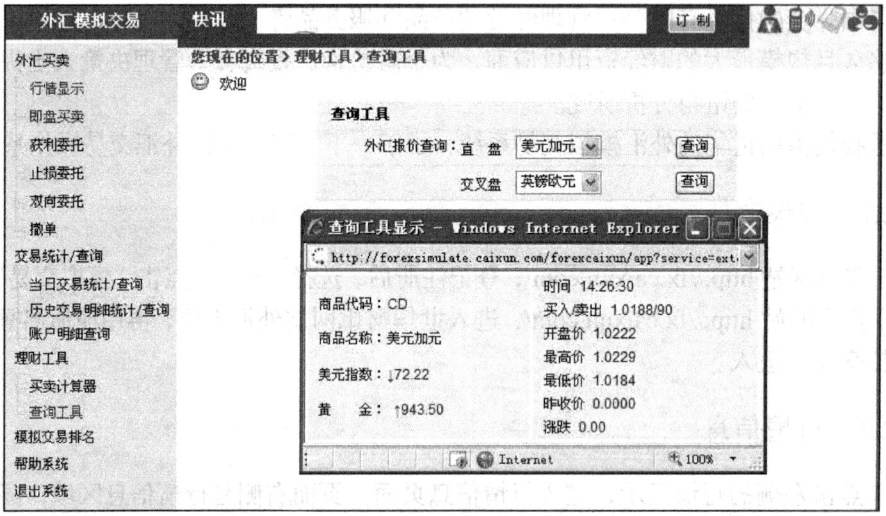

图 6-34 查询工具显示结果

6.2.3　即时交易

即时交易也叫即盘交易，即按行情的当前汇率马上进行交易（不需要输入限价），只要选择即盘交易这一交易方式。另外，即时交易必须在 15 秒内确认，否则自动取消，如图 6-35 所示。

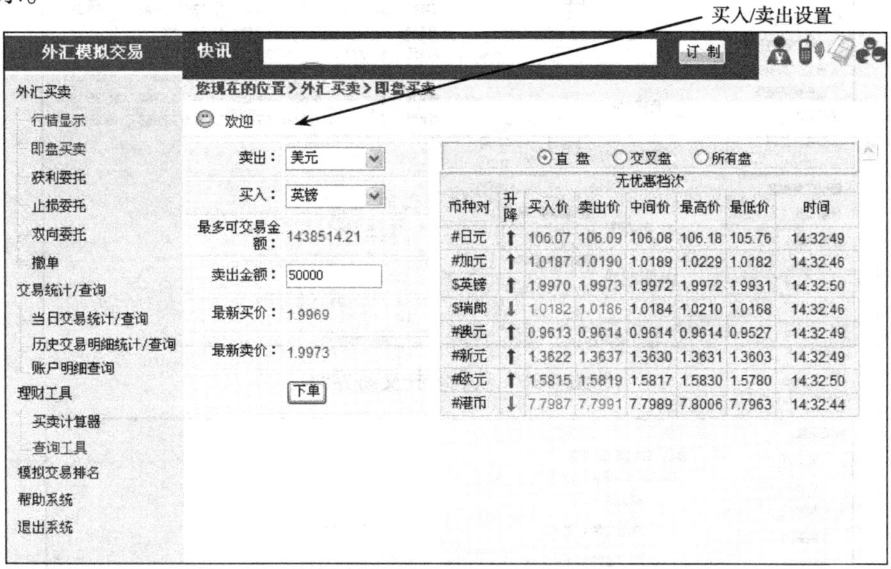

图 6-35　即盘买卖

6.2.4　委托交易

1. 获利委托

（1）建立获利委托。银行根据客户指定的交易币种、金额以及交易目标价格，一旦银行报价达到或优于客户指定的价格，即执行客户的指令，完成交易，成交价格按照银行的即时报价成交。

选择“获利委托”功能项，选择“卖出”和“买入”货币，以及“委托终止时间”。输入“卖出金额”和“获利汇率”，点击“下单”按钮进入获利委托交易确认页面，如图 6-36 所示。

（2）委托确认。进入委托交易确认页面，系统提示“请尽快完成此交易！”点击“提交”按钮，生成委托交易证实书；点击“取消”按钮重新委托，如图 6-37 所示。

（3）委托证实。获利委托交易成功后，系统生成委托证实书，相应的卖出货币资金处于冻结状态，如图 6-38 所示。

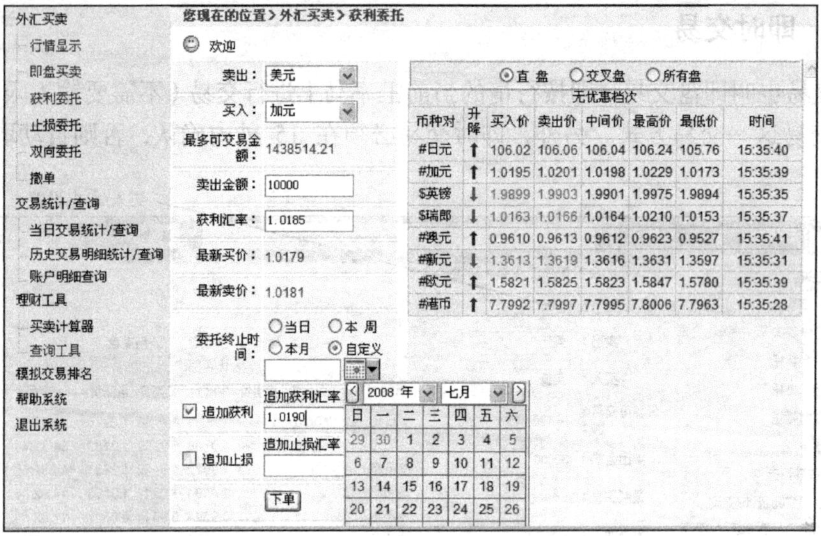

图 6-36　获利委托交易界面

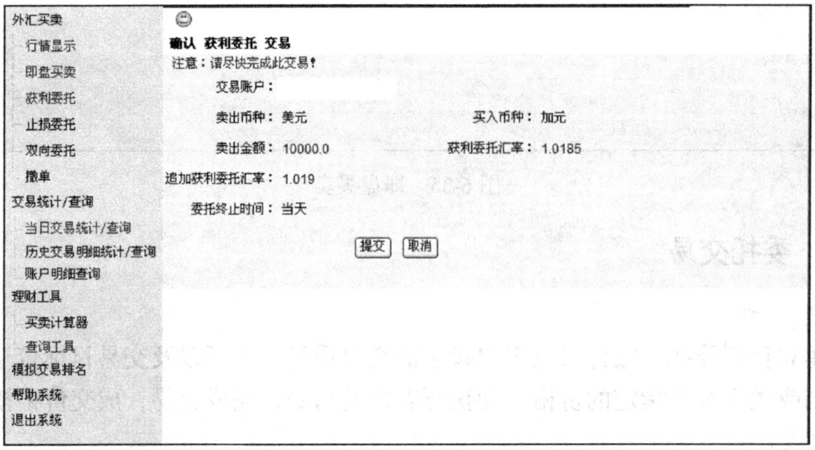

图 6-37　确认获利委托交易

2．止损委托

客户为持有的货币设置一个最低卖出价位，一旦银行报价达到或小于这个价位，立即将该货币卖出。止损交易可以锁定风险，避免损失的无限扩大。

（1）建立止损委托。选择“止损委托”功能项，选择“卖出”和“买入”货币，以及“委托终止时间”。输入“卖出金额”和“止损汇率”，点击“下单”按钮，进入止损委托交易确认页面，如图 6-39 所示。

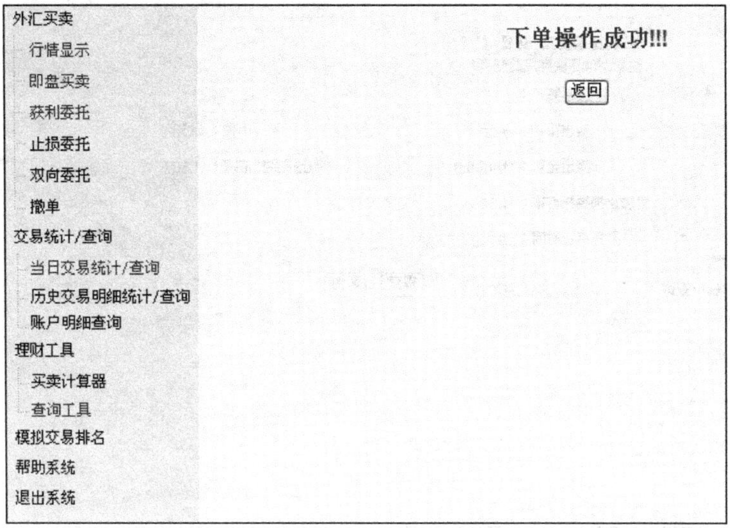

图 6-38　获利委托证实

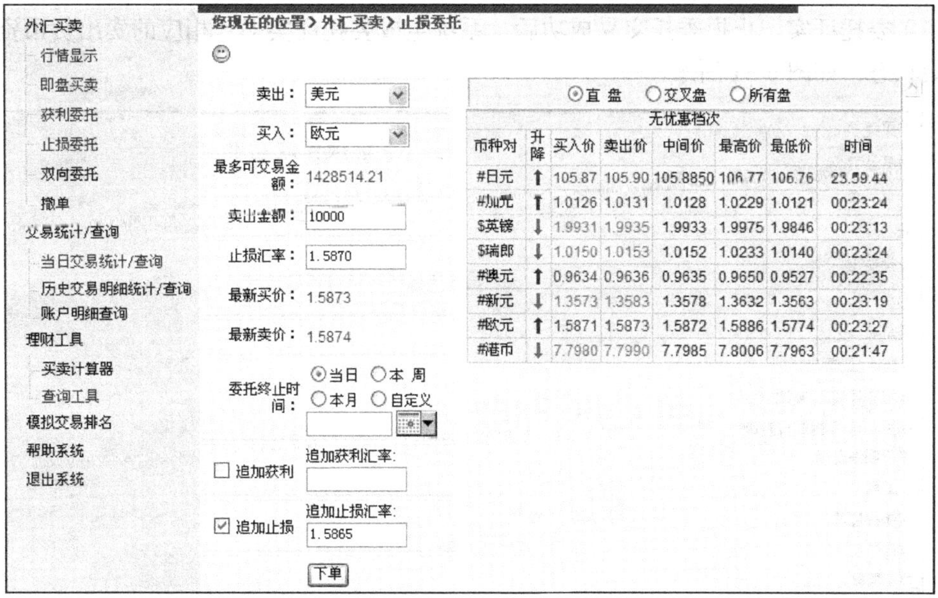

图 6-39　止损委托交易界面

（2）委托确认。进入委托交易确认页面，系统提示“请尽快完成此交易！”点击“提交”按钮，生成委托交易证实书；点击“取消”按钮重新委托，如图 6-40 所示。

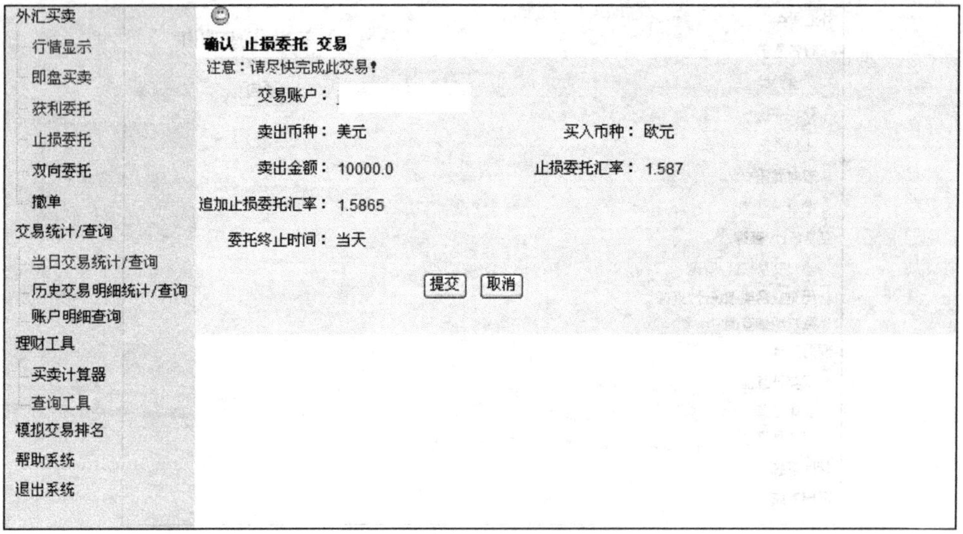

图 6-40　确认止损委托交易

（3）委托证实。止损委托交易成功后，系统生成委托证实书，相应的卖出货币资金处于冻结状态，如图 6-41 所示。

图 6-41　止损委托证实

3. 双向委托

（1）建立双向委托。选择“双向委托”功能项，选择“卖出”和“买入”货币，以及

"委托终止时间"。输入"卖出金额"及"获利汇率"、"止损汇率"，点击"下单"按钮进入双向委托交易确认页面，如图 6-42 所示。

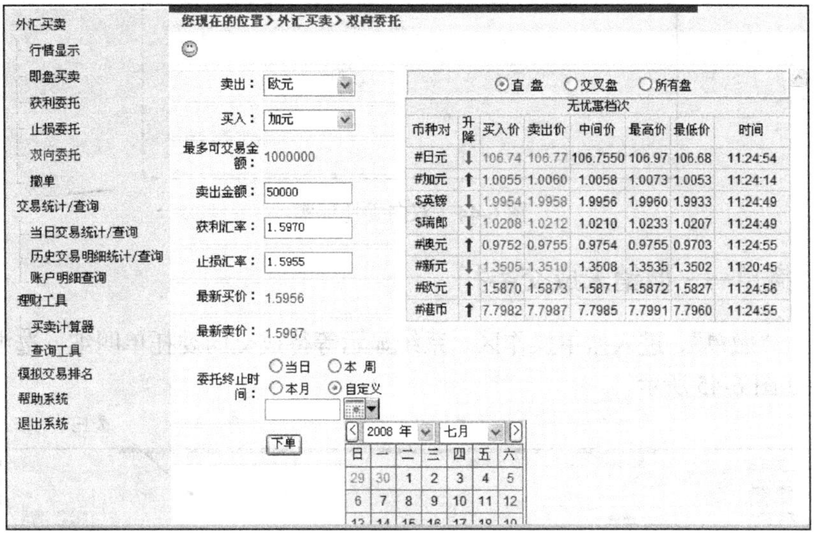

图 6-42　双向委托交易界面

（2）委托确认。进入委托交易确认页面，系统提示"请尽快完成此交易！"点击"提交"按钮，生成委托交易证实书；点击"取消"按钮重新委托，如图 6-43 所示。

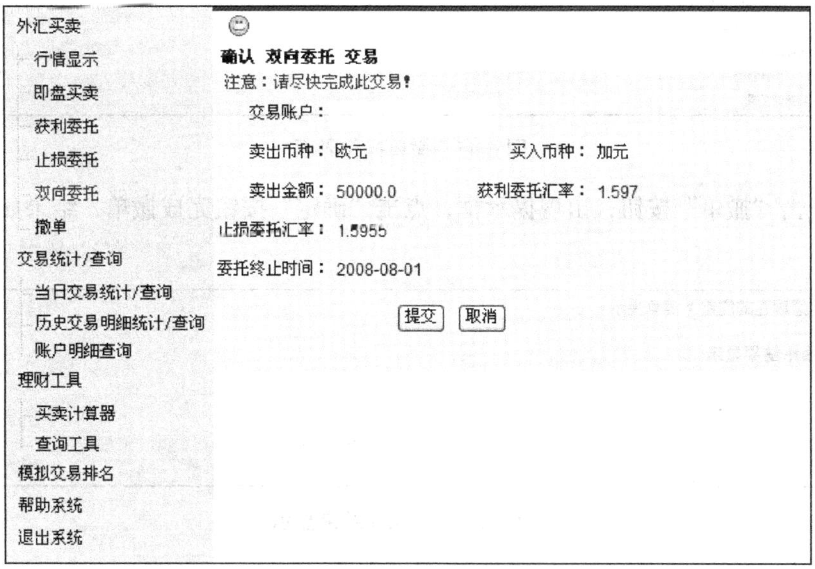

图 6-43　确认双向委托交易

（3）委托证实。委托交易成功后，系统生成委托证实书，相应的卖出货币资金处于冻结状态，如图 6-44 所示。

图 6-44　双向委托证实

6.2.5　撤单——撤销未成交委托

（1）点击“撤单”，进入撤单操作区。系统显示等待成交的委托单明细，选中想要撤单的复选框，如图 6-45 所示。

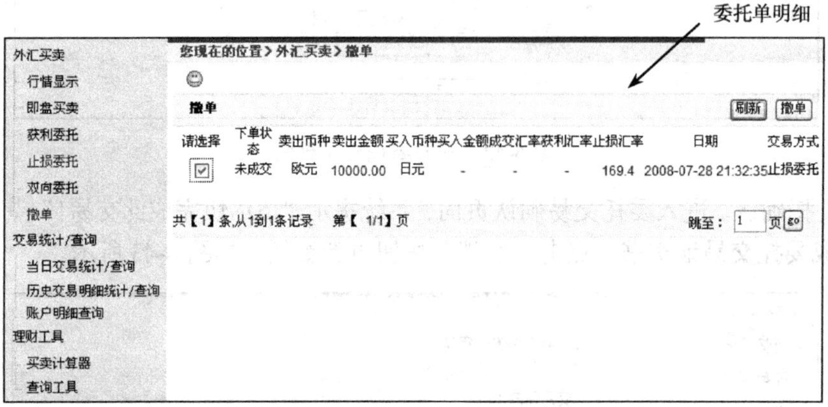

图 6-45　撤单操作界面

（2）点击“撤单”按钮，出现提示框，点击“确定”按钮完成撤单，结果如图 6-46 所示。

图 6-46　撤单操作结果显示

6.2.6　委托查询——查询下单委托记录

（1）当日交易查询，如图 6-47 所示。

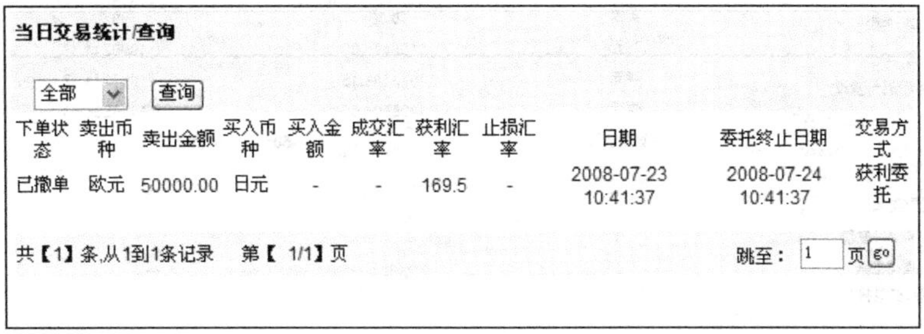

当日交易统计/查询

全部　查询

下单状态	卖出币种	卖出金额	买入币种	买入金额	成交汇率	获利汇率	止损汇率	日期	委托终止日期	交易方式
已撤单	欧元	50000.00	日元	-	-	169.5	-	2008-07-23 10:41:37	2008-07-24 10:41:37	获利委托

共【1】条,从1到1条记录　第【 1/1】页　跳至：1 页 GO

图 6-47　当日交易查询

（2）历史交易查询。查询某一时间段的委托交易，如图 6-48 所示。

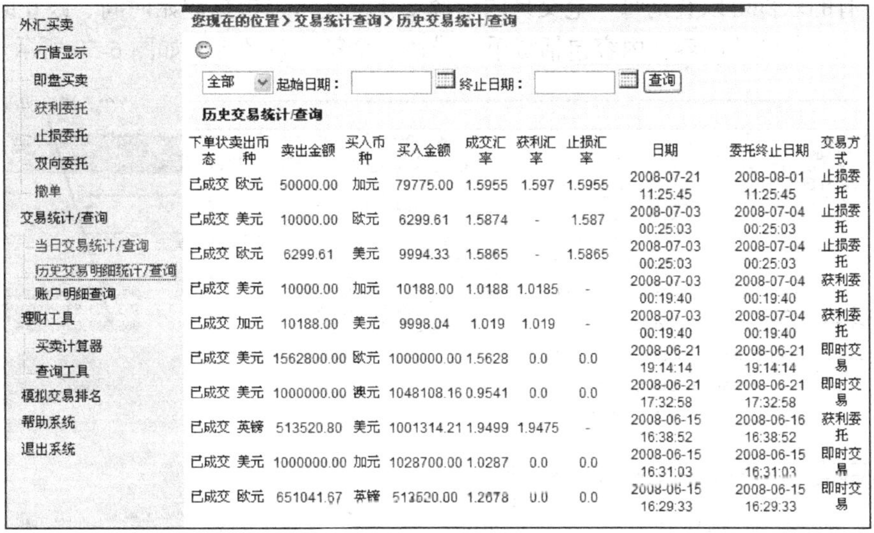

历史交易统计/查询

下单状态	卖出币种	卖出金额	买入币种	买入金额	成交汇率	获利汇率	止损汇率	日期	委托终止日期	交易方式
已成交	欧元	50000.00	加元	79775.00	1.5955	1.597	1.5955	2008-07-21 11:25:45	2008-08-01 11:25:45	止损委托
已成交	美元	10000.00	欧元	6299.61	1.5874	-	1.587	2008-07-03 00:25:03	2008-07-04 00:25:03	止损委托
已成交	欧元	6299.61	美元	9994.33	1.5865	-	1.5865	2008-07-03 00:25:03	2008-07-04 00:25:03	止损委托
已成交	美元	10000.00	加元	10188.00	1.0188	1.0185	-	2008-07-03 00:19:40	2008-07-04 00:19:40	获利委托
已成交	加元	10188.00	美元	9998.04	1.019	1.019	-	2008-07-03 00:19:40	2008-07-04 00:19:40	获利委托
已成交	美元	1562800.00	欧元	1000000.00	1.5628	0.0	0.0	2008-06-21 19:14:14	2008-06-21 19:14:14	即时交易
已成交	美元	1000000.00	澳元	1048108.16	0.9541	0.0	0.0	2008-06-21 17:32:58	2008-06-21 17:32:58	即时交易
已成交	英镑	513520.80	美元	1001314.21	1.9499	1.9475	-	2008-06-15 16:38:52	2008-06-16 16:38:52	获利委托
已成交	美元	1000000.00	加元	1028700.00	1.0287	0.0	0.0	2008-06-15 16:31:03	2008-06-15 16:31:03	即时交易
已成交	欧元	651041.67	英镑	513520.00	1.2678	0.0	0.0	2008-06-15 16:29:33	2008-06-15 16:29:33	即时交易

图 6-48　历史交易查询

6.2.7　账户明细——查看资金情况

（1）单击“账户明细查询”，进入账户明细模块，系统自动显示账户明细信息，如图 6-49 所示。

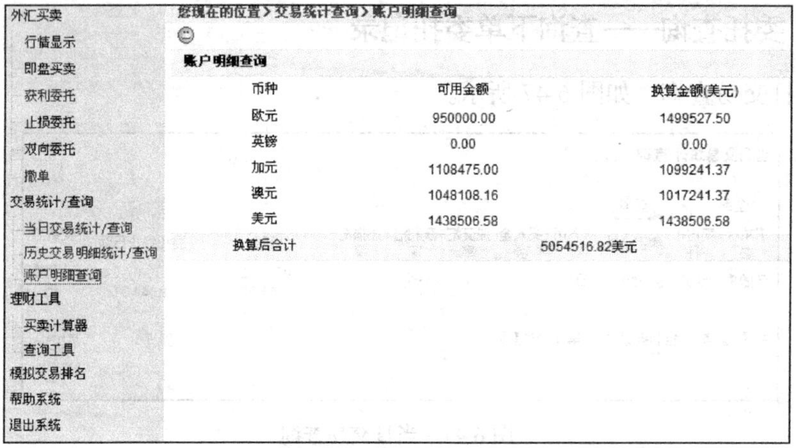

图 6-49　账户明细查询

（2）有的软件可以查询每一笔交易的金额变化，还可以根据起始时间、终止时间和币种来选择账户明细的内容，内容包括货币、描述、金额、余额等，如图 6-50 所示。

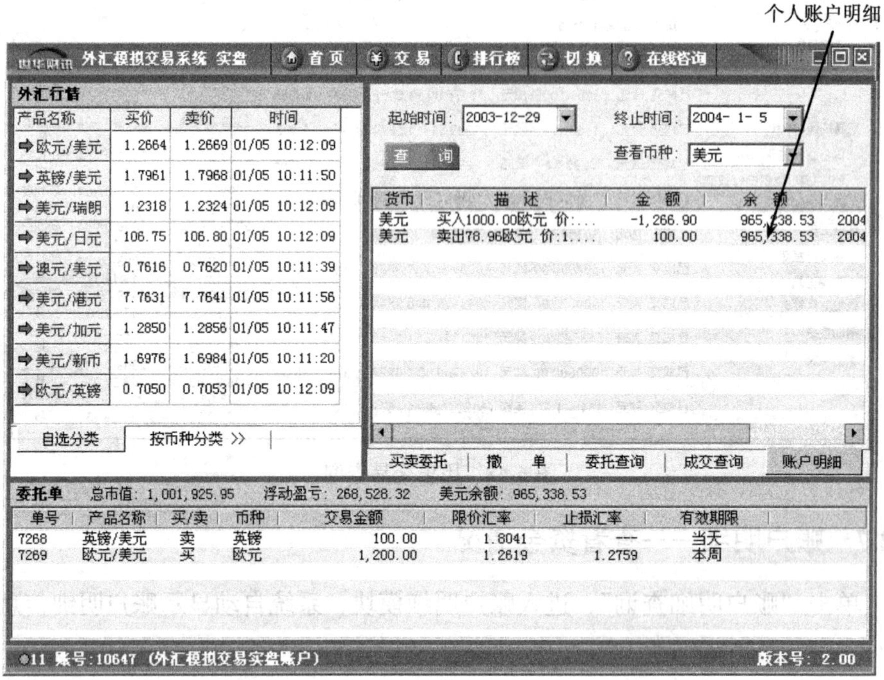

图 6-50　美元账户明细查询

（3）有些软件还设置了成交明细、委托状态等查询功能。

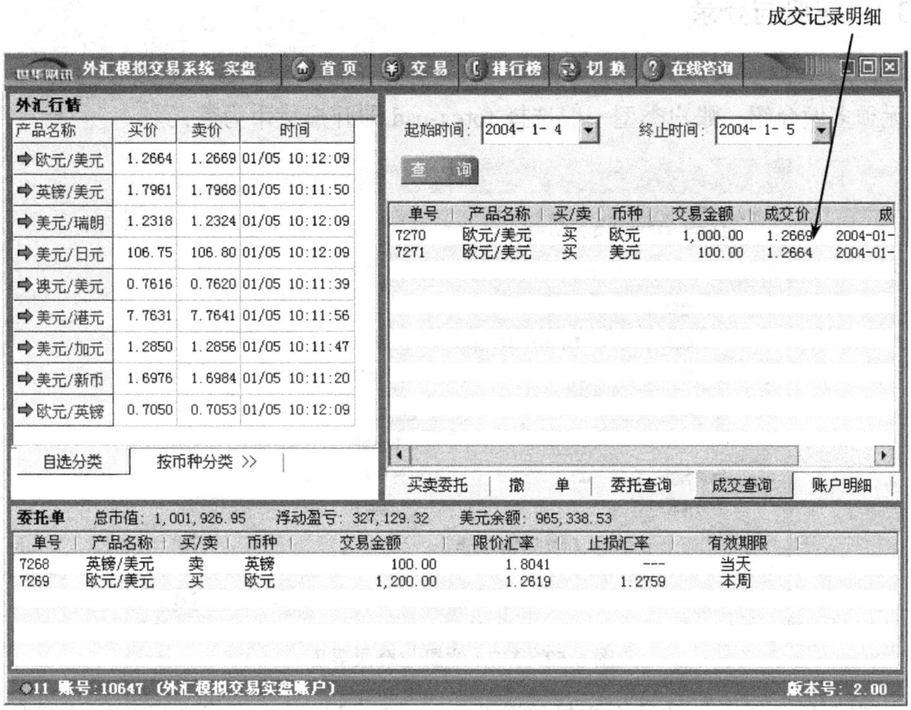

图 6-51　成交记录明细查询

1）点击“成交查询”按钮，系统弹出如图 6-51 所示的界面。成交记录明细包括产品名称、币种、成交价、金额等信息。

2）默认情况下，软件显示昨天到今天的成交单明细。用户也可通过选择起始时间和终止时间查看成交单的明细。

6.3　MetaTrader4 交易平台

MetaQuotes（迈达克）软件公司是全球外汇、CFD 和期货在线交易软件的领导厂商之一。该公司一直致力于在线金融软件的研究和专业开发，MetaTrader4 交易平台（MT4）就是该公司在此领域的多年研究成果，全球金融机构使用其开发的 MT4 交易平台可以为客户提供专业的、高质量的在线交易服务。

目前，全球有 100 余家经纪公司和银行采用了 MT4 交易平台向客户提供在线金融交易服务，国内民生银行也选用了 MT4 作为外汇交易平台。

6.3.1 注册与登录

初次使用 MT4 的投资者，MT4 软件会自动弹出上面的对话框（见图 6-52），个人资料前 4 行无须多做介绍，账户类型一般选择 forex-usd 即开户货币为美元。

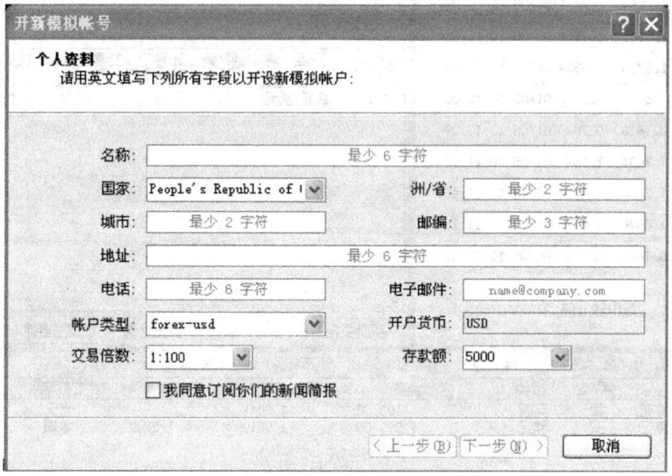

图 6-52　MT4 注册与登录界面

MT4 官方软件所支持的最大交易倍数为 1∶100，但如果投资者选择其他外汇保证金公司提供的 MT4 交易平台，会有 1∶400 或 1∶500 的选项出现。

存款额建议投资者选用 5 000 ~ 10 000 美元的数额，即虚拟初始资金为 5 000 ~ 10 000 美元。

MT4 官方软件支持“迷你手”。一标准手为 10 万基准货币，保证金为 1∶100 的话，则投资者需要 1 000 基准货币作为保证金，而迷你手则可以做 0.1 标准手或者 0.01 标准手，也就是说做 0.1 标准手需要 100 基准货币保证金，0.01 标准手只需要 10 基准货币保证金。

举例：投资者 A 有 5 000 美元，他想做保证金交易，建立 USD/JPY 空头头寸，如果做标准手，杠杆比率 1∶100 的情况下，就算只做 1 标准手，他也需要至少 1 000 美元作为保证金，即仓位 20%，对于外汇保证金交易来讲，20%的仓位不可能做长线，风险极大。但有了迷你手交易，投资者 A 可以做 0.01 标准手，那么他的仓位就是 0.2% 他只需要 10 美元作为保证金，这样做的话，资金总体的安全性会比做 1 标准手时高很多。

（交易服务器选择 UWC-Demo.com 后单击下一步（见图 6-53）。

最后一步，请牢记账号、主密码和投资人密码，主密码为操作者自己使用；投资人密码只供其他人观看使用，无法进行操作（见图 6-54）。

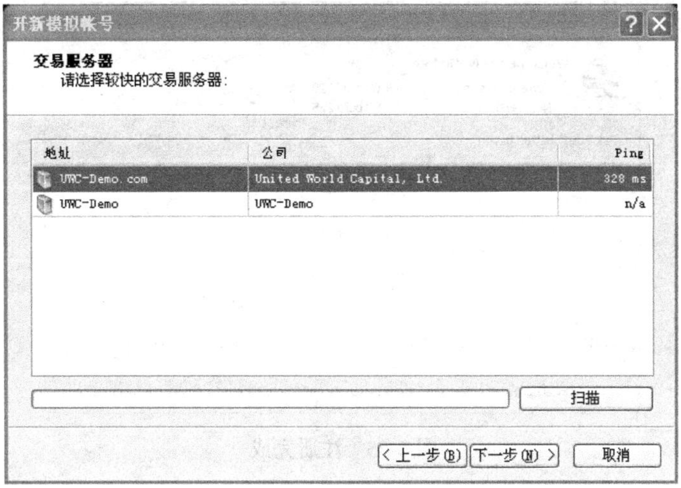

图 6-53 选择交易服务器

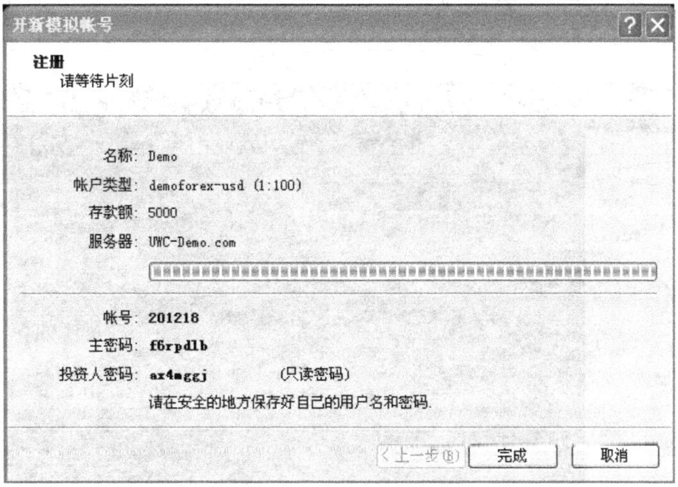

图 6-54 获取账号及密码

6.3.2 查看行情信息

注册完成后，MT4 可能会弹出自动更新窗口，点击 Start 即可（见图 6-55）。

第一次安装使用 MT4 平台，系统默认显示 4 个货币对的走势图，在商品列表右键单击想查看的货币对，选择图标窗口。选择货币对后，在界面上方点击“窗口”—“平铺”。主界面会出现 5 个货币对走势图，选择想查看的货币对窗口点击最大化。

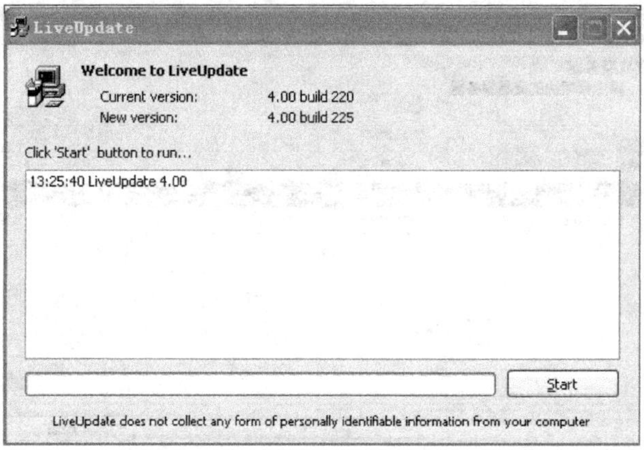

图 6-55　注册完成

完成以上步骤后，点击图表菜单栏，会出现与当前走势图相关的选项（见图 6-56）。

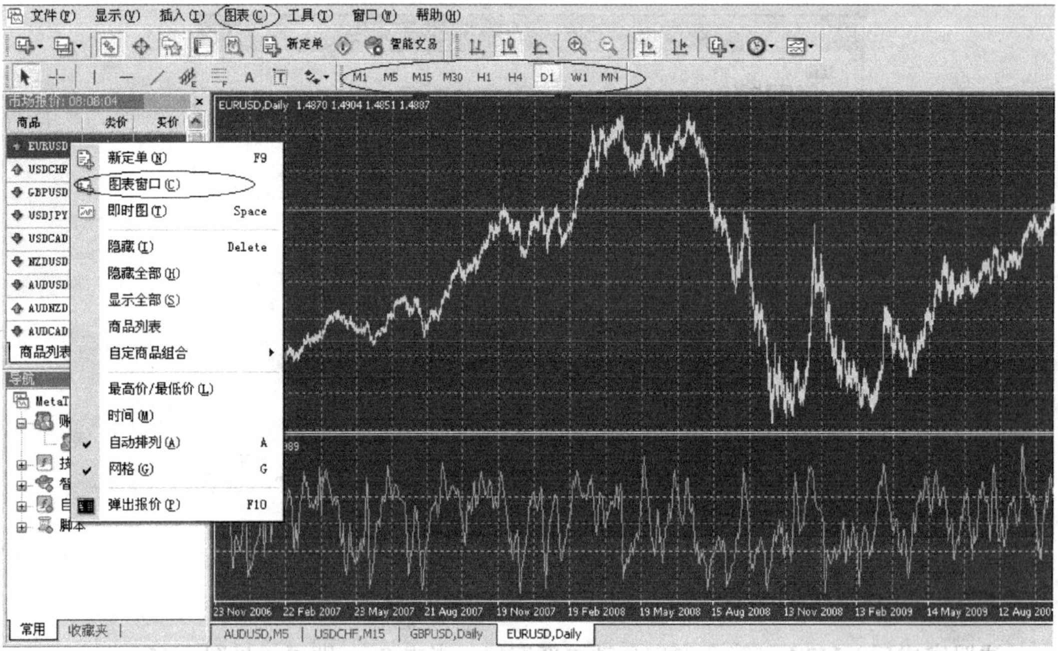

图 6-56　进入交易界面

1. 常用快捷键图标介绍（见表 6-1）

表 6-1　MT4 中的常用快捷键

序号	快捷键图标	快捷键名称
1	 从左至右分别为：柱状图、阴阳烛、折线图	图形选项键
2		放大与缩小键
3	 从左至右依次为：1 分钟图、5 分钟图、15 分钟图、30 分钟图、1 小时图、4 小时图、日线图、周线图、月线图	时间时段选项快捷键
4		光标
5		十字准线
6		垂直线
7		水平线
8		趋势线
9		等距通道
10		“新订单”按钮
11		“技术指标”按钮

“图形选项键”从左至右分别为：柱状图、阴阳烛、折线图，目前国内有过股票或其他投资经验的投资者，对阴阳烛较为熟悉，俗称 K 线图。

“放大与缩小”按键可以调整走势图的大小。

“时间时段选项”快捷键，从左至右依次为：1 分钟图、5 分钟图、15 分钟图、30 分钟图、1 小时图、4 小时图、日线图、周线图、月线图。

“光标”键：MT4 交易平台的设计考虑到了大多数 Windows 用户的使用习惯，光标不必多做介绍。

“十字准线”：点选十字准线后，将光标移至价格走势图中，将会看到两根相互垂直的直线，横线上下移动代表价格高低，纵线左右移动代表时间远近，将两线焦点对准某个单一蜡烛，则表明某个时间段的价格范围。点住鼠标左键进行拖拽，电脑将自动计算出点差。

“垂直线”：对 K 线纵向分割。

“水平线”：对 K 线横向分割。

“趋势线”：画出 K 线趋势。

“等距通道”：即两条平行线，分为横向通道，上升通道，下降通道。

以上快捷键是 MT4 平台中最长用到，也是最基本的工具。MT4 平台中任何一种画图工具，将鼠标移到已画图形上方双击左键，即可进行修改。

在 K 线图上综合使用的效果。

2. 修改 K 线图颜色

点击“图表”—“属性”，按照国内投资者的习惯，可按上图设定阴阳柱颜色（见图 6-57）。

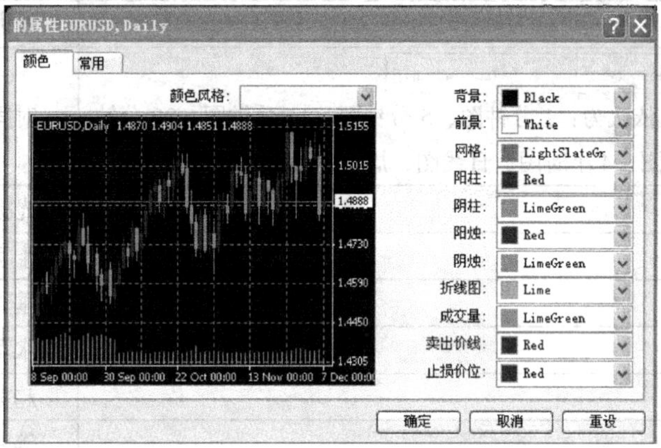

图 6-57 修改颜色

6.3.3 即时交易

1. 建仓

点击“新订单”按钮（见图 6-58），左侧为即时图，右侧点击商品下拉菜单，可以选择想交易的货币对。

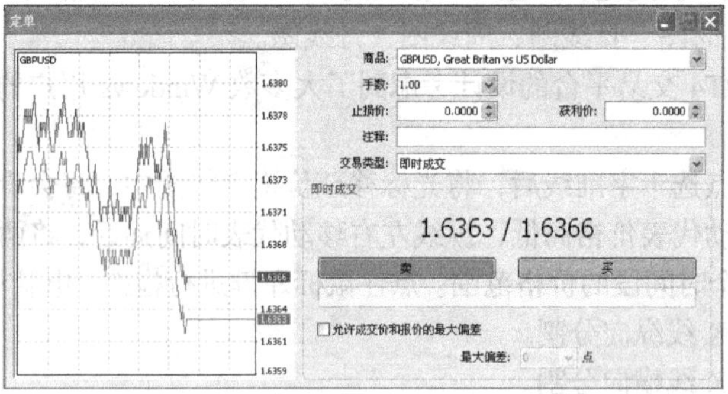

图 6-58 新下订单

以图 6-58 为例：1 标准手为 10 万基准币（英镑），即时卖出价价格为 100 000 英镑=163 630 美元，由于开户时采用美元账户，杠杆为 1∶100，所以实际上需要交纳的保证金为：1 636.30 美元。

价格走势图下方，单击【交易】即可显示持仓订单明细（见图 6-59、图 6-60）。

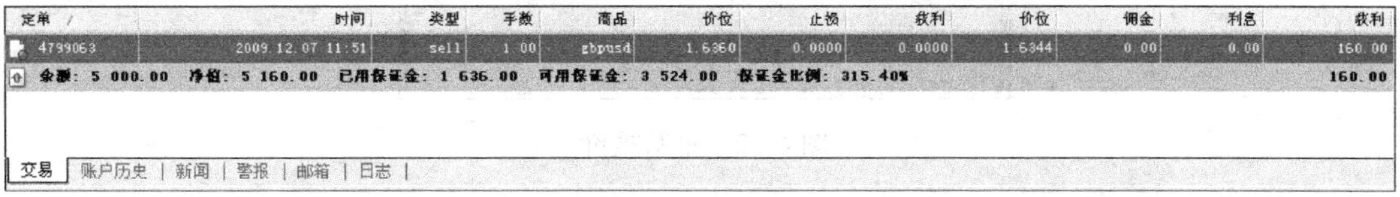

图 6-59　交易查询

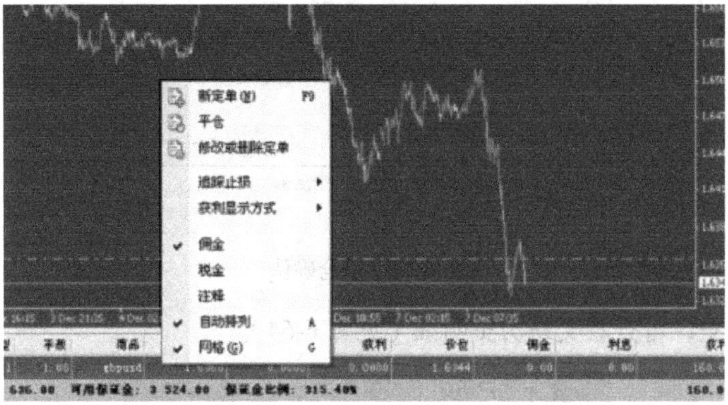

图 6-60　持仓明细

2．平仓

在交易明细中，选择想要平仓的订单号，单击右键，选择平仓（见图 6-61）。

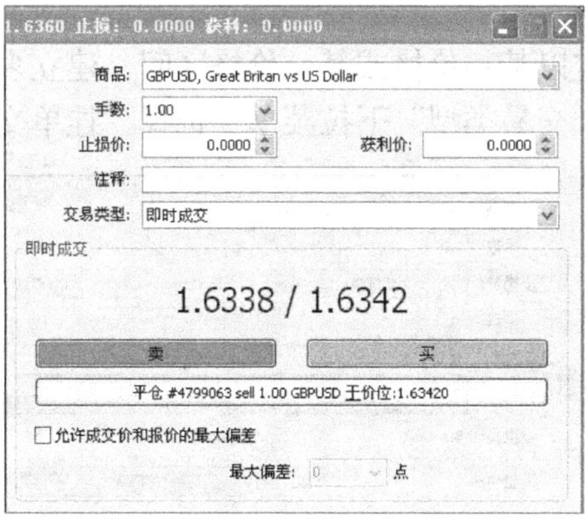

图 6-61　平仓

有时由于价格波动过于激烈，点差会在一秒钟内发生变化，MT4 会再次询问是否确定（见图 6-62）。

图 6-62　重新报价

点击“平仓”——“确认”（如图 6-63）。

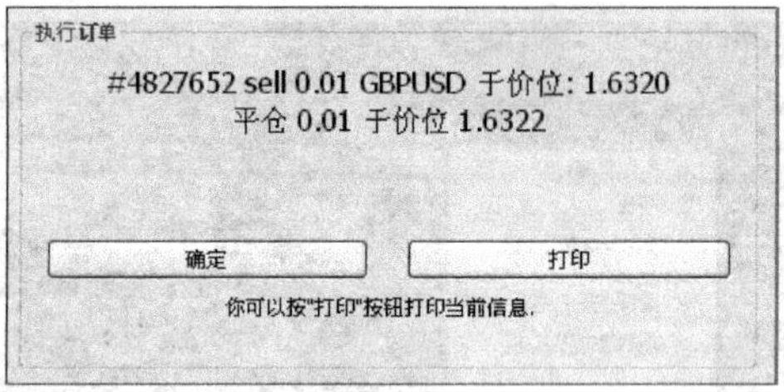

图 6-63　平仓确认

点击账户历史，可查看交易历史明细（见图 6-64）。

图 6-64　账户历史

6.3.4　委托交易

1. 开仓委托

开仓委托：投资者指定以某一价格或某一价格区间，建立多头寸或空头寸。

（1）建立委托。点击“交易类型”下拉菜单，选择“挂单交易”（见图 6-65）。

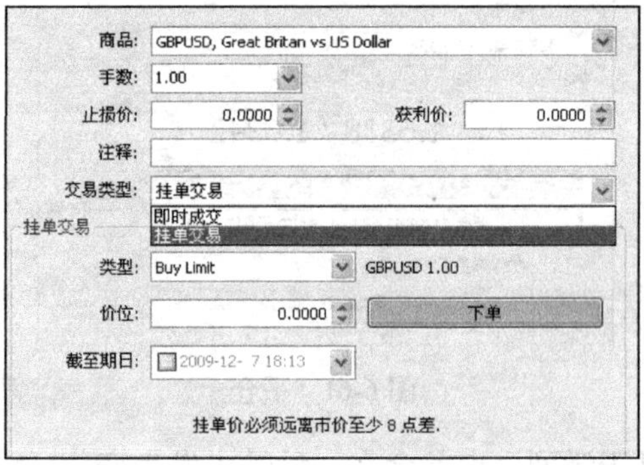

图 6-65　建立委托

Buy Limit：建多仓委托——认为该品种将会上涨，想要购买，但目前价格稍高，想等到价格稍有回调后，建仓买多（见图 6-66）。

图 6-66　挂单类型

挂单价必须低于市价 8 个点差。

Sell Limit：建空仓委托——与建多仓相反，认为该货币对将会下跌，想要先卖出，但目前价格稍低，想等到价格稍有反弹后，建仓卖空。

挂单价必须高于市价 8 个点差

截至期日：是指此订单在指定时间内有效，超过指定日期会自动撤单。

（2）委托确认（见图 6-67）。

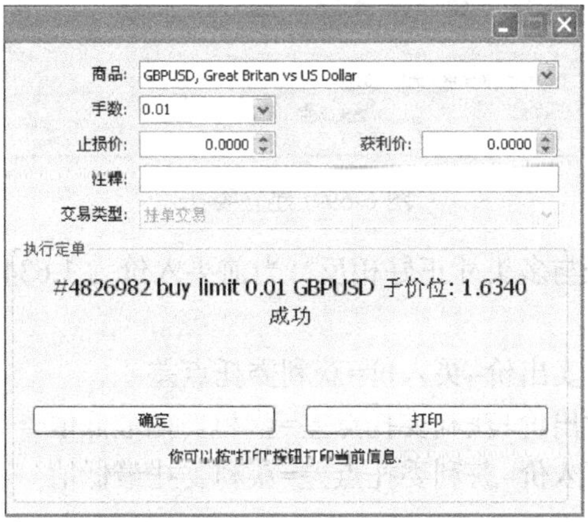

图 6-67　委托确认

（3）委托证实。当委托订单被提交后，终端窗口点击“交易”会显示出委托订单明细（见图 6-68）。

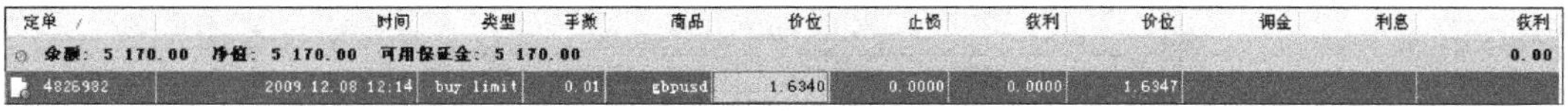

图 6-68　委托证实

在这里我们可以看出，未成交委托是不占用保证金的。但当投资者关闭 MT4 甚至是计算机后，如果价格到达委托价位，扔将会被自动成交。

2. 获利委托

获利委托：以现价建立多头寸，设定一个更高的价格自动平仓。或以现价建立空头寸，设定一个更低的价格自动平仓。

（1）建立委托。如图 6-69 所示，GBP/USD 货币对当前的买卖点差为 4 点，某投资者想建立 GBP/USD 多头寸，当前卖出价为 1.634 4，想设定一个数值，希望到该数值后自动获利平仓。也就是说，当前以 1.634 4 建立多头寸，自动获利点数值至少要设定在 1.634 8 或更高。

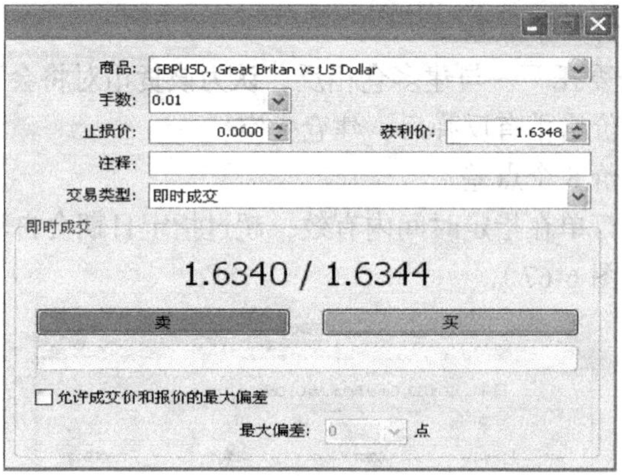

图 6-69　建立委托

空头寸自动获利委托与多头寸正好相反，当前买入价为 1.634 0，自动获利点数值要在 1.633 6 或更低。

获利委托点差公式：卖出价−买入价=获利委托点差

多头寸获利委托：卖出价+获利委托点差=获利委托最低值

空头寸获利委托：买入价−获利委托点差=获利委托最低值

（2）委托确认（见图 6-70）。

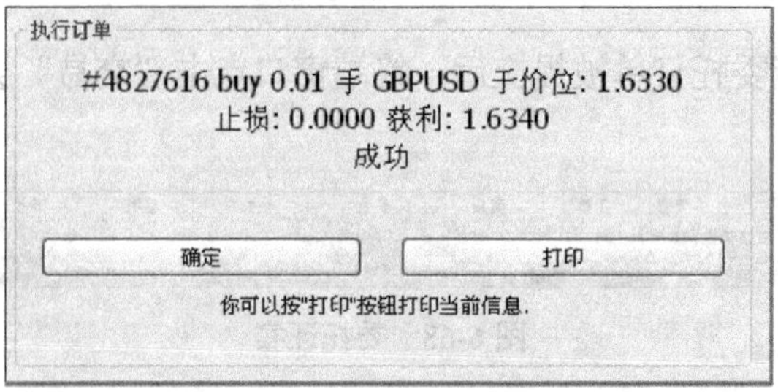

图 6-70　委托确认

（3）委托证实。订单详情会在终端栏显示（见图 6-71）。

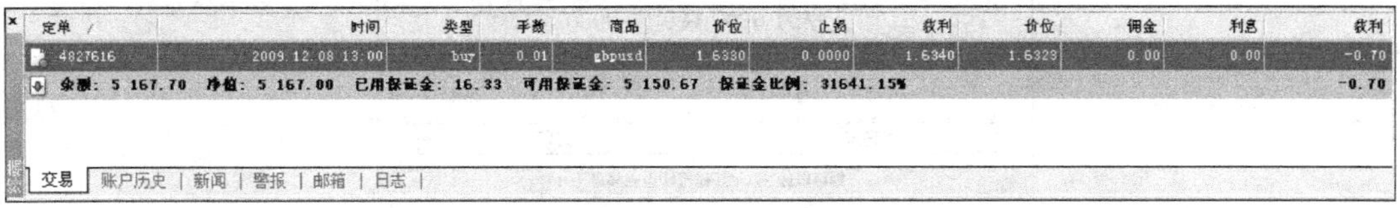

图 6-71　委托证实

3. 止损委托

止损委托：止损委托是指以现价建立头寸，设定一个数值来控制亏损金额。止损是外汇保证金交易中极为重要的一部分，止损的具体设置有很多讲究，我们将会在第三部分具体介绍。

（1）建立委托。如图 6-72 所示，GBP/USD 货币对当前的买卖点差为 4 点，某投资者想建立 GBP/USD 多头寸，当前卖出价为 1.631 4，想设定一个数值，希望到该数值后自动止损平仓。也就是说，当前以 1.631 4 建立多头寸，自动止损点数值至少要设定在 1.630 2 或更低。

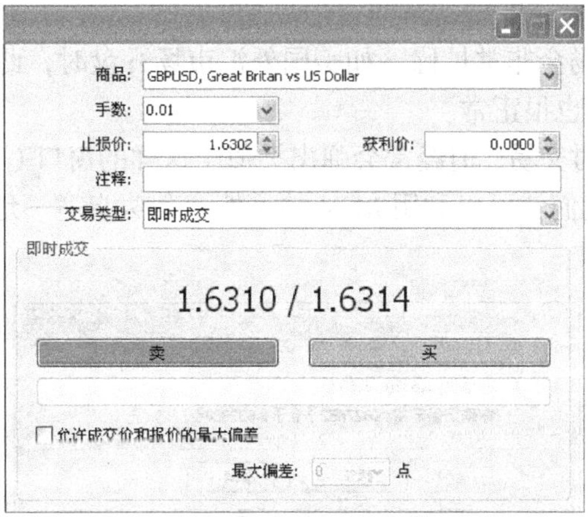

图 6-72　建立委托

空头寸自动获利委托与多头寸正好相反，当前买入价为 1.631 0，自动获利点数值要在 1.632 2 或更高。

止损委托点差公式：卖出价–买入价=获利委托点差

多头寸止损委托：买入价–获利委托点差×2=止损委托最低值

空头寸止损委托：卖出价+获利委托点差×2=止损委托最低值

（2）委托确认。该订单的交易内容在此框中已明确说明，点击“确定”即可（见图 6-73）。

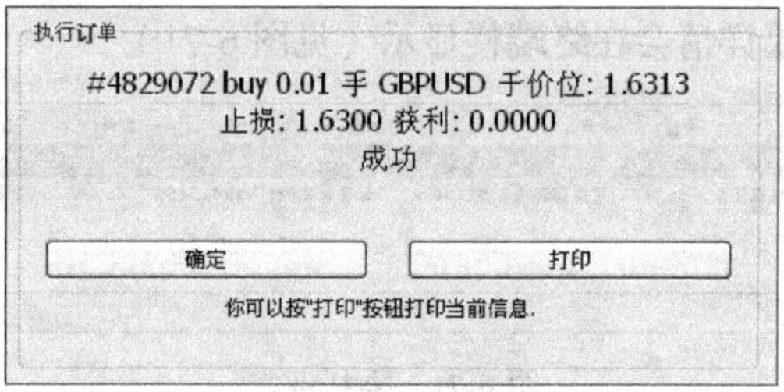

图 6-73　委托确认

（3）委托证实。在上一笔交易单完成后，MT4 会在终端窗口的交易栏中，用蓝色框来显示最新发生的一笔交易订单（见图 6-73）。

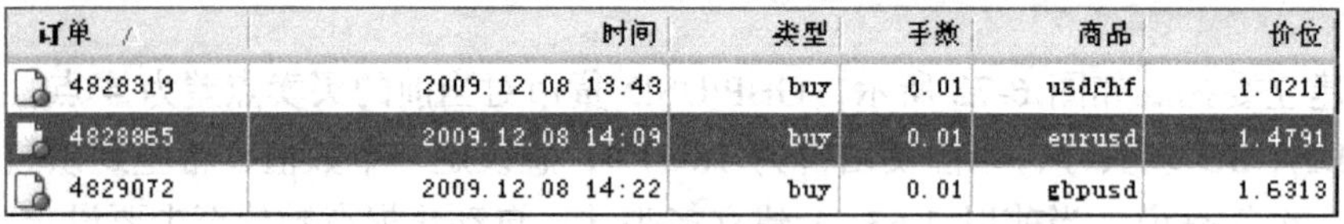

订单 /	时间	类型	手数	商品	价位
4828319	2009.12.08 13:43	buy	0.01	usdchf	1.0211
4828865	2009.12.08 14:09	buy	0.01	eurusd	1.4791
4829072	2009.12.08 14:22	buy	0.01	gbpusd	1.6313

图 6-74　委托证实

4．允许最大偏差

有些时间，外汇市场会非常忙碌，如美国外汇市场开盘时，此时的价格变化非常快，有时 1 秒钟变动 10 个点也很正常。

如果投资者想在此时交易，但经常会弹出类似于这样的窗口（见图 6-75），有时耽误了投资的最佳时机，这时我们就可以利用 MT4 的另外一个功能——允许成交价和报价的最大偏差（见图 6-76）。

图 6-75　重新报价

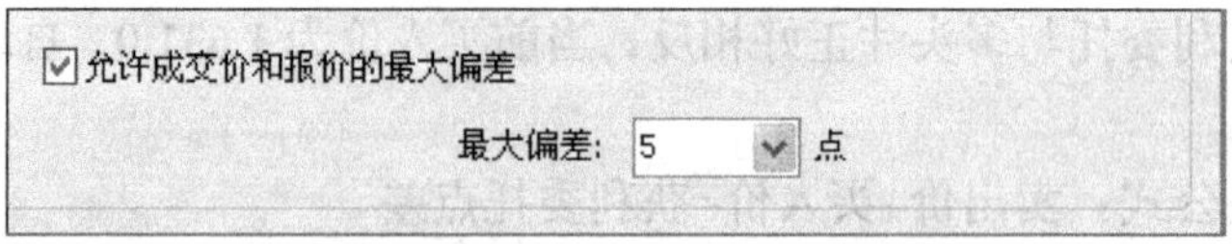

图 6-76　允许最大偏差点数的设定

最大偏差点数的意义：比如当前 GBP/USD 买入价格为 1.632 0，设定最大偏差为 5 点，那么成交的价格：1.631 5≤成交价格≤1.632 5。

6.3.5　撤单：撤销未成交委托

MT4 平台在网络速度良好的保障下，即时交易非常迅速，成交价格点数偏差一般不会超过 5 个点，所以撤单功能常用于开仓委托交易中。

当前 GBP/USD 卖出价格为 1.631 2，买入价格为 1.630 7，投资者在 1.600 0 价位建立多头委托（见图 6-77）。

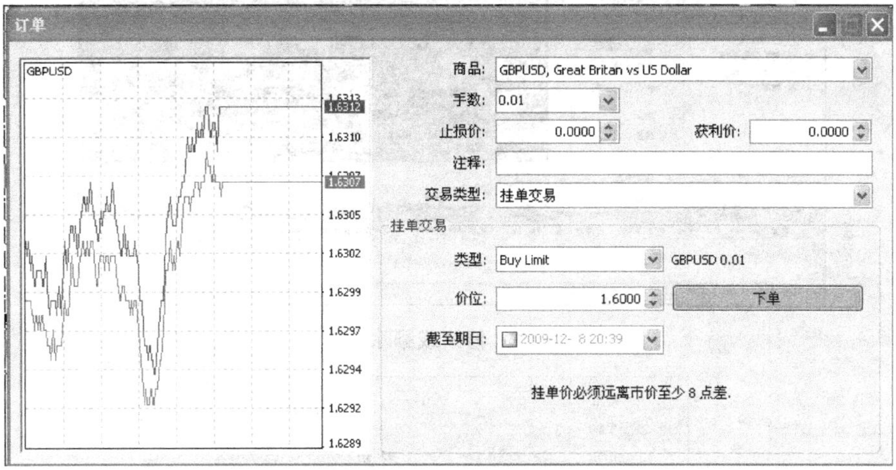

图 6-77　建立委托

执行订单成功，确定（见图 6-78）。只要该订单还未被交易成功，随时都可以撤销订单。

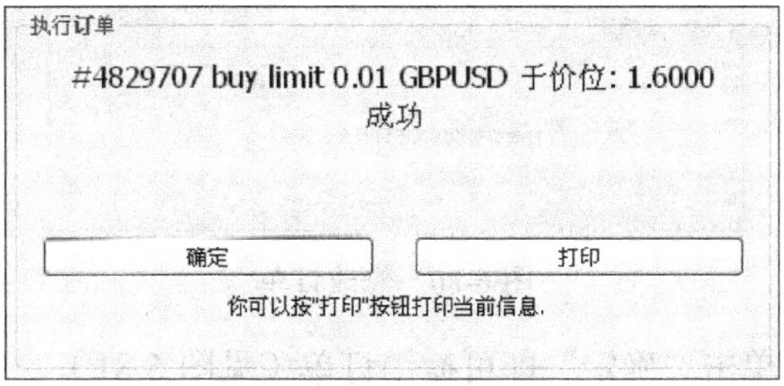

图 6-78　执行订单

在终端栏，点击“交易”按钮，右键单击想撤销的订单，选择“修改或删除订单”（见图 6-79）。

通过“修改或删除订单”按键，可以修改委托开仓价位、止损价、获利日、到期日（见图 6-80）。

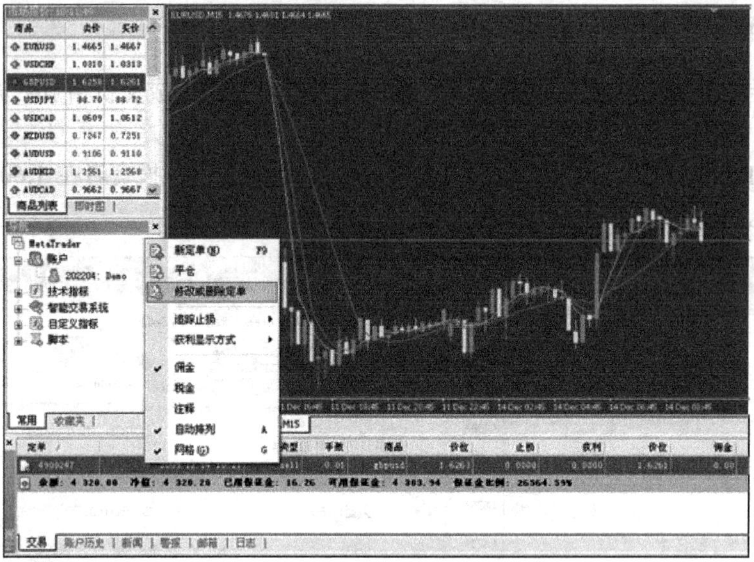

图 6-79　修改或删除订单

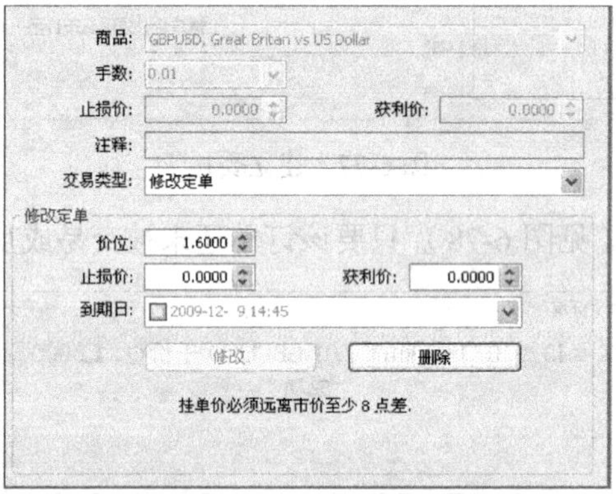

图 6-80　修改订单

点击“删除”后，单击“确定”即可撤销订单（见图 6-81）。

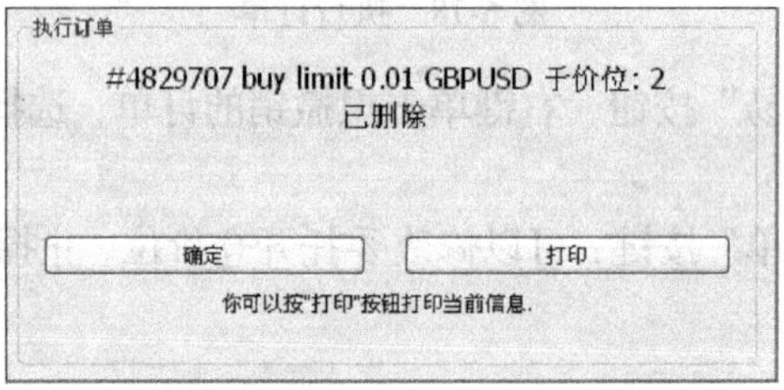

图 6-81　撤销订单

6.3.6　账户历史

交易终端栏点击“账户历史”可以查看历史明细（见图 6-82）。

图 6-82　账户历史

值得注意的是左边的时间是指订单成交时间，右边的时间是订单平仓时间（见图 6-83）。

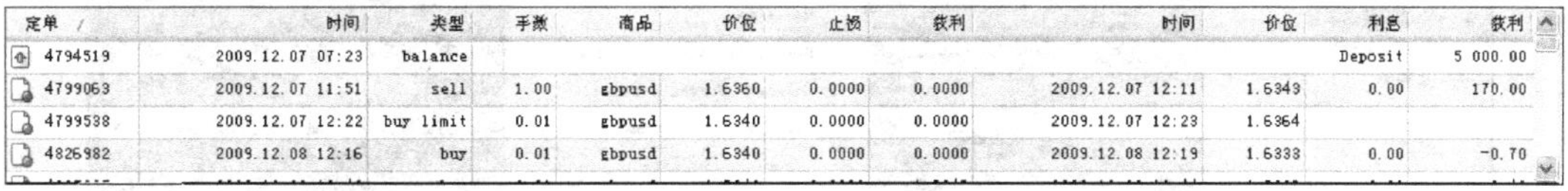

定单	时间	类型	手数	商品	价位	止损	获利	时间	价位	利息	获利
4794519	2009.12.07 07:23	balance								Deposit	5 000.00
4799063	2009.12.07 11:51	sell	1.00	gbpusd	1.6360	0.0000	0.0000	2009.12.07 12:11	1.6343	0.00	170.00
4799538	2009.12.07 12:22	buy limit	0.01	gbpusd	1.6340	0.0000	0.0000	2009.12.07 12:23	1.6364		
4826982	2009.12.08 12:16	buy	0.01	gbpusd	1.6340	0.0000	0.0000	2009.12.08 12:19	1.6333	0.00	-0.70

图 6-83　账户历史明细

6.3.7　添加技术指标

作为投资初学者，以下几项技术指标非常实用，应用广泛而且容易上手。

在本处只介绍技术指标如何添加，在前面的章节中已经介绍技术指标的具体用法。

1. 添加 Stochastic Oscillator 指标

点击“技术指标”按钮，如图 6-84 所示，添加 Stochastic Oscillator 指标。

此指标和 KDJ 极为相似，但只有 K 和 D 线，没有 J 线。

通常的 KDJ 指标，设置时分别为 K：9 D：3 J：3

不过 MT4 默认是 K：5，这是由于外汇保证金交易有大部分投机者只采用超短线交易，KDJ 指标 9：3：3 配置适用于日线图，而对于 5 分钟图和 15 分钟图，建议使用 5：3：3，1 小时和 4 小时图则可使用 7：3：3，实际应用中，初学者不会感到很大差异，随着投资技术的进步，投资者会领悟到不同货币对，每日波动幅度也不相同。MT4 的好处是任何指标都可以自己进行详细设置，甚至开发适合自己的技术指标（见图 6-85）。

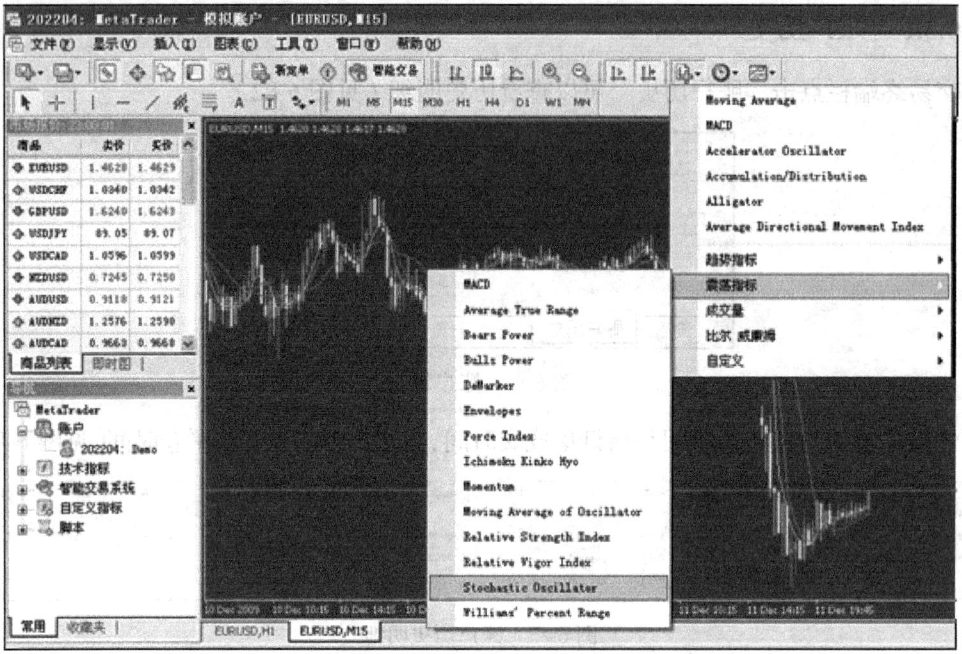

图 6-84　添加 Stochastic Oscillator 指标

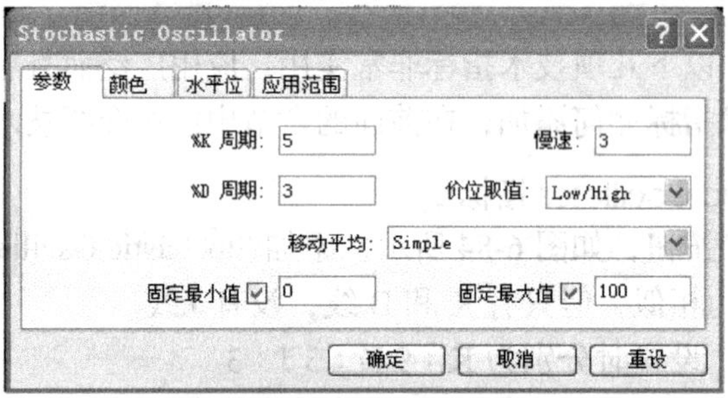

图 6-85　设定参数

2. 添加 RSI 指标

点击“技术指标”按钮，找到 Relative Strength Index 技术指标，进行添加（见图 6-86）。

MT4 默认的时间周期是 14，实际上所有的技术指标时间周期的意义都是相同的，意义都是一个：以几根 K 线蜡烛来进行计算（见图 6-87）。

举例来说：RSI 指标时间周期设定为 14，意味着价格趋势主图中，每出现 14 根蜡烛图，RSI 就会进行计算。换句话说，时间周期越短暂，也就意味着该技术指标在应用中越敏感，但同样的，越敏感的技术指标，意味着准确度就越低。

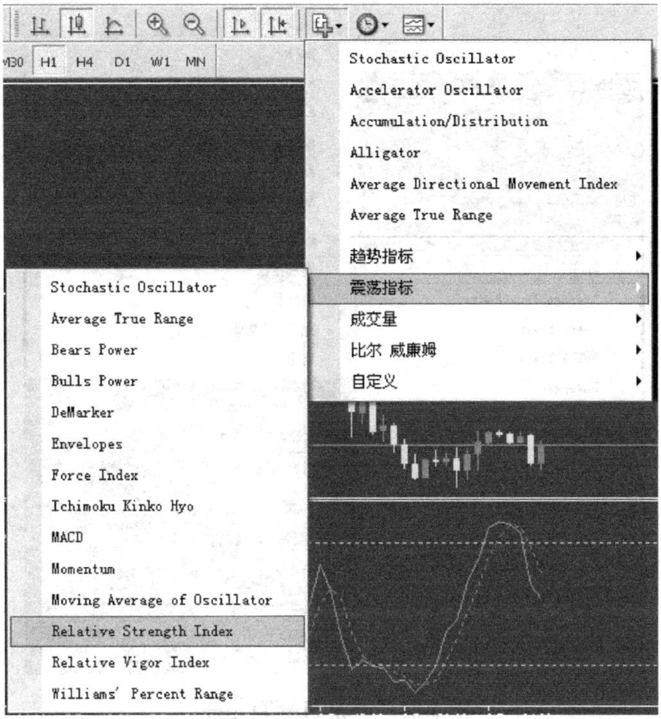

图 6-86　添加 RSI 指标

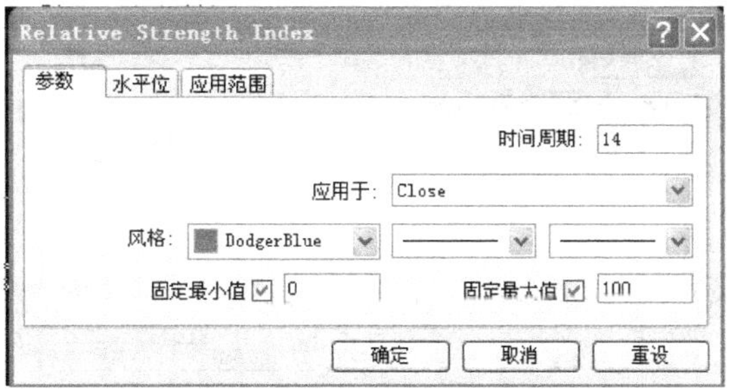

图 6-87　设定参数

3．添加 MACD 指标

点击“技术指标”按钮，找到 MACD 技术指标，进行添加。

图 6-88 所示为 MACD 指标所在位置。

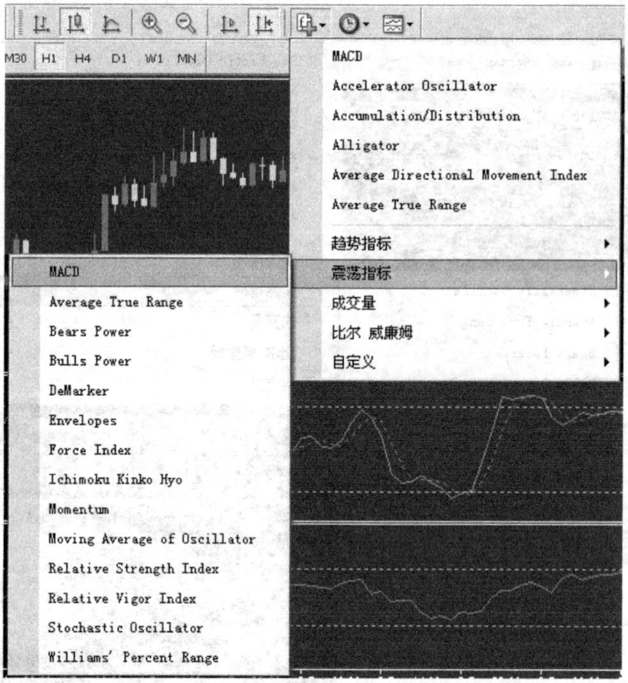

图 6-88　添加 MACD 指标

在参数设置时，点击“水平位”—“添加”—“确定”（见图 6-89）。

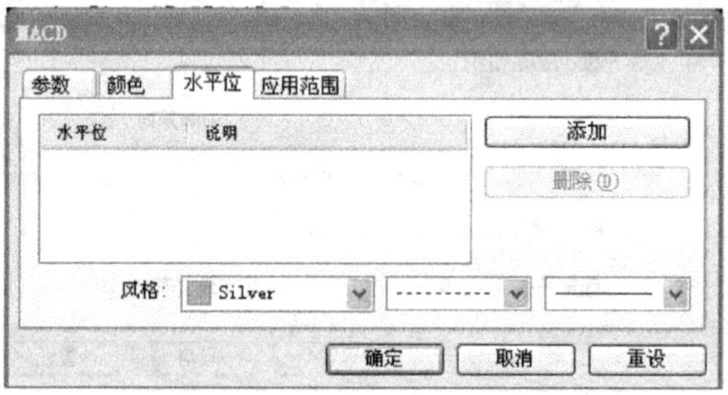

图 6-89　设定参数

4．添加移动平均线 Moving Average

添加完之前的三个指标后，请按照图 6-90 所示，建立一个新的窗口，并点击技术指标按钮，选择 Moving Average（移动平均线）。

投资者可根据自己的投资习惯选择时间周期、移动平均线颜色等（见图 6-91）。

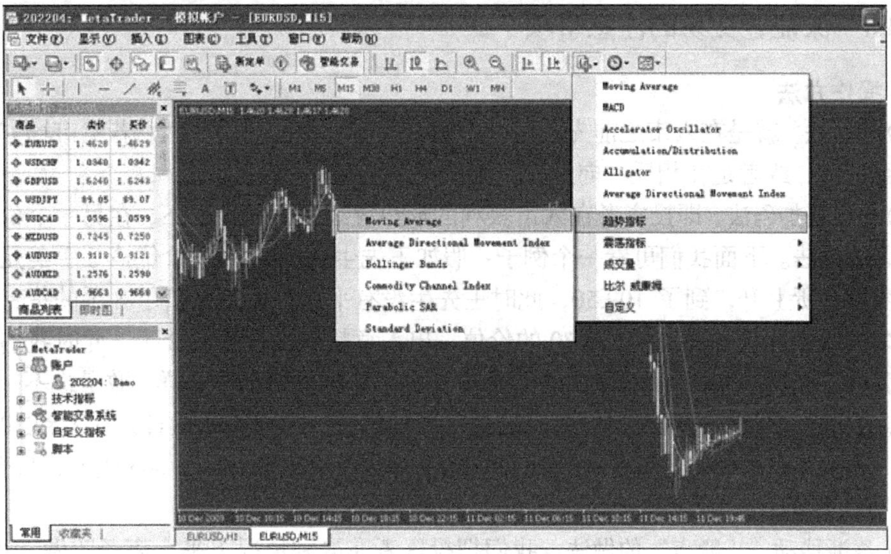

图 6-90 添加移动平均线 MA

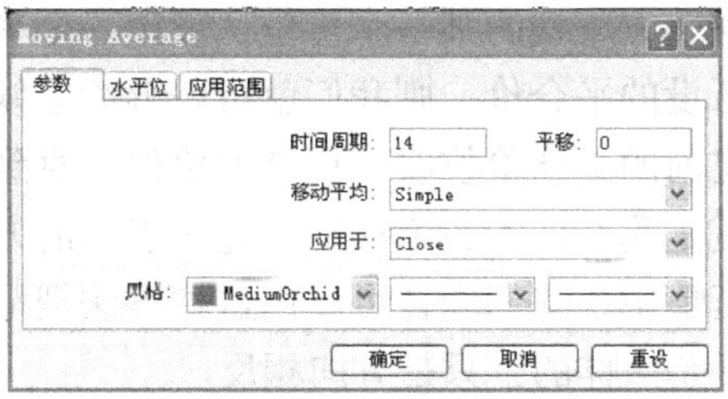

图 6-91 设定参数

按照上述方法，可以对此图反复进行移动平均线添加。价格走势主图上将光标对准想修改的 MA 线，点击右键即可进行修改或删除（见图 6-92）。

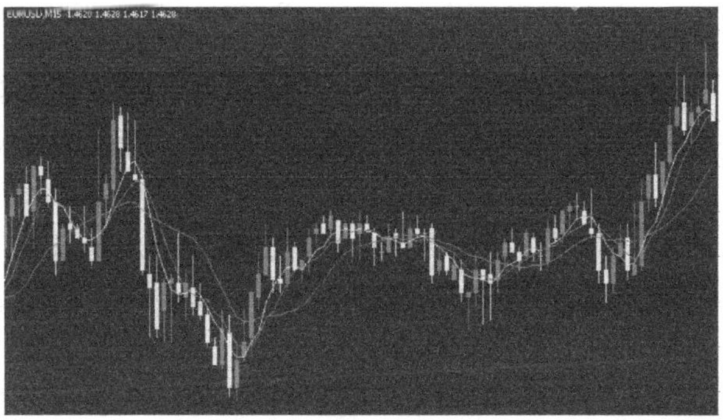

图 6-92 选择均线周期及颜色

6.3.8 保证金交易的注意事项

1．操作方法

（1）目标法。就是在入市之前先设定一个赢利目标，此法风险较大，若然市场方向长期达不到目标位，或者是在相反方向运作，则损失就会很大。

（2）金字塔加码法。即投资者在入市获利的形势继续利好的情况下，在另一个价格区域加大筹码的做法。下面我们可看一个例子：假如王先生在 109.20 的价位揸 5 手美元兑日元后，市场价有所上升，到了 109.50，此时王先生没有平仓，而是又揸了 3 手的货，美元兑日元继续维持上升状态，到了 109.70 的价位，出人意料王又再揸了 2 手，此时我们可以看到前前后后王先生一共揸了 10 手的货，而且三次做单的价格都不一样，数量也不一样，呈一个“金字塔”形状。这就是我们所说的金字塔加码法，如果美元兑日元在上到 109.80 的时候，王先生此时平仓，这就是一次比较成功的操作了，赢利达到 3 003 美元，拆合 RMB 就是 25 000 多元了。

（3）逐渐移动“止赚点”的做法。我们把投资者在赢利情况下平仓离场叫做“止赚”，把平仓的价位叫做“止赚点”。逐渐移动“止赚点”的做法就是：当我们揸货赚钱的时候，不马上以现价平仓，而是在上方赚钱的某一个价位，设定一个平仓价位，如果市场价格一路上涨，而没有跌到我们所设的平仓价，则我们就可以继续守候更大的利润，一旦价格再加大涨幅，我们又可以把之前的平仓价位改成更高的价位，直到市场回调价格到达我们的平仓价位才平仓出局，这就是我所说的逐渐移动“止赚点”的方法，当然揸货是在上涨的行情时做，至于在下跌的行情中，我们同样可以用这种方法把沽货的止赚点往下方移动，这与揸货上移止赚点的效果是一样的，只是方向相反。

（4）获利逐级平仓法。就是投资者在入市有获利后，先行平掉部分头寸实现入账赢利，余下获利仓继续持有，以期赢取更大利润的做法。此种方法主要是对之前仓位的减少，在投资者有获利后而难以判断后市时，又担心已有利润会消失，所以就先行收取部分赢利，余下的仓位继续持有，此方法比较适合怕承担风险的人士使用。

2．投资大忌

（1）想赢怕输。大家做外汇都是为了赢钱，想赢钱而不想输钱，但是如果一个投资者连输钱的勇气都没有的话，又怎样有胆量去赢钱呢？没有失败的教训又怎么会有成功的经验呢？

（2）贪小失大。有些投资者往往见到市场稍有波动就杀入场以图几点的利润，而一旦行情反转非但投资者不能获利，其损失却往往较大。这就告诉我们做单不要贪图小利而导致大幅度的损失。

（3）不肯止损。在外汇的操作中最忌的就是不肯止损，有的投资者在判断方向失误之后，不肯承认错误，或是不忍心下手平仓，却不知这样的结果却是造成了更大的损失。一般我们一张的亏损单的亏损额控制在总额的 10%是比较合理的。

（4）重仓操作。重仓操作同样对投资者害处极大，外汇市场波动极大，如果投资者账上没有足够的资金去应付它的波动的话，所持仓位在很大程度上由于资金不足而给强行平仓。

（5）频繁交易。有这样一句话“交易多亏损越多”，因为人的精力是有限的，长时间保持一个较好的状态是比较困难的，频繁的交易往往会使人更加精神疲惫而对市场判断失误，导致损失惨重。

本章小结

- 通过中国工商银行个人外汇买卖业务模拟系统和世华财讯的外汇模拟系统分别介绍了外汇实盘交易和外汇保证金交易的操作流程。仿真了商业银行和经纪公司的个人外汇实盘交易和保证金交易。
- MetaTrader 交易平台基本操作，通过实际操作的流程介绍，仿真了外汇保证金交易的整个流程。使读者从外汇保证金的概念、特点认识了保证金交易，并且通过图例，一步步掌握 MT4 交易平台的基本使用方法，并且对初级技术分析有了一定的了解。

复 习 题

1. 操作题

在国内各家商业银行中，选择两家银行（包括国有商业银行、股份制商业银行），登录相关网站查阅个人外汇交易的信息，了解该银行个人外汇交易的流程规则和交易步骤，以及相关的术语。

2. 实训题

【实训任务 1】

登录工商银行外汇模拟交易系统，完成以下任务并回答相关问题：

（1）叙做卖出美元买入欧元的即时交易，金额为 1 000 美元。

（2）叙做卖出美元买入欧元的获利委托，金额为 1 000 美元，委托时间为 24 小时，获利价格设定为与即时汇率相差 50 个点。问题：

1）获利价格应为多少？

2）即时汇率如何变动，变动到多少时该委托会被执行？

（3）叙做卖出美元买入欧元的止损委托，金额为 1 000 美元，委托时间为 24 小时，止损价格设定为与即时汇率相差 50 个点。问题：

1）止损价格应为多少？

2）即时汇率如何变动，变动到多少时该委托会被执行？

（4）叙做卖出美元买入欧元的双向委托，金额为1 000美元，委托时间为24小时，获利价格和止损价格均设定为与即时汇率相差50个点。问题：

1）获利价格和止损价格各应为多少？

2）即时汇率如何变动，变动到多少时该委托会被执行？执行结果如何？

（5）叙做卖出美元买入欧元的获利委托，金额为1 000美元，委托时间为24小时，获利价格设定为与即时汇率相差50个点。并追加一个止损委托，委托时间为1天，委托价格设定为与原委托价格相关50个点。问题：

1）说明该追加委托的内容？

2）即时汇率如何变动，变动到多少时追加委托会生效（思考追加委托什么情况下生效）？

3）如原获利委托执行，市场汇率接着如何变动，变动到多少，追加委托会被执行？分析追加委托执行的结果。

【实训任务2】

进入MT4外汇模拟交易系统登录页面，完成以下任务：

（1）注册一个账号后，用该账户登录进入外汇模拟交易系统。

（2）修改主图中的K线颜色（阳线红色，阴线绿色），并找到以下2根K线：

1）带有较长上影线；2）带有较长下影线。

（3）分别圈出并做截图。

（4）简要说明其含义。

【实训任务3】

使用已注册完成的模拟交易账号，进行模拟交易操作。使用即时和委托两种交易方法，进行外汇保证金交易。

【实训任务4】

结合第4章所学内容，在MT4平台中设定4个技术指标（分2个窗口，每个窗口2个指标），在技术指标分析的基础上，每个窗口至少做一笔交易，要求写明每次交易的入场原因，持仓过程，平仓原因并且要求截图保存。

【实训任务5】

根据行情分析，结合第四章所学内容，在MT4平台中进行2次完整的交易（多头—平仓；空头—平仓），无论交易是否赢利，请写出2次交易的整个过程。要求：

（1）写明每次交易的入场原因（即行情分析），持仓过程，平仓原因并且要求截图保存。截图中标明真实的买点和卖点。

（2）行情分析中使用课上讲到的方法，如K线（组合）、趋势线、技术指标等，在截图中要有所体现。

第 4 篇

传统外汇交易

第7章

即期外汇交易

本章学习目标

- **知识目标**　了解银行间以及银行与客户间即期外汇买卖的程序，懂得个人实盘外汇买卖的交易步骤和交易方式，掌握利用即期外汇买卖进行外汇保值和投机的操作。
- **技能目标**　能够运用柜台、电话和网络等交易形式进行即期外汇交易，能够进行即期汇率的计算。

学习导航

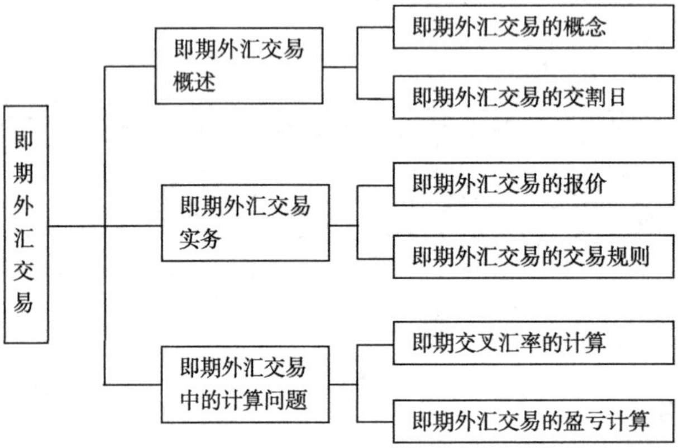

课前导读

小张是一家大型跨国贸易公司的财务部经理，每天为公司业务忙得焦头烂额。一天下午，小张正在看上月的会计报表，突然桌上的电话铃响了，原来是上海分公司财务经办李小姐。“张经理，进口欧洲的那批设备下个月到港，后天就要给外商支付首付款560万欧元，但现在咱们账户上只有 120 万欧元，倒是有 3 000 万美元的富余，怎么办？”小张不假思索地说：“这好办啊，找中国银行做即期外汇交易不就得了？”

按照小张的指点，李小姐找到中国银行上海分行资金业务经理小王，以当天市场价格欧元/美元=1.3222 的价格买到了需要的欧元，顺利完成了对外支付。

即期外汇交易是国际外汇市场上最常见、最普遍的交易形式，因此学习外汇交易业务，应从即期外汇交易入手。

7.1 即期外汇交易概述

7.1.1 即期外汇交易的概念

1. 什么是即期外汇交易

即期外汇交易（Spot Transaction）又称现汇交易，是指买卖双方按照外汇市场上的即时价格成交后，在两个营业日内办理交割的外汇交易。即期外汇买卖的汇率称为即期汇率。

即期外汇交易可发生于银行之间，也可发生于银行与客户之间。它在外汇市场各类交易中居于首位，是外汇交易中最基本的交易。

例如，某公司需要在星期三归还贷款 100 万美元，而该公司持有日元。它可以在星期一按 1 美元=110.00 日元的即期汇率向中国银行购入 100 万美元，同时出售日元。星期三，该公司通过转账将 11 000 万日元交付给中国银行，同时中国银行将 100 万美元交付给公司，该公司便可用美元归还贷款。

2. 即期外汇交易的种类

从交易主体来分，即期外汇交易可分为个人企业的柜台业务和银行间的交易；从币种来分可分为本币与外币的交易以及外币与外币的交易。下面从交易主体的角度进行简单介绍。

（1）柜台业务。主要包括：

1）货币兑换，即客户与银行间的货币兑换。

2）汇出汇入汇款，指无外币委托汇款。

3）出口收汇与进口付汇，即汇款方式在国际贸易上的应用。

（2）银行间的交易。银行间的交易通过专门的交易机进行，一般是由银行内部的资金部门或外汇交易室通过路透社交易机（路透社终端）或德励财经交易系统来完成。

以路透机交易为例，交易员首先通过交易机的键盘输入对方银行四个英文字母代号，呼叫该银行，待叫通后，荧屏上即开始显示双方对话内容。

个案思考与分析 7-1

某日中国银行广东省分行外汇资金部与香港中银集团外汇中心的一笔通过路透社终端进行的USD/JPY外汇交易的对话实例，反映了整个即期交易过程。

BCGD：GTCX SPJPY2 PLS

[解释：SPJPY为即期日元；2为2手；PLS为please。]

GTCX：106.16/26

[解释：买入价JPY/USD 106.16；卖出价JPY/USD 1.704 0。]

BCGD：YOURS

[解释：卖给你（表示卖出）。用美元换日元。]

GTCX：OK DONE CFM AT 1.703 5

[解释：CFM为confirm表示确认；AT为在1.703 5的价格。]

WE BUY USD 2MIO AG JPY

[解释：我按此比价买200万美元；AG（against）为比价。]

VAL 25 JUNE，2008

[解释：起息日为1993年6月25日；VAL（value)为起息日。]

OUR USD PLS TO A BANK AC NO.XXX

[解释：请将美元打到我们在A银行的账户，账号为XXX；AC（Account)为账户。]

TKS FOR THE DEAL N BI

[解释：TKS为谢谢；DEAL为交易；N为and；BI为拜拜。]

BCGD：AL AGREED MY JPY PLS TO B BANK AC NO.YYY

[解释：都按你的意思，请将日元打到我在B银行的账户，账号为YYY。AL为all。]

TKS N BIBI FRD

[解释：FED为friend。]

（注：GTCX为香港中银外汇中心在路透社交易系统的交易代码。

BCGD为中国银行广东分行在路透社交易系统的交易代码。

MINE为表示买进；MIO为million。）

其交易程序为：询价—报价—成交—证实，其中报价环节是最重要的（这些内容将在下一节介绍）。

3．即期外汇交易的功能

即期外汇交易占外汇市场业务量的一半以上，特别是在浮动汇率情况下，进出口商为了防范汇率变动风险和加速资金的周转，外汇银行为了及时平衡外汇头寸，都大量进行即期外汇交易。概括起来，即期外汇交易的功能主要有以下几点。

（1）满足客户临时性的支付需要。通过即期外汇买卖业务，客户可将手上的一种外币即时兑换成另一种外币，用以应付进出口贸易、投资、海外工程承包等的外汇结算或归还外汇贷款。

（2）帮助客户调整手中外币的币种结构。例如，某公司遵循“不要把所有的鸡蛋放在同一个篮子里”的原则，通过即期外汇买卖，将其全部外汇的 15%由美元调整为欧元，10%调整为日元，通过此种组合可以分散外汇风险。

（3）是外汇投机的重要工具。这种投机行为既有可能带来丰厚利润，也可能造成巨额亏损。

7.1.2　即期外汇交易的交割日

交割（Delivery or Settlement）是指买卖双方履行合约、进行钱货两清的行为。进行交割的当天称为交割日，也称结算日、起息日（Value Date / Delivery Date）。

即期交易的交割日，因交易市场和交易币种的不同分为三种类型：

（1）T＋0，即当日交割（Value Today），指在成交当日交割。

（2）T＋1，即隔日交割（Value Tomorrow），指在成交后第一个营业日交割。

（3）T＋2，即标准交割日（Value Spot），又称即期交割，指成交后第二个营业日交割。国际外汇市场上，除特别声名外，一般采取 T+2 交割模式，这是惯例，主要是适应全球外汇市场的 24 小时运作与时差问题。

营业日是指在实际进行交割的双方国家内银行都营业的日子，如果遇到某一国的银行假日，则交割日要顺延，但对于美元对其他货币的交易，按照国际惯例，如遇到美国银行假日，则交割日不必顺延。

个案思考与分析 7-2

东京甲银行和伦敦乙银行在星期一达成一笔英镑对日元的即期交易，问交割日应该是哪一天?

	东京	伦敦	
星期一	营业日	营业日	交易日
星期二	营业日	营业日	
星期三	营业日	营业日	交割日

想一想　以上交易如果遇上节假日怎么办?

	东京	伦敦	
星期一	营业日	营业日	交易日

星期二	营业日	假日	
星期三	营业日	营业日	
星期四	营业日	营业日	交割日

个案思考与分析 7-3

东京甲银行和纽约乙银行在星期一达成一笔美元对日元的即期交易，若周二是美国银行假日，问交割日应该是哪一天？

	东京	伦敦	
星期一	营业日	营业日	交易日
星期二	营业日	假日	
星期三	营业日	营业日	交割日
星期四	营业日	营业日	

想一想 以上交易中，若周三是日本银行假日，问交割日应该是哪一天？

	东京	纽约	
星期一	营业日	营业日	交易日
星期二	营业日	营业日	
星期三	假日	营业日	
星期四	营业日	营业日	交割日

7.2 即期外汇交易的应用

7.2.1 即期外汇交易的报价

1．报价依据

在即期外汇市场上，任何一家外汇银行报出的买卖价格，都是客户可以自由买卖的价格，外汇银行要对其报出的价格承担责任。因此，外汇银行的交易员在接到客户询价后决定如何报价时，一般要考虑多方面的因素，作为报价依据。

（1）市场行情。市场行情是银行报价时的决定因素，主要包括市场价格和市场情绪。前者指市场上一笔交易的成交价格，或者市场上核心成员的买价或卖价；后者指汇价的升跌趋势，这主要依赖于报价人的直觉判断，一般在行情趋升时，报价偏高，反之则偏低。

（2）报价行现时的外汇头寸。报价行在接到客户询价时，若持有所询货币多头且金额较大，则报价偏低；反之，则提高报价，以吸引询价者抛售。

（3）国际经济、政治及军事最新动态。报价行所在国家及西方主要国家（如美国、英国、德国、日本等）的繁荣与衰退、财政盈余与赤字、国际收支的顺差与逆差、政治军事的动荡与稳定等，均会引起外汇行市的动荡不安。报价行需要时刻注意并以此调节本行的报价。

（4）询价者的交易意图。外汇交易员凭经验对询价者的意图进行判断，借此调整报价。若判断对方意欲卖出某种货币，则会稍稍压低报价；反之则会抬高一点。但这种估计和判断不一定完全准确。

2．报价惯例

当客户向银行询价时，银行应立即向其报出该外汇的即期汇率，作为成交的基础。为了保证外汇交易的正常运行，各地外汇市场逐渐形成了一些约定俗成的惯例。

（1）统一报价。除有特别说明外，外汇市场上交易的货币，均以美元为报价标准。例如，向银行询问日元和港元的价格时，银行报出的是美元兑日元和美元兑港元的价格。要想知道日元兑港元的价格，还要进行套算。

（2）报价简洁。在实际操作中，为了节省时间，外汇交易员只报汇价的最后两位数。例如，某日客户询问英镑兑美元的汇率时，银行在即期汇率 1.971 9/1.972 9 的基础上，只报出 19/29。

（3）双向报价。银行同时报出买入价和卖出价，二者的差额称为差价，也叫“点差”。

在直接标价法下，前面较小的数字是外币的买入价，后面较大的数字是外币的卖出价；在间接标价法下，前面较小的数字是外币的卖出价，后面较大的数字是外币的买入价。

（4）数额限制。交易额通常以 100 万美元为单位，即通常所说的一手为 100 万美元，交易额为 100 万美元的整数倍，如 Five Dollar 表示 500 万美元。

（5）交易术语规范化。迅速变化着的汇率，要求交易双方以最短的时间达成一项交易。因此，交易员为节省时间，通常采用简洁明了的规范化语言即行话，做到省时省事。

7.2.2　即期外汇交易的交易规则

1．常用的交易术语

BUY	买进
TAKE	买进
BID	买进
MINE	我方买进
CIVE	卖出
SELL	卖出
OFFER	卖出

YOURS	我方卖出
MARKET MEKER	报价行
I SELL YOU FIVE USD	我卖给你 500 万美元
VALUE	起息日
ODD DATE	不规则起息日
BROKEN DATE	不规则起息日
DEAlING PRICE	交易汇价
INDICATION RATE	参考汇价

个案思考与分析 7-4

ABC：CHF5

XYZ：1.532 0/30

ABC：20 Done

My CHF to Zurich A/C

XYZ：OK Done

CHF at1.5 320 We Buy USD5 Mio AG CHF Val May 10 USD to XYZ NY

YKS for Calling N Deal BIBI

ABC：YKS for Price BIBI

上述术语解释如下：

ABC：500 万美元对换瑞士法郎的价格是多少？

XYZ：USD/CHF = 1.5320/30

ABC：以 1.532 0 的价格卖出 500 万美元，将瑞士法郎汇入我的苏黎世银行账户上。

XYZ：同意成交，以 1.532 0 的价格买入 500 万美元，交割日为 5 月 10 日，并将美元汇入纽约 XYZ 银行，谢谢你的询价并交易。

ABC：谢谢你的报价。

2．银行同业间即期外汇交易程序

（1）自报家门。询价方必须先说明自己的名称，以便让报价行知道交易对手是谁，并决定其交易对策。

（2）询价。一般包括交易货币的价格、金额、交割期限等。例如，询价方：What is your spot USD JPY, pls?

（3）报价。交易员在接到某种货币的询价后，立即报出该货币的买入价和卖出价，这是外汇买卖成交的基础。例如，报价方：20/30。

（4）成交。询价方在报价方报出汇价后，应立即做出反应，或者成交，或者放弃，而不应该与报价方讨价还价。一旦报价行交易员说："成交了"（OK, done.），合同即告成立，双方就要受合同的约束。

（5）证实。交易双方就交易内容（包括买卖方向、交易汇率、交易金额、交割日、收付账户等）进行重复确认，以防止错漏和误解。

交易结束后，若发现原证实有错误或遗漏，交易员应尽快与交易对手重新证实，其内容必须得到交易双方的同意方可生效。

（6）交割。双方按照对方的要求将卖出的货币及时准确地汇入到对方指定银行的账户中。这是买卖双方结算各自款项，了结债权债务关系的行为。

3. 即期外汇交易实例

个案思考与分析 7-5

询价方：What's your spot USD JPY, pls?

报价方：104.20/30

（也可以写作 20/30 或 104.20/104.30。）

询价方：Yours USD 1 或 Sell USD 1.

或者：Mine USD1 或 Buy USD1.

报价方：OK, done.

上述术语解释如下：

询价方：请问即期美元兑日元报什么价？

报价方：USD/JPY=104.20/30。

询价方：我卖给你 100 万美元。（或者我买进 100 万美元。）

报价方：好，成交。

个案思考与分析 7-6

ABC：HKD/JPY 3HKD

XYZ：14.750/70

ABC：My Risk

ABC：NOW PLS

XYZ：14.755 Choice

ABC：Sell HKD 3 PLS to ABC Tokyo A/C

XYZ：OK Done、JPY at 14.755 We Buy HKD 3 Mio AG JPY Val May 10 HKD to Hong Kong A/C、TKS for Deal

ABC：TKS for Price

上述术语解释如下：

ABC：请问港元与日元的套算汇率，金额为300万港元

XYZ：HKD/JPY=14.750/70

ABC：我不满意（ABC可能再次向XYZ询价）

ABC：（再次询价）

XYZ：以14.755的价格任ABC选择买与卖（当报价行报出Choice时一定做交易，ABC不好以此做借口而不做交易）

ABC：卖出300万港元，日元汇入我在东京银行账户上。

XYZ：成交，以14.755的价格买入300万港元，卖出日元，交割日为5月10日，港元汇入我在香港银行账户上，谢谢交易。

ABC：谢谢报价。

7.3 即期外汇交易的计算

7.3.1 即期交叉汇率的计算

（1）在两组汇率中，若基准货币相同，报价货币不同，求报价货币的比价，则交叉相除。

个案思考与分析 7-7

已知　USD/CNY=8.2760/80（1）

　　　USD/HKD=7.7860/80（2）

求　HKD/CNY（或 CNY/HKD）

解：根据计算法则"交叉相除"，即

8. 276 0 ~ 8. 278 0

7. 786 0 ~ 7. 788 0

则 HKD/CNY=（1）/（2）

=（8.2760÷7.7880）/（8.2780 ÷ 7.7860）

= 1.0627/31

分析：

第一步，求HKD对CNY的买入价。相当于银行卖出USD，买入HKD；同时买入等量USD，卖出CNY。

银行卖出 USD，买入 HKD 的价格为 USD1=HKD7.7880；

银行买入等量 USD，卖出 CNY 的价格为 USD1=CNY8.2760，

则 CNY8.2760=HKD7.788 0

即 HKD1=CNY1.0627

（1.0627=8.2760÷7.7880）

第二步,HKD 对 CNY 的卖出价。相当于银行买入 USD 卖出 HKD;同时卖出等量 USD，买入 CNY。

银行买入 USD 卖出 HKD 的价格为 USD1=HKD7.7860；

银行卖出等量 USD，买入 CNY 的价格为 USD1=CNY8.2780，

则 HKD7.7860=CNY8.2780

即 HKD1=CNY1.0631

（1.063 1=8.2780÷7.7860）

第三步，得出结果：HKD/CNY=1.0627/1.0631。

（2）在两组汇率中，若报价货币相同，基准货币不同，求基准货币的比价，则交叉相除。

个案思考与分析 7-8

已知　EUR/USD=1.1020/40（1）

　　　AUD/USD=0.6240/60（2）

求　EUR/AUD（或 AUD/EUR）

解：由于分析原理同上，故分析过程略。

根据计算法则“交叉相除”，即 1.102 0 ~ 1.104 0

0.624 0 ~ 0.626 0

则 EUR/AUD=（1）/（2）

（1.1020 ÷ 0.6260）/（1.1040 ÷ 0.6240）

= 1.7604/92

（3）在两组汇率中，若某种货币分别为基准货币和标价货币，求另一基准货币和标价货币的比价，则同边相乘。

个案思考与分析 7-9

已知　EUR/USD=1.1020/40　　　（1）

　　　USD/CNY=8.2760/80　　　（2）

求　EUR/ CNY（或 CNY/ EUR）

解：根据计算法则“同边相乘”，即 1.102 0 ~ 1.104 0

↓　　↓

8.276 0 ~ 8.278 0

则 EUR/ CNY=（1）×（2）

=（1.1020×8.2760）/（1.1040×8.2780）

= 9.1202 / 9.1389

7.3.2　即期外汇交易的盈亏计算

（1）掌握几个术语。

买入量>卖出量：超买、多头寸、多头。

卖出量>买入量：超卖、缺头寸、空头。

（2）计算过程如下。

个案思考与分析 7-10

假设某日某客户做了如下几笔美元对日元的交易：

买入美元 100 万，汇率为 100.00

买入美元 200 万，汇率为 100.10

卖出美元 200 万，汇率为 98.80

卖出美元 100 万，汇率为 99.90

买入美元 100 万，汇率为 99.60

收盘汇率为 99.20/30。该客户在收盘时的头寸如表 7-1 所示。

表 7-1　收盘时的头寸情况　　单位：10 000 元

美元		汇率	日元	
买入	卖出		买入	卖出
100	—	100.00	—	10 000
200	—	100.10	—	20 020
—	200	98.80	19 760	—
—	100	99.90	9 990	—
100	—	99.60	—	9 960
当日累计 400	当日累计 300	收盘汇率 99.20/30	当日累计 29 750	当日累计 39 980
多头寸 100			缺头寸 10 230	

分析：从表 7-1 可以看出，当日该客户的头寸状况为美元多头寸 100 万，日元缺头寸 1.023 0 亿。

（1）若把超买的 100 万美元换成日元，则为 $100\times99.20=9920$（万日元），

以日元计算，则亏损 310 万日元（10 230 万—9920 万）。

（2）若把超卖日元补进则需要：$10230\div99.20=103.12$（万美元），

以美元计算，则亏损 3.12 万美元（100 万–103.12 万）。

补充阅读资料 7-1

外汇头寸

外汇头寸是指外汇银行买卖外汇所持有的各种外币账户的余额状况。一般来讲，外汇头寸的状况是保持不变的。但银行在经营过程中不可避免地会出现买卖不平衡的状况。如果银行买入某种外币的数额超过卖出的数额，则称为该种货币的“多头”或超买；如果某种外币卖出超过买进，则称为该种货币的“空头”或超卖。买卖持平而不增不减则为“轧平”。若把各种外币各种期限的头寸汇总计算净余额，则称为“总头寸”。银行为外汇“多头”或“空头”都要承担汇率变动的风险，为了稳妥经营，银行一般遵循买卖平衡原则。若出现“多头”，就需要将多余的部分卖出；若出现“空头”，就需要买进短缺部分，以“轧平”头寸。这种掩护性的外汇买卖称为抛补。若对“多头”和“空头”不加以掩护，任其承受汇率风险，则称为敞口头寸或“风险头寸”。

补充阅读资料 7-2

国内银行的即期外汇交易

这里以中国银行为例，介绍国内银行的即期外汇交易情况。

1. 程序

要求有进出口贸易合同，在中国银行开证并在中国银行开立相应的外币账户，账户中有足够支付的金额。携带以银行为收款人的转账支票，直接将卖出货币转入银行。

外汇买卖金额不得低于 5 万美元。低于 5 万美元的交易则按当天中国银行外汇牌价进行买卖。

按要求填写《保值外汇买卖申请书》，由企业法人代表或有权签字人签字并加盖企业公章，向银行咨询交易。

2. 注意事项

外汇买卖价格由银行参照国际市场价格确定，客户一旦接受银行报价，交易便成立，客户不得要求更改或取消该交易，否则由此产生的损失及费用由客户承担。

客户在填制《保值外汇买卖申请书》时，须向银行预留买入货币的交割账号，交易达成后，银行在交割日当天把客户买入的货币划入上述指定的账户。

客户可通过电话或预留交易指令的方式在银行办理即期外汇买卖。客户申请通过电话交易，须向银行提交由企业法人代表签字并加盖公章的《委托交易授权书》，指定被授权人可通过电话方式与银行做即期外汇买卖交易，同时，被授权人必须在银行预留电话交易密码。通过电话交易后第二个工作日，客户还需向银行补交成交确认书，若对已达成的交易有争议，以银行的交易电话录音为准。

3. 即期外汇买卖业务流程

即期外汇买卖业务流程如图7-1所示。

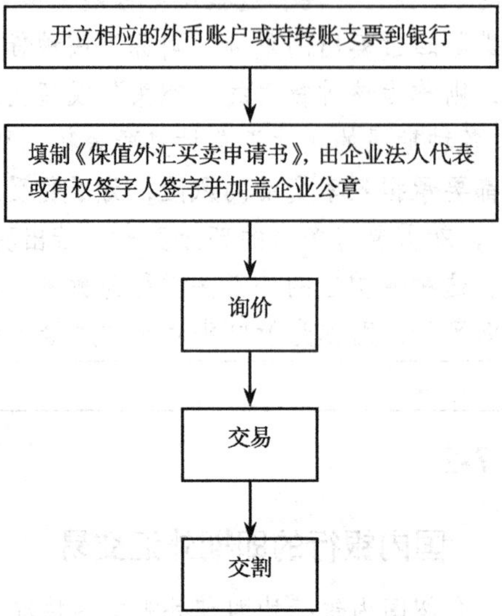

图7-1 即期外汇买卖业务流程

本章小结

- 即期外汇交易概述，包括即期外汇交易的概念以及即期外汇交易交割日的推算。
- 即期外汇交易实务，包括即期外汇交易的报价和即期外汇交易的交易规则。
- 即期外汇交易中的计算，包括即期交叉汇率的计算以及即期外汇交易盈亏的计算。

复 习 题

1．填空题

（1）即期外汇交易又称________，是指外汇买卖双方成交后在________内进行交割的外汇交易方式。

（2）市场上 GBP/USD 为 1.943 0/40，游客 A 买入美元的价格是________，卖出美元的价格是________。

2．选择题

（1）以下哪些属于即期外汇交易的交割日（　　）。

A．成交的当日　　B．成交后的第一天　　C．成交后的第二天

D．成交后的第 1 个营业日　　E．成交后的第 2 个营业日

（2）若今天是 6 月 23 日星期四，那么 T+2 即期交易日期是（　　）

A．6 月 23 日　　B．6 月 24 日　　C．6 月 25 日　　D．6 月 27 日

（3）报价行对询价行 USD/JPY 的即期报价是 129.90/00，询价行说：“I take 5”，意思是（　　）。

A．询价行以 129.90 的汇率买入 500 万美元

B．询价行以 129.90 的汇率买入 500 万日元

C．询价行以 130.00 的汇率买入 500 万美元

D．询价行以 130.00 的汇率买入 500 万日元

（4）如果你分别以 1.451 2 、1.453 0、1.452 2 的汇率卖出 200 万美元、800 万美元和 300 万美元。你的头寸的平均汇率是（　　）

A．1.453 0　　B．1.452 1　　C．1.500 8　　D．1.452 5

3．分析题

（1）现在市场相对平静，某报价行目前拥有汇率为 127.00 的 1 000 万美元的空头头寸，且从纽约获得以下消息：“美联储将对美元进行干预，使之更加坚挺。买入美元的数额估计将会很大。”市场上其他交易商的 USD/JPY 报价如下：① 127.91/01 ② 127.92/02 ③ 127.03/08④ 129.89/99，这时交易商 A 接到了一个询价，请问该某报价行将如何回复询价？并做具体分析。

（2）市场消息显示：英国上月贸易赤字为 23 亿英镑，而不是市场预测的 5 亿英镑。某

报价行现在的头寸是多空持平，同时接到一个即期 GBP/USD 询价，市场上其他交易商的报价是：① 1.950 5/15 ② 1.950 7/17 ③ 1.950 0/10 ④ 1.950 2/12 ⑤ 1.950 3/13 ⑥ 1.950 6/16，请问该某报价行将如何回复？并做具体分析。

4．实训题

技能训练一：计算交叉汇率

（1）已知 USD/HKD=7.7945/80；USD/JPY=141.75/80，求 HKD/JPY。

（2）已知 AUD/USD=0.7317/25；USD/HKD=7.8075/80，求 AUD/HKD。

（3）已知 GBP/USD=1.9472/79；EUR/USD=1.2153/60，求 GBP/EUR。

技能训练二：即期外汇交易的盈亏计算

假设某日某客户 A 做了如下几笔英镑对美元的交易：

买入英镑 500 万，汇率为 1.971 9

买入英镑 200 万，汇率为 1.972 5

卖出英镑 600 万，汇率为 1.973 0

卖出英镑 300 万，汇率为 1.971 5

买入英镑 400 万，汇率为 1.972 8

若收盘汇率为 GBP/USD=1.9730/35，试计算

（1）该客户当日账户上的头寸数额。

（2）分别以美元和英镑计算该客户当日亏损情况。

第 8 章

远期外汇交易

本章学习目标

- **知识目标**　了解我国远期外汇交易的状况，懂得远期外汇交易的含义，掌握远期外汇交易如何运用。
- **技能目标**　学会远期汇率及远期交叉汇率的计算方法，能够进行远期外汇交易保值的操作。

学习导航

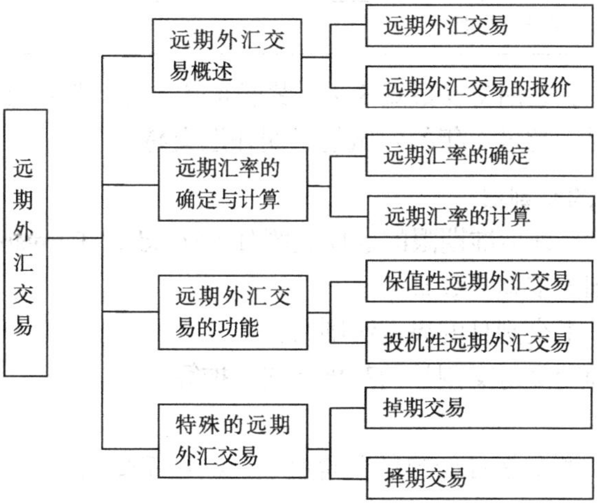

课前导读

某日本进口商从美国进口一批商品，按合同规定日进口商 3 个月后需向美国出口商支付 100 万美元货款。签约时，美元兑日元的即期汇率为 118.20/50，付款日的市场即期汇率为 120.10/30。假定日本进口商在签约时未采取任何保值措施，而是等到付款日时在即期市场上买入美元支付货款，那么这会给日本进口商带来多少损失？为什么？

分析：若日本进口商在签约时未采取任何保值措施，而是等到付款日时在即期市场买入美元支付货款，则要付出 120.30×100 万=12030（万日元），这要比 3 个月前购买 100 万美元（118.50×100 万=11850 万日元）多付出 180 万日元（12030–11850）。原因是计价货币美元升值，日本进口商需付出更多的日元才能买到 100 万美元，用以支付进口货款，由此增加进口成本而遭受了汇率变动的风险。

那么外汇市场上有没有交易手段可使日本进口商能够预先锁定进口成本，避免因汇率变动而遭受损失？本节将要介绍的远期外汇交易就是日本进口商可以选择采取的一种保值手段。

8.1 远期外汇交易概述

8.1.1 远期外汇交易

1. 远期外汇交易的概念

远期外汇交易（Forward Exchange Transaction），又称期汇交易，指买卖双方先行签订合同，规定买卖外汇的币种、数额、汇率和将来交割的时间，到规定的交割日，按合同规定，卖方交汇、买方收汇的外汇交易。

想一想 远期与即期的区别？

从期限范围来划分，远期交易最短 3 天，最长可达 5 年，但最常见的是 1、2、3、6 等整数月的远期外汇交易，超过 1 年的叫做超远期外汇交易。

2. 远期外汇交易的交割日

（1）固定的交割日。即标准期限的远期交割日（Standard Forward Dates），在即期交割日（Spot Date）的基础上推算整数日。

标准期限的远期外汇交割日的决定法则为：

法则一　在对应即期交易交割日的基础上向后推算。

法则二　假日顺延。

法则三　如即期交割日是月份的最后营业日，则远期交割日是到期月的最后一日，非营业日则前推。

个案思考与分析 8-1

3 月 15 日	买入 1 个月期的远期外汇		
3 月 16 日			
3 月 17 日	即期交易的交割日	远期交易的交割日为	4 月 17 日

> **想一想** 如果 4 月 17 日是相关国家假日，则远期交割日应是哪一天？

个案思考与分析 8-2

外汇买入日	对应的即期外汇交割日	对应的 1 月期远期外汇交割日
5 月 29 日	5 月 29 日	6 月 29 日
	5 月 30 日	6 月 30 日
	5 月 31 日	

> **想一想** 如果 6 月 30 日是假日，则 1 月期远期外汇的交割日为哪一天？

注意：月底往前推，不能跨月。

（2）非固定交割日。即在约定的期限内任意选择一个营业日作为交割日，即择期外汇交易。

择期外汇交易可分为两种：

1）部分择期，指确定交割月份但未确定交割日。例如，一笔 3 个月远期交易，可以约定从成交后第 2 个月开始到第 3 个月的时间内选择交割日。

2）完全择期，即客户可以选择双方成交日的第三天起到合约到期之前的任何一天为交割日。

个案思考与分析 8-3

5 月 20 日，A 公司与 B 银行达成一笔 3 个月的择期外汇交易，约定 8 月进行交割，思考：以下两种情况分别属于哪种择期交易？

① A 公司可以在 8 月 1 日～8 月 22 日的任一个营业日内向 B 银行提出交割。② A 公司可以选择从 5 月 23 日～8 月 22 日这一段时间的任一个营业日向 B 银行提出交割。

分析：根据定义可以判断出① 为部分择期；② 为完全择期。

8.1.2 远期外汇交易的报价

在实际外汇交易中，银行对于远期汇率也采取双向报价法，根据国际惯例，通常有两种远期汇率的报价方法：完整汇率报价方法和远期差价报价方法。

1．完整汇率报价方法

完整汇率（Outright Rate）报价方法是指银行直接将各种不同期限的外汇汇率的买入价和卖出价完整的表示出来，又称全额报价。例如，日本银行报出某日 USD 与 JPY 的 3 个月远期汇率为：USD/JPY =120.40/121.10；瑞士银行报出某日 USD 与 CHF 的 3 个月远期汇率为：USD/CHF=1.5350/1.5380。以上报价均为完整汇率报价。

表 8-1 中国工商银行人民币远期外汇牌价

日期：2013 年 1 月 10 日 星期四　　单位：人民币/100 外币

期　限	美元兑换人民币			
	中 间 价	现汇买入价	现汇卖出价	起 息 日
7 天（7D）	827.71	825.64	829.78	2003-10-23
20 天（20D）	827.79	825.72	829.86	2003-11-05
1 个月（1M）	827.85	825.78	829.92	2003-11-17
2 个月（2M）	828	825.93	830.07	2003-12-16
3 个月（3M）	828.13	826.06	830.2	2004-01-16
4 个月（4M）	828.26	826.18	830.33	2004-02-16
5 个月（5M）	828.36	826.29	830.43	2004-03-16
6 个月（6M）	828.44	826.36	830.51	2004-04-16
7 个月（7M）	828.46	826.19	830.74	2004-05-17
8 个月（8M）	828.48	825.99	830.96	2004-06-16
9 个月（9M）	828.40	825.71	831.1	2004-07-16
10 个月（10M）	828.24	825.35	831.14	2004-08-16
11 个月（11M）	828	824.89	831.1	2004-09-16
12 个月（1Y）	827.69	824.38	831	2004-10-18

（**资料来源：**工商银行网站）

这种完整汇率的报价方法通常用于银行对客户的报价中，在银行同业间往往采用另一种方法，即远期差价报价方法。

2．远期差价报价方法

远期差价报价方法，又称掉期率（Swap Rate）或点数汇率（Points Rate）报价方法，是指不直接公布远期汇率，而只报出远期汇率与即期汇率的差价，然后再根据差价来计算远期汇率。

某一时点上远期汇率与即期汇率的差价称为掉期率或远期差价，通常表现为升水、贴水和平价，且升贴水的幅度一般用点数来表示。

（1）升水（At Premium）　远期汇率 > 即期汇率。

（2）贴水（At Discount）　远期汇率 < 即期汇率。

（3）平价（At Par）　远期汇率 = 即期汇率。

> **想一想**　在纽约外汇市场上欧元兑美元的即期汇率为 EUR1=USD1.0520/25，一个月远期汇率为 EUR1=USD1.0530/40，问：哪种货币贴水？哪种货币升水？

个案思考与分析 7-4

假设 USD/JPY 的 3 个月远期汇率报价为 20/30；USD/CHF 的 3 个月远期汇率报价为 25/15。

分析：该报价为差价报价，其中 20/30 代表远期汇率与即期汇率的买入价相差 20 个点，卖出价相差 30 个点；25/15 代表远期汇率与即期汇率的买入价与卖出价分别相差 25 个点和 15 个点。

8.2 远期汇率的决定与计算

8.2.1 远期汇率的决定

个案思考与分析 8-5

假设美元和日元三个月期的存款利率分别为 15%和 10%，即期汇率为 USD1= JPY 110.20。若美国一客户向银行用美元购买三个月远期日元，思考：远期汇率是多少？

1. 分析

银行按即期汇率用美元买入日元，将日元存放于银行以备三个月后交割。

> **想一想**　这对于银行是损失还是收益？为什么？如何处理？

银行持有日元 3 个月意味着银行要放弃美元的高利息而收取日元的低利息。银行绝不会自己承担这部分损失，它会把这个因素打入远期日元的汇价，从而将损失转嫁到客户头上。因此远期日元要比即期日元贵，即远期日元升水。

2. 总结

两种货币的利差是决定其远期汇率的基础。即

（1）利率低的货币，远期汇率升水。
（2）利率高的货币，远期汇率贴水。
（3）若利差为零，则为平价。

3．计算公式

远期差价=即期汇率×利差×月数/12

4．解题

第一步　求远期差价。

110.20×（15%–10%）×3/12=1.38（日元）

第二步　判断升、贴水。
日元利率低，则远期升水；
美元利率高，则远期贴水。
第三步　求远期汇率。

USD1=JPY（110.20–1.38）=JPY108.82

8.2.2　远期汇率的计算

1．计算完整的远期汇率

在远期差价报价方法下，已知即期汇率和远期差价，如何计算完整的远期汇率？为了计算简便，不管直接标价法还是间接标价法，均可使用如下法则进行计算，即“**前小后大相加，前大后小相减**”。

所谓“前小后大相加”指当点数由小到大（如 20/30）时，远期汇率等于即期汇率加上点数；“前大后小相减”指当点数由大到小（如 40/30）时，远期汇率等于即期汇率减去点数。

个案思考与分析 8-6

已知　即期汇率 USD/HKD=7.7440/50，一个月远期报价为 20/30，
求　USD/HKD 完整的远期汇率。

分析：

因为 20<30，根据法则“前小后大相加”，应该用加法，所以
USD/HKD（远期）=（7.7440+0.0020）/（7.7450+0.0030）=7.7460/80

个案思考与分析 8-7

已知　即期汇率 GBP1=USD1.6560/80，三个月远期报价为 40/30，

求　GBP/USD 完整的远期汇率。

分析：

因为 40>30，根据法则“前大后小相减”，应该用减法，所以

GBP/USD（远期）=（1.6560–0.0040）/（1.658 0–0.0030）= 1.5610/50

2．远期交叉汇率的计算

远期交叉汇率的计算与即期交叉汇率的计算方式相似，可分两步做：第一步，根据即期汇率和远期差价求完整的远期汇率，第二步，仿照即期交叉汇率的计算方法求远期交叉汇率。

个案思考与分析 8-8

某外汇市场报价如下：USD/CHF 的即期汇率为 1.575 0/60，3 个月远期差价为 152/155；USD/JPY 的即期汇率为 127.20/30，3 个月远期差价为 15/17，求 CHF/JPY 的 3 个月远期汇率。

分析：

第一步　分别计算 USD/CHF 和 USD/JPY 的 3 个月远期汇率。

USD/JPY 的 3 个月远期汇率：（127.20+0.15）/（127.30+0.17）=127.35/127.47

USD/CHF 的 3 个月远期汇率：（1.5750+0.0152）/（1.5760+0.0155）=1.5902/1.5915

第二步　计算 CHF/JPY 的三个月远期交叉汇率。

根据“若基准货币相同，报价货币不同，求报价货币的比价，方法是交叉相除”的法则，

3 个月 USD/ JPY = 127.35 ~ 127.47

3 个月 USD/ CHF = 1.5902 ~ 1.5915

则 3 个月 CHF/JPY=（127.35÷1.5915）/（127.47÷1.5902）

=80.0189/80.1597

个案思考与分析 8-9

某外汇市场报价如下：GBP/USD 的即期汇率为 1.563 0/40，6 个月远期差价为 318/315；AUD/USD 的即期汇率为 0.687 0/80，6 个月远期差价为 157/154，求 GBP/AUD 的 6 个月远期汇率。

分析：

第一步　分别计算 GBP/USD 和 AUD/USD 的 6 个月远期汇率。

GBP/USD 的 6 个月远期汇率：（1.5630–0.0318）/（1.5640–0.0315）=1.5312/1.5325

AUD/USD 的 6 个月远期汇率：（0.6870–0.0157）/（0.6880–0.0154）=0.6713/0.6726

第二步　计算 GBP/AUD 的 6 个月远期交叉汇率。

根据“若报价货币相同，基准货币不同，求报价货币的比价，方法是交叉相除”的法则，

6 个月 GBP/USD = 1.5312 ~ 1.5325

6 个月 USD/JPY = 0.6713 ~ 0.6726

则 6 个月 GBP/AUD =（1.5312 ÷0.6726）/（1.5325 ÷ 0.6713）

= 2.2765/2.2829

个案思考与分析 8-10

某外汇市场报价如下：USD/JPY 的即期汇率为 107.50/60，3 个月远期差价为 10/88；GBP/USD 的即期汇率为 1.546 0/70，3 个月远期差价为 161/158，求 GBP/JPY 的 3 个月远期汇率。

分析：

第一步　分别计算 USD/JPY 和 GBP/USD 的 3 个月远期汇率。

USD/JPY 的 3 个月远期汇率：（107.50+0.10）/（107.60+0.88）=107.60/108.48

GBP/USD 的 3 个月远期汇率：（1.5460–0.0161）/（1.5470–0.0158）=1.5299/1.5312

第二步　计算 GBP/JPY 的 3 个月远期交叉汇率。

根据“某种货币分别为基准货币和标价货币，求另一基准货币和标价货币的比价，方法是同边相乘”的法则，

3 个月 USD/JPY= 107.60 ~ 108.48

3 个月 GBP/USD =1.5299 ~ 1.5312

则 3 个月 GBP/JPY=（107.60 × 1.5299）/（108.48 × 1.5312）

= 164.62 / 166.10

8.3 远期外汇交易的功能

8.3.1 保值性远期外汇交易

远期外汇买卖是国际上发展最早、应用最规范的外汇保值方式。

所谓保值性远期交易，又称远期套期保值（Forward Hedge），是指卖出（或买进）所

持有（或所承担）的一笔外币资产（或负债）的远期外汇，交割日期与持有外币资产变现（或负债偿付）的日期相匹配，使这笔资产或负债免受汇率变动的影响，从而达保值的目的。客户对外贸易结算、到国外投资、外汇借贷或还贷过程中都会遇到外汇汇率变动的风险，这就要求对外汇进行保值。通过远期外汇业务买卖，客户可事先将某一项目的外汇成本固定，或锁定远期外汇收付的换汇成本，避免汇率波动可能带来的损失。

例如，某进出口贸易公司主要出口对象在日本和拉美，收到的货币以日元和巴西雷亚尔为主。2011 年 10 月，以上货币的价格波动剧烈，给公司造成很大风险。根据公司实际情况，中国银行建议企业通过远期外汇交易进行保值，锁定风险。具体操作是将预计三个月后收到的一笔 14.5 亿日元按照当前远期市场行情 76.50 卖出，买得约 1895.42 万美元，从此高枕无忧，不再为市场汇率波动担心。

根据交易主体不同，保值性远期交易又可以分为以下两种：

1．进出口商和国际投资者的套期保值。

在国际贸易和国际投资等活动中，从合同签订到实际结算总有一段时差，这段时间内汇率可能朝着不利于企业的方向变化，为了避免这种风险，进出口商在签订合同时，就向银行买入或者卖出远期外汇，当合同到期时，按已经商定的远期汇率买卖所需外汇。

个案思考与分析 8-11

有一个美国公司向墨西哥出口价值 10 万美元的货物，双方达成协议，成交后 30 天付款，以美元结算。当时外汇市场上的即期汇率为 26.80，按此汇率，出口商品的价值为 2 680 000 墨西哥比索。若 30 天后比索贬值，新汇率为 45.20，那么出口商品的价值将为 4 520 000 比索，墨西哥进口商将损失 840 000 比索。如果墨西哥进口商在签订外贸合同的同时，与银行签订了一份 30 天的远期和约，以 28.21 的远期汇率购入 10 万美元，那么到期时，只需支付 2 821 000 比索，虽然比即期多付 141 000 比索，但比不做套期保值的损失（1 840 000 比索）要小得多。

个案思考与分析 8-12

某澳大利亚进口商从日本进口一批商品，日本厂商要求澳方在 3 个月内支付 10 亿日元的货款。当时外汇市场的行情是：

即期汇率 1 澳元=100.00/100.12 日元，3 月期远期汇率为 1 澳元=98.00/98.22 日元。如果该澳大利亚进口商在签订进口合同时预测 3 个月后日元对澳元的即期汇率将会升值到 1 澳元=80.00/80.10 日元，那么

（1）若澳大利亚进口商不采取避免汇率风险的保值措施，现在就支付 10 亿日元，则需

要多少澳元?

（2）若现在不采取保值措施，而是延迟到3个月后支付10亿日元，则到时需要支付多少澳元?

（3）若该澳大利亚进口商现在采取套期保值措施，应该如何进行? 3个月后实际支付多少澳元?

分析：

（1）该澳大利亚进口商签订进口合同时就支付10亿日元，需要以1澳元=100.00日元的即期汇率向银行支付10亿÷100.00=0.1亿澳元，即10 000 000澳元。

（2）该澳大利亚进口商等到3个月后支付10亿日元，按当时即期汇率

1澳元=80.00日元计算，须向银行支付10亿÷80=0.125亿澳元，即12 500 000澳元。这比签订进口合同时支付的货款多出0.025亿澳元，即多支付250万澳元，这是不采取保值措施付出的代价。

（3）该澳大利亚进口商若采取套期保值措施，即向银行购买3月期远期日元10亿日元，适用汇率是1澳元=98.00日元。3个月后交割时只需向银行支付10亿÷98=10204081.63澳元，就可获得10亿日元支付给日本出口商。这比签订进口合同时支付的货款多出204 081.63澳元（大约20.41万澳元）。这是进口商采取套期保值措施付出的代价。它对于不采取保值措施，而等到3个月后再即期购买日元支付货款所付出的250万澳元代价来说，是微不足道的。

---

2. 外汇银行为了轧平外汇头寸而进行套期保值（外汇头寸调整交易）。

客户与银行的远期外汇交易，事实上是把相应的汇率变动风险转嫁给了银行。银行在所做的同种货币的同种期限的所有远期外汇交易不能买卖相抵时，就产生外汇净头寸，面临风险损失。为了避免这种风险损失，银行需要将多头抛出，空头补进，轧平各种币种各种期限的头寸。

例如，一家美国银行在1个月的远期交易中，共买入了9万英镑，卖出了7万英镑。这家银行持有2万英镑的多头，为了避免英镑跌价而造成的损失，这家银行会向其他银行卖出2万英镑的1个月期汇。

8.3.2 投机性远期外汇交易

外汇投机（Foreign Exchange Speculation），指投机者（Speculator）根据对有关货币汇率变动的预测，通过买卖现汇或期汇，有意保持某种外汇的多头或空头，以期在汇率实际发生变动之后获取风险利润的一种外汇交易。

外汇市场上的投机可分为即期外汇投机和远期外汇投机。典型的外汇投机是远期外汇投机，其特点是不涉及货币的立即交割，成交时无须付现，只需支付少量保证金，一般都是

到期轧抵，支付差额，因此远期外汇投机不需要持有足够的现金或外汇即可进行规模交易。

想一想　即期外汇投机（Spot Speculation）与远期外汇投机（Forward Speculation）哪种交易投机性更强？

补充阅读资料 8-1

即期外汇交易投机案例

当市场即期汇率为 USD1=CHF1.6530 时，某投机者预测美元将会升值，① 他应该是买入美元还是卖出美元？② 如果交易额为 100 万美元，一段时间以后，市场汇率变为 USD1=CHF1.6580，问其获利情况如何？③ 如果市场汇率变为 USD 1=CHF1.6420，情况又如何？

分析：

（1）该投机者预测美元将会升值，他应该买入美元。

（2）当市场汇率变为 USD1=CHF1.6580 时，其获利情况为：

100 万美元×（1.6580–1.6530）=5000 美元。

（3）如果市场汇率变为 USD 1=CHF1.6420，该投机者将会蒙受损失，

损失金额为：100 万美元×（1.6420–1.6530）=11000 美元。

通过上述案例可以看出，投机的正确方法为：

- 当预测货币将升值时，就预先买入该种货币；
- 当预测货币将贬值时，就预先卖出该种货币。

远期外汇投机（Forward Speculation）的两种基本形式为：

1．买空（Buy Long）交易

又称“做多头”（Bull），即投机者预测某种外汇汇率将会上升，则先买（远期）后卖（即期/远期），即先低进，后高出，从中获利。

个案思考与分析 8-13

法兰克福外汇市场，若某德国外汇投机商预测英镑对美元的汇率将会大幅上升，他就可以做买空交易，先以当时的 1 英镑=1.5550 美元的 3 月期远期汇率买进 100 万 3 个月英镑远期；3 个月后，当英镑对美元的即期汇率涨到 1 英镑=1.7550 美元时，他就在即期市场上卖出 100 万英镑。轧差后他就会获得 100 万×（1.7550–1.5550）=20 万美元的投机利润。

2．卖空（Sell Short）交易

又称“做空头”（Bear），即投机者预测某种外汇汇率将会下跌，则先卖（远期）后买（即期/远期），即先高进，再低出，从中获利。

个案思考与分析 8-14

东京外汇市场，某年3月1日，某日本投机者判断美元在以后1个月后将贬值，于是他立即在远期外汇市场上以1美元=110.03日元的价格抛售1月期1 000万美元，交割日是4月1日。到4月1日时，即期美元的汇率不跌反升，为1美元=115.03日元。该日本投机者在即期外汇市场购买1 000万美元现汇实现远期和约交割，为此蒙受1000万×（115.03—110.03）=5000万日元的损失。

可见，投机行为是否获利或获利大小取决于投机者预测汇率走势的准确程度，如果投机者预测失误，则会蒙受损失。

补充阅读资料 8-2

外汇套期保值与外汇投机的区别

（1）套期保值者是为了避免汇率风险而轧平外汇头寸，而投机者则是有意识地制造外汇头寸。

（2）套期保值都有实际的商业或金融业务与之相对应，外汇买卖时，有真实数额的资金，而外汇投机则没有。

（3）套期保值的成本固定以避免更大损失，而投机具有不确定性。

补充阅读资料 8-3

中国银行远期外汇交易办理程序

（1）资格审查。客户申请办理远期外汇买卖业务必须有合法的进出口贸易或其他保值背景，并提供能证明其贸易或保值背景的相关经济合同（如进出口贸易合同、标书、海外工程承包合同、信用证或贷款合同等）。

（2）办理程序。① 银企双方签署《保值外汇买卖总协议》。② 在银行开立外币保证金账户，交存不低于交易本金10%的保证金，保证金币种限于美元、港币、日元和欧元。在中行贷款或信用证项下的远期外汇买卖及中行100%担保项下的外汇买卖可视具体情况，经批准后，相应地减免保证金。③ 填妥《保值外汇买卖申请书》，经企业法人代表或有权签字人签字，并加盖公章，到银行询价交易。在中国银行分支机构贷款、信用证或担保项下的远期外汇买卖，客户可填妥《保值外汇买卖申请书》委托相应的分支机构进行询价交易。在交易方式上，客户也可以预留指令，要求在什么价位购买何种货币，或者向银行提交授权书。授权书内容具有法律约束力，原则上客户必须在交易前填写；也可以在授权书中授权有权交易人通过电话向银行寻价交易。客户通过电话达成交易后第二个工作日必须向银行补交成交确认书。若有分歧以银行交易电话录音为准。

（3）交割手续。① 客户应在交易起息日当天到银行办理交割手续，否则银行将按有关规定给予处罚。在外汇买卖如期交割后，客户将剩余保证金转走时，须凭企业出具的保证金支取通知书办理有关支取手续。② 客户因故不能按期办理交割，需要展期的，应在不迟于交割日三个工作日前向银行提出展期申请，经银行审核同意后，填写《保值外汇买卖申请书》，通过办理掉期外汇买卖进行展期。反之，客户要对已达成的远期交易提前交割，应在提前交割的三个工作日前向银行提出申请，经银行审核同意后，填写《保值外汇买卖申请书》通过办理掉期外汇买卖调整交割日期。

（4）注意事项。客户叙做的远期外汇买卖因汇率波动可能会造成浮动亏损，当亏损达到客户存入保证金的 80%时，银行将随时通知客户追加保证金，客户应及时补足保证金，否则银行将视情况予以强制平仓，由此产生的一切费用及损失由客户负责。

中国银行远期外汇买卖流程如图 8-1 所示。

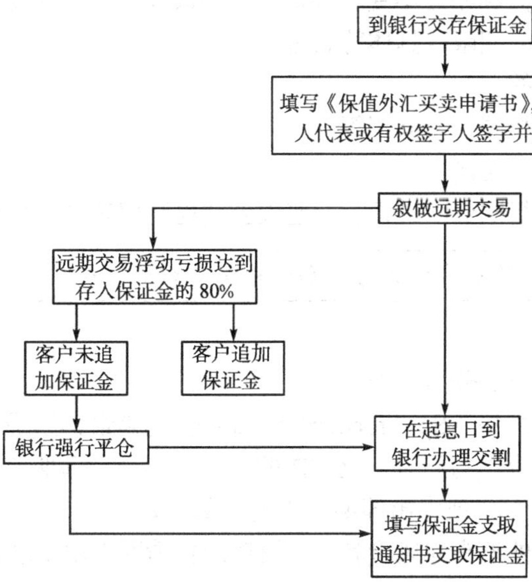

图 8-1　中国银行远期外汇买卖流程

8.4 特殊的远期外汇交易

8.4.1 掉期交易

1．掉期交易的概念

掉期交易(Swap Transaction),指外汇交易者在买进或卖出一定期限的某种货币的同时，卖出或买进期限不同、金额基本相同的同种货币的交易。

据统计，世界主要外汇市场上，大多数远期交易都是掉期交易的一部分，即只有 5% 左右属于单纯远期外汇交易。

例 1：一家美国投资公司需要 100 万英镑现汇进行投资，预期 3 个月后可以收回投资。为了防止 3 个月后英镑汇率下跌，则该公司利用掉期业务，即期买进 100 万英镑的同时，卖出 3 个月远期 100 万英镑期汇，从而转移此期间英镑汇率下跌而承担的风险。

例 2：某企业从日本借入一笔一年期 1 亿日元的贷款，由于该企业需从美国进口原材料加工生产，产成品销往美国，该公司进口付汇和出口收汇都是用美元计价。所以，该企业到中国银行申请即期卖出日元买入美元的同时，为保证一年后有足够的日元还贷款和控制汇率风险，再叙做了一笔远期买入日元卖出美元的业务，从而达到固定成本，防范汇率风险的目的。

2．掉期交易的特点

在掉期交易中，买卖的数额始终不变，即掉期交易改变的不是交易者手中持有的外汇数额，而是交易者所持货币的期限。具体特点为：

（1）买与卖是同时进行的。

（2）买与卖的货币种类相同，金额相等。

（3）买与卖的交割期限不相同。

（4）掉期交易主要在银行同业间进行，一些大公司也利用其进行套利活动。

想一想　掉期交易中两种货币的交易有哪些相同点和不同点?

3．掉期交易的类型

按交割日的不同，掉期交易分为三种。

（1）即期对远期的掉期交易（Spot-forward Swaps）。这是最典型最普遍的掉期交易，相当于在买进（卖出）某种货币的同时，反方向的卖出（买进）远期该种货币的交易。即买进即期，卖出远期（如例 1），或卖出即期，买进远期（如例 2）。

该种交易主要用于避免外汇头寸风险和外汇资产或负债因汇率变动而遭受的风险。

（2）远期对远期的掉期交易（Forward-forward Swaps）。这是在远期外汇市场上同时买进并卖出不同期限的同种远期货币的交易形式，如买进 3 个月远期的同时卖出 6 个月的远期。这种交易方式既可用于避险，也可用于某一段时期内的外汇投机。即较短期限，较长期限的外汇交易。

（3）即期对即期的掉期交易（Spot-Spot Swaps）。又称一日掉期，即同时买进和卖出交割日不同的即期外汇。比如，掉期中一笔交易在成交后第一个营业日交割，另一笔则在成交后第二个营业日交割。这种交易主要用于银行间的资金拆借。

4. 掉期交易的应用

（1）利用掉期交易防范汇率风险。

个案思考与分析 8-15

一家美国公司准备在英国市场进行投资，投资金额为 100 万英镑，期限为 6 个月。思考：该公司如何防范汇率风险？

分析：该公司可进行一笔即期对远期的掉期交易，即买进 100 万即期英镑的同时，卖出 100 万的 6 个月远期英镑，由此防范汇率风险。

个案思考与分析 8-16

一家日本贸易公司向美国出口产品，收到货款 500 万美元。该公司需将货款兑换为日元用于国内支出，同时公司需从美国进口原材料，并将于 3 个月后支付 500 万美元的货款。思考：公司采取何种措施来规避风险？

分析：该公司可做一笔 3 个月美元兑日元掉期外汇买卖：即期卖出 500 万美元（买入相应的日元）的同时，买入 3 个月远期 500 万美元（卖出相应的日元），由此防范汇率风险。

（2）利用掉期交易解决外汇合约的延期问题。

个案思考与分析 8-17

通达进出口公司与某非洲公司签订了一份出口合同，价值 10 万美元，6 个月后结算。为防范汇率风险，通达公司与银行进行了远期外汇交易，卖出 6 个月期远期外汇美元。6 个月后，进口商不能按期付款，通知通达公司须延期 2 个月付款。这就造成了通达公司与银行签订的远期合同无法履行的问题。思考：通达公司应如何解决出现的问题呢？

分析：6 个月后，该公司进行一笔掉期业务，即买入即期 10 万美元的同时卖出 10 万 2 个月的远期美元，既防范了汇率风险又解决了合同延期的问题。

8.4.2 择期交易

上述远期外汇交易的交割日是固定的，然而在国际交易中，有时不能提前确切知道付款或收款的日期，在此情况下，交易中不需要固定交割日期，但需要固定汇率，这样便产生了远期择期外汇交易。

1．什么是远期择期交易

远期择期交易（Forward Option），指交易一方在合同的有效期内任何一个营业日，要求交易的另一方按照双方约定的远期汇率进行交割的远期外汇交易。根据交割日的期限范围可分为完全择期交易和部分择期交易。

个案思考与分析 8-18

5月10日美国进口商同英国客户签订合同，从英国进口价值100万英镑的货物，合同要求货到后1个月付款。按照规定，货物必须在签订合同后1个月内到达，但在哪一天到达无法事前确知。5月10日的汇率行情为：

即期汇率	1个月远期	2个月远期
GBP/USD=2.5230/40	10/20	30/50

思考：进口商如何防范汇率风险？

分析：因为无法确定哪一天付款，进口商只能签订2个月远期择期交易合同，即从签订进出口合同之日起，2个月之内的任何一天均可交割。

在择期交易中，事先确定交易货币的种类、数量、汇率和期限，而外汇的具体交割日在合约规定的期限内由客户选择决定。因此，远期择期交易使客户在时间上有主动权，银行是被动的，因而银行应该在汇率上得到补偿，即选择对自己最有利的汇率。

2．如何确定择期汇率

（1）择期汇率的确定方法一。当银行卖出择期外汇时，若远期外汇升水，则银行要求汇率接近择期期限结束时的汇率B（见图8-2）；若远期外汇贴水，则银行要求汇率接近择期期限开始时的汇率C（见图8-3）。

（2）择期汇率的确定方法二。当银行买入择期外汇时，若远期外汇升水，则银行要求汇率接近择期期限开始时的汇率A（见图8-4）；若远期外汇贴水，则银行要求汇率接近择期期限结束时的汇率D（见图8-5）。

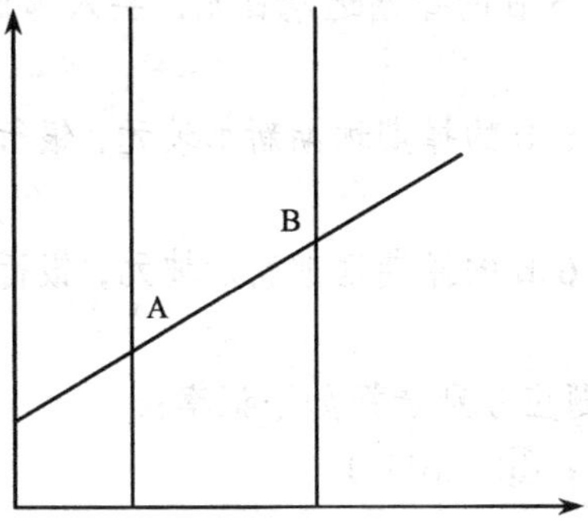

图 8-2

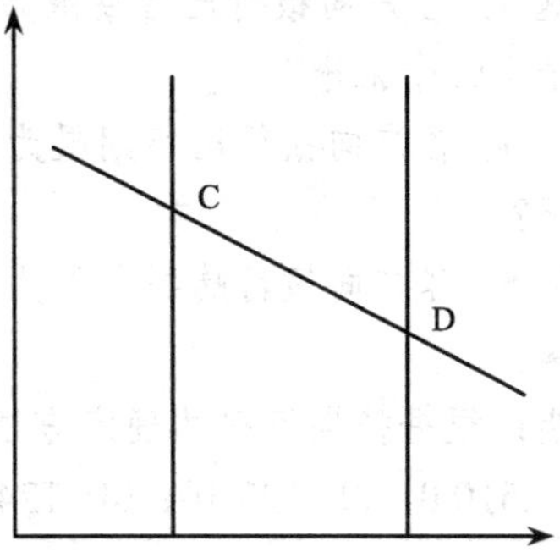

图 8-3

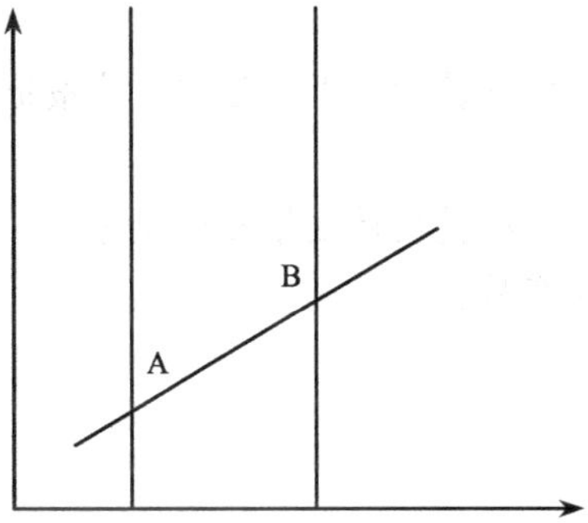

图 8-4

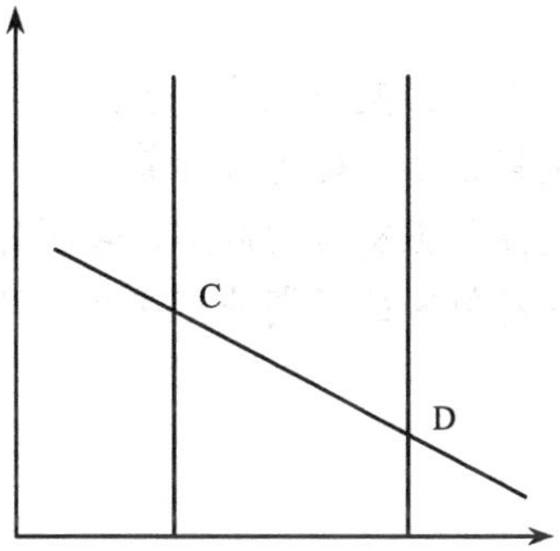

图 8-5

个案思考与分析 8-19

假如某年 4 月 6 日的汇率如表 8-2 所示，根据表中汇率回答下列问题。

表 8-2　某年 4 月 6 日的汇率

	GBP/USD	USD/JPY	USD/SGD	起 算 日
即期汇率	1.581 0/90	124.75/85	1.611 0/1.612 0	4 月 6 日
1 个月	1.514 1/54	124.15/28	1.612 5/1.613 5	5 月 6 日
2 个月	1.510 0/13	123.60/75	1.614 0/1.615 0	6 月 6 日
3 个月	1.505 5/71	123.10/24	1.615 5/1.616 5	7 月 6 日

问题 1：客户用英镑向银行购买期限为 5 月 6 日～6 月 6 日的择期远期美元，银行应采用哪个汇率？

问题 2：客户用美元向银行购买期限为 5 月 6 日～7 月 6 日的择期远期日元，银行应采用哪个汇率？

问题3：客户向银行出售期限为5月6日~7月6日的择期远期日元，买入远期美元，银行应采用哪个汇率？

问题4：客户向银行出售期限为6月6日~7月6日的择期远期新加坡元，银行应采用哪个汇率？

问题5：客户向银行购买期限为4月6日~7月6日的择期远期新加坡元，银行应采用哪个汇率？

分析：根据择期汇率的确定方法，上述5个问题应分别选择如下汇率：

① 1.5100；② 123.10；③ 124.28；④ 1.6165；⑤ 1.6110

本章小结

- 远期外汇交易概述，包括远期外汇交易交割日的推算和远期外汇交易的报价。
- 远期汇率的确定与计算。
- 远期外汇交易的应用，包括保值性远期外汇交易和投机性远期外汇交易。
- 两种特殊的远期外汇交易，即掉期交易和择期交易。

复习题

1．选择题

（1）以下哪些可以作为远期外汇交易的交割日？（　　）

A．成交的当日　　B．成交后的第2个营业日

C．成交后的第3个营业日　　D．成交后的1周

E．成交后的1个月

（2）以下哪些属于掉期交易？（　　）

A．买进100万即期美元同时卖出100万远期美元

B．卖出2000万即期日元同时买进2000万远期日元

C．买进500万即期美元同时卖出600万远期美元

D．买进500万即期英镑同时卖出500万即期美元

E．买进500万“T+0”交割的即期美元同时卖出“T+1”交割的即期美元

（3）市场上3位做市商的USD/JPY报价如下：

	A银行	B银行	C银行
即期	152.00/50	152.00/25	151.90/15
3月期	36/33	37/34	38/36

请问客户应从（　　）银行买入远期日元，远期汇率为（　　）。

（4）市场上做市商的 GBP/USD 报价如下：

	A 银行	B 银行	C 银行
即期	1.633 0/40	1.633 1/39	1.633 2/42
1 个月	39/36	42/38	39/36

请问客户应从（　　）银行买入远期英镑，远期汇率为（　　）。

2. 计算题

（1）香港某外汇银行报出的美元兑英镑、日元价格为：

即期汇率	1 个月远期	2 个月远期
GBP1=USD1.5540/50	20/10	35/20
GBP1=JPY121.30/40	15/25	20/40

请写出完整远期汇率。

（2）假设目前市场上美元兑港元的汇率为 USD1= HKD7.7840，美国利率为 10%，香港利率为 7%，则 3 个月远期美元兑港元汇率应是多少？

3. 实训题

（1）某瑞士出口商向美国出口一批电脑，价值 100 万美元，2 个月后收汇。假定外汇市场行情如下：即期汇率为 USD1=CHF1.5620/30；2 个月远期差价为 20/10。

分析：

① 如果该出口商不进行套期保值，将会损失多少本币？（假设 2 个月后市场上的即期汇率为 USD1=CHF1.5540/70）② 出口商如何利用远期业务进行套期保值？

（2）某个美国进口商从英国进口一批货物，价值 100 万英镑，3 个月后付款。设外汇市场行情如下：即期汇率为 GBP1=USD1.6320/30；3 个月远期差价为 10/20。

分析：

① 如果该进口商不进行套期保值，将来的损益情况如何？（假如 3 个月后英镑升值，市场上的即期汇率变为 GBP1=USD1.6640/70）② 进口商如何利用远期业务进行套期保值？

（3）某香港投资者购买 100 万美元，投资 3 个月，年利率为 5%。当时外汇市场行情如下：即期汇率为 USD1=HKD7.7720/25；3 个月的远期差价为 20/10。

分析：如何利用远期外汇交易进行套期保值？

（4）一个香港公司以 5%的年利率借到了 100 万英镑，期限 6 个月。然后，该公司将英镑兑换成港元使用。有关的外汇市场行情为：即期汇率为 GBP1=HKD12.5620/30；6 个月远期差价为 100/150。

分析：如何利用远期外汇交易进行套期保值？

（5）在纽约外汇市场上，美元兑英镑的 1 月期远期汇率为 GBP1=USD1.4720，某美国外汇投机商预期1个月后英镑的即期汇率将上升，且大于目前1个月远期英镑的汇率，则投机者如何利用远期交易进行投机？

假设交易金额为100万英镑。1个月后，如果市场如投机者所预测，英镑即期汇率上涨，假设上涨到GBP1=USD1.4760，问投机者的投机利润是多少？

如果1个月后的即期汇率为GBP1=USD1.4320，则该投资者的获利情况又如何？

第 5 篇

衍生外汇交易

第9章

外汇期货交易

本章学习目标

- **知识目标** 正确理解外汇期货交易的含义及特点，了解外汇市场的构成，清楚外汇期货交易与远期外汇交易的异同，熟悉外汇期货交易的规则。
- **技能目标** 能够熟悉不同交易方式下的外汇期货交易流程，掌握外汇期货交易的操作技巧。

学习导航

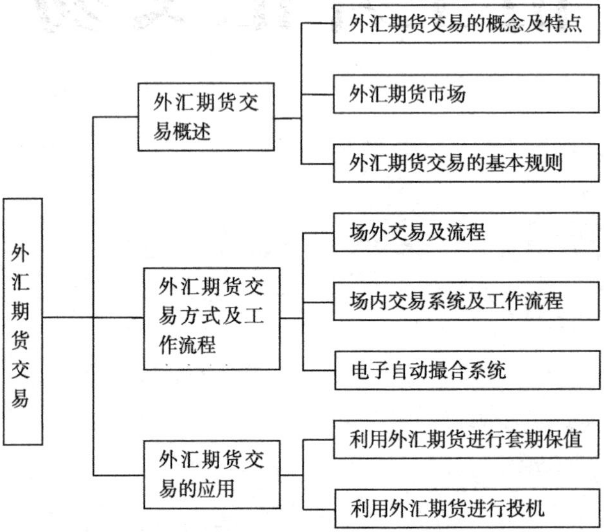

课前导读

利用外汇期货防范汇率风险

某日本出口商 5 月份预计在 8 月份有 1 亿美元流入，但不知道 8 月份的汇率水平为多少，如果美元汇率下跌，该出口商将蒙受损失，因此他希望将汇率波动的风险转移出去。于是，他到期货市场上与人签订了一个标准化合约，合约规定他有权在 8 月份按特定的价格出售一定数量的美元给对方，从而换取日元。这个合约就是外汇期货合约，其作用是将汇率风险转移出去，以达到保值避险的目的。通过该案例，你对期货有什么样的认识？它与远期交易有哪些共同点，又有哪些区别？本章将从其概念和特点出发，对外汇期货市场的构成、外汇期货交易的规则以及不同交易方式下的外汇期货交易流程和外汇期货交易的操作技巧进行阐述。

9.1 外汇期货交易概述

外汇期货属于金融期货，起源于商品期货交易。自 20 世纪 70 年代，国际汇率制度逐渐由固定汇率制转向浮动汇率制，从而使汇率风险剧增。为了有效防范风险，在传统的远期外汇交易方式上产生了外汇期货交易。

9.1.1 外汇期货交易的概念及特点

1．概念

外汇期货（Currency Exchange Futures），又称货币期货，是金融期货的一种。

外汇期货交易是指外汇期货交易双方在外汇期货交易所买卖未来某一特定日期的标准化外汇期货合约的交易。1972 年美国芝加哥商品交易所新设了一个分部——“国际货币市场”（International Monetary Market，IMM），这是世界上最早的货币期货交易所。

外汇期货交易的主要目的是为了对汇率的变动提供套期保值。其原理是，由于期货的价格以现货价格为基础，因此，它与现货价格呈同方向变动，这样为使未来的外汇头寸的汇率风险得以消除，可以在期货市场上做反方向交易，以期货市场上得到的利润来抵补现汇市场上的损失。

例如，某英国公司 3 个月后需支付一笔货款为 100 万瑞士法郎，英国人担心未来瑞士法郎升值使自己支付更多的英镑，于是他可以在期货市场上买入 8 月份瑞士法郎期货合约（每份合约相当于 12.5 万瑞士法郎）。一旦未来瑞士法郎即期汇率真的上升，瑞士法郎期货的价格也会上升，他就可以在期货市场以更高的价格卖出瑞士法郎，抵偿自己由于即期汇率波动而受到的损失。

2. 外汇期货交易的特点

（1）标准化合约。外汇期货合约是标准化合约，即交易的货币种类和交易数量的标准化。外汇期货交易的主要品种有美元、欧元、英镑、日元、瑞士法郎、加拿大元、澳大利亚元等。但不同货币的合约规模（交易单位）是不同的，如表 9-1 所示，芝加哥国际货币市场（IMM）上英镑期货合约的交易单位是 62 500 英镑，瑞士法郎期货合约的交易单位是 125 000 瑞士法郎。

表 9-1　芝加哥国际货币市场外汇期货合约概况

合约种类	交易单位	基本点数	最小价格变动（USD）	一张合约最小价格变动（USD）	合约时间（月）
欧元（EUR）	12 500	0.000 1	0.000 1	12.5	3、6、9、12
英镑（GBP）	62 500	0.000 2	0.000 2	12.5	3、6、9、12
瑞士法郎（CHF）	125 000	0.000 1	0.000 1	12.5	3、6、9、12
加元（CAD）	100 000	0.000 1	0.000 1	10	3、6、9、12
澳元（AUD）	100 000	0.000 1	0.000 1	10	3、6、9、12
日元（JPY）	12 500 000	0.000 001	0.000 001	12.5	3、6、9、12

（2）交割月份、交割日和最后交易日的规定。交割月份是外汇期货合约规定的期货合约交割的月份，一般为每年的 3 月、6 月、9 月和 12 月。由于绝大部分合约在到期前已经对冲，故到期实际交割的合约只占很少的一部分。

交割日是合同上规定的交割日期，即交割月份中的某一日。每种货币期货都有固定的交割日，不同的交易所有不同的规定，如 IMM 市场的交割日为到期月份的第三个星期三。如果交割日恰逢休市日不营业，则向后顺延。最后交易日是指期货可以进行交易的最后一天。各交易所对此也有具体规定，如 IMM 的最后交易日为到期月份第三个星期三之前的两个营业日。

（3）统一的价格表示方法。期货价格是指期货合约中规定的期货交易的价格，即未来结算所使用的价格，也称为履约价格（Exercise Price，Strike Price）。在 IMM 市场上，所有的货币价格均以美元表示，外汇期货的价格总是处在不断的变化之中（见图 9-1）。

（4）期货合约是在期货交易所组织下成交的，具有法律效力，价格是在交易所的交易厅里通过公开竞价方式产生的。

（5）外汇期货合约规定最小波幅。价格最小波幅是外汇期货在合约的买卖时，由于供需关系使合约价格产生变化的最低限度。例如，英镑期货合约的价格最小波幅为每 1 英镑的美元汇价的 2 个基点，每份合约的美元价值为 12.5 美元；加拿大元期货合约的价格最小波幅为每 1 加拿大元的美元汇价的 1 个基点，每份合约的美元价值为 10 美元等。

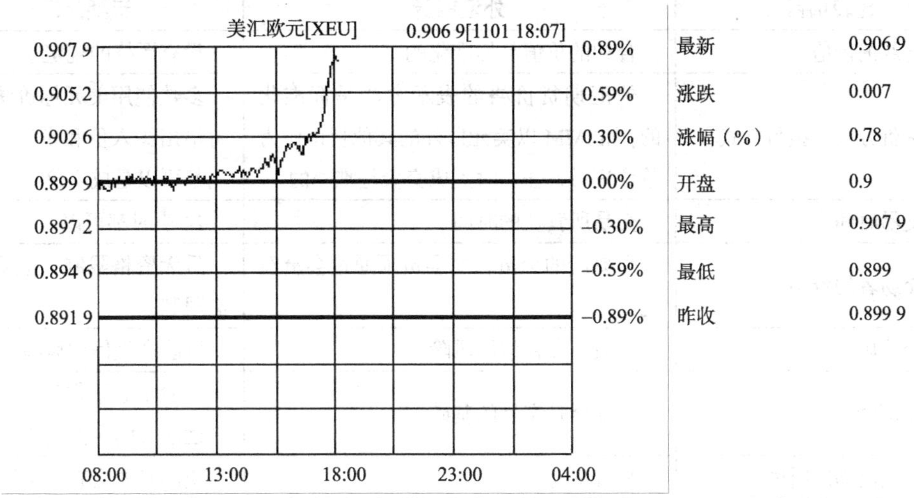

图 9-1　外汇期货价格

（6）外汇期货合约规定涨跌限制。涨跌限制是指每日价格最大波动限制（Daily Limit Moves）。一旦价格波动超过该幅度，交易自动停止，这样交易不致因价格的暴涨暴跌而蒙受巨大损失。各种外汇期货合约的每日变化的最大幅度也各不相同，如 IMM 规定开市时，日元期货的每日价格最大波动为 200 点，每点的价位是 12.5 美元，所以日元期货每份合约的每日价格最大波动为 2 500 美元。

（7）通用代号。在具体操作中，交易所和期货佣金商及期货行情表都是用代号来表示外汇期货，如英镑为 BP、加元为 CD，日元为 JY，瑞士法郎为 SF，墨西哥比索为 MP 等。

3．外汇期货与远期外汇的比较

（1）相同点：

- 都是通过合同形式，把购买或卖出外汇的汇率固定下来。
- 都是在一定时期以后交割，而不是及时交割。
- 购买与卖出的目的都是为了保值或投机。

（2）不同点（见表 9-2）：

表 9-2　外汇期货与远期外汇的区别

比较项目	外汇期货	远期外汇
（1）交易场所	有形的期货交易所	无形市场
（2）交易货币的种类、期限	少数几种，标准化的交割期限，如到期月份的第三个星期三	无固定的标准

续表

比较项目	外汇期货	远期外汇
（3）合约的价值	合约的价值是标准化的	没有严格的规定
（4）标价方式、报价方式	外汇期货价格的表示方法是标准化的，如IMM以美元以外的其他货币作为单位货币，任一时刻成交价是唯一的	多数使用美元标价法，同时给出买入价和卖出价，它们都可以是成交价
（5）交易时间	交易所营业的时间	24小时都可以
（6）交易者的资格	交易所的会员，非会员须通过会员经纪人	虽无资格限制，但受交易额限制
（7）合约风险	一般不存在信用风险	可能产生信用风险
（8）保证金	保证金是交易的基础	一般不收取保证金，大约为远期合同金额的5%～10%
（9）现金流动的时间	每日都有	交割时才会有现金流动
（10）合约的流动性	强，实际交割的不到2%，绝大多数提前对冲	差，90%以上到期交割

9.1.2 外汇期货市场

1．外汇期货市场的构成

外汇期货市场（Forward Exchange Market）是指按一定的规章制度买卖期货合同的有组织的市场，一般由外汇期货交易所、清算机构、会员、经纪商和一般客户构成，如图9-2所示。

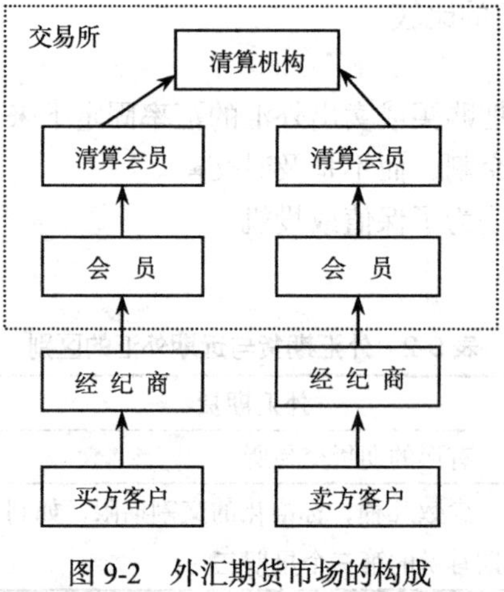

图9-2 外汇期货市场的构成

（1）期货交易所（Futures Exchange）。期货交易所是具体买卖期货合同的场所。期货交易所是自发的、非营利性的会员组织，由交易所会员共同出资建立。交易所是非营利性机构，本身不参加交易，不拥有任何商品，只是提供交易的场地、设备，并制定相应的规章制度。只有取得交易所会员资格的人才能进入交易所场地内进行期货交易，而非会员则只能通过会员代理进行期货交易。

目前，全球较大的外汇期货交易所主要有芝加哥商业交易所（CME）的国际货币市场（IMM）、伦敦国际金融期货交易所（LIFFE）、费城期货交易所（PBOT）、中美洲商品交易所（MCE）、东京期货交易所（TIFFE）、新加坡期货交易所（SIMEX）和悉尼期货交易所（SFE）等，每个交易所基本都有本国货币与其他主要货币交易的期货合约。

（2）清算机构（Clearing Traders）。清算机构又称清算公司、结算所，是交易所下属的具有独立法人资格的营利性机构。清算机构负责对期货交易所内的期货合约进行登记、交易和清算，它是期货市场运行机制的核心。

清算机构同时是期货合约买卖双方的最后结算者。对于买方来说，清算机构是卖方；对于卖方来说，清算机构则是买方。交易所会员在买进或卖出期货合约时，先不做现金结算，而是由清算机构统一办理。

（3）交易所会员（Exchange Members）。交易所会员，就是在期货交易所中拥有会员资格的自然人或法人，即通常我们所说的在交易所拥有“席位”。交易所席位本身是一个具有价值的商品，可以在市场上进行转让和买卖。例如，现在芝加哥商业交易所的一个席位的价格大约是 765 000 美元，而在 1997 年 12 月的价格为 465 000 美元。

会员缴纳会费，以保证交易所的正常运作；当交易所经营出现亏损时，会员必须承担增缴会费的义务，而当交易所出现盈余时，会员没有回报的权利。交易所会员有权在交易所内从事交易活动，对交易所的运作经营具有发言权。交易所会员通常分为两类：一般会员和全权会员。

1）一般会员，是指在期货交易所内从事与自己生产和经营业务有关的期货和约买卖的会员。一般会员不能接受其他非会员的委托，代理其他非会员的交易。

2）全权会员，是指那些不仅可以自己进行交易，还可以接受非会员的委托，代理其他非会员在交易所进行交易的会员。

成为期货交易所会员，需要经过严格的审查，交易所设有专门的会员资格审查委员会，对申请成为会员的交易商从经营、信用、财政以及社会地位等各方面进行严格审查。一般来说，交易所会员的数量是有限制的，如芝加哥期货交易所会员人数总计 3 490 人，其中正式会员 1 402 人；芝加哥商业交易所会员人数 2 724 人，其中芝加哥商业交易所会员席位 625 人，国际货币市场部分席位 812 人，指数及期权市场部分席位 1 287 人。

（4）经纪商（Futures Commissions Company）。经纪商是为买卖双方代为达成外汇期货合约的公司。经纪商必须是经注册的期货交易所的会员，按其职能不同，可分为场内经纪商（Floor Brokers）和场内交易商（Floor Traders）。

1）场内经纪商是广大非会员参加期货交易的中介，其主要职能是：向客户提供完成交易指令的服务；记录客户盈亏，并代理期货合同的实际交割；处理客户的保证金；向客户提供决策信息以及咨询业务等，同时收取佣金。

2）场内交易商一般只为自己的利益进行外汇期货交易，以赚取买卖差价为主。

想一想 以上两种经纪商承担风险的情况如何？

（5）一般客户（General Trader）。也称公众交易者或非商业交易者，指非交易所会员的客户。这些交易者从事交易的主要目的是防范风险或投机。非会员交易者只有通过经纪商才能参与期货的买卖。

2．外汇期货市场的功能

（1）价格发现。价格发现即外汇期货市场形成货币价格。这些货币价格反映了大量买方和卖方对目前供求形势和价格的综合看法。

（2）风险转移。套期保值通过对外汇期货合约的买卖，将面临的汇率风险转移出去，以达到避险的目的。

（3）投机。指在目前或未来并无现货头寸的情况下进行外汇交易，而从期货的价格变动中获得利润的行为。由于期货市场保证金要求不高，因而投机者可以用少量资金进行大规模的投机活动。

9.1.3 外汇期货交易的基本规则

外汇期货交易的基本规则是指由交易所制定的、旨在保证交易顺利进行的规章制度中最为重要的交易规则，主要包括公开叫价制度、保证金制度、每日清算制度、结算及交割等。下面重点介绍保证金制度和每日清算制度。

1．保证金制度（Margin System）

保证金是用来确保期货买卖双方履约并承担价格变动风险的一种财力担保金。在外汇期货交易中设立保证金是为了防止投资者因为外汇期货市场汇率变动而违约，从而给结算公司带来损失。

参加外汇期货交易的各方必须交纳保证金。会员必须向交易所的清算机构交纳保证金，非会员必须向经纪公司（会员）交纳保证金。期货交易的保证金除了防止各方违约的作用外，还是结算制度的基础。

保证金按交纳的时间和金额比例不同，有以下几种。

（1）初始保证金（Initial Margin）。也称为原始保证金（Original Margin），是交易中新

开仓时必须依照各类合约的有关规定向清算所交纳的资金，通常为交易总额的一定比例。例如，IMM 规定英镑期货合约的初始保证金为每张 2 800 美元，任何人只要在外汇期货市场上开户并交足初始保证金，就可以进行外汇期货交易。

（2）维持保证金（Maintenance Margin）。经过每日清算后，交易者每日的浮动盈亏将会增减保证金账户余额，超过原始保证金部分的金额可以被交易者提领。同时保证金账户也规定了一个交易者必须维持的最低余额，称为维持保证金。例如，IMM 规定英镑期货合约的维持保证金为 2 100 美元，即当交易中如果当日亏损，保证金账户余额低于 2 100 美元时，必须在规定的时间内将保证金补充至初始余额 2 800 美元，否则在下一交易日，交易所有权强行平仓。

（3）变动保证金（Variation Margin）。也称为追加保证金，即初始保证金与维持保证金之间的差额，如表 9-3 所示。

表 9-3　IMM 外汇期货合约保证金的要求

期货合约货币种类	初始保证金	维持保证金
英镑	2 800	2 100
日元	2 700	2 000
瑞士法郎	2 700	2 000
加元	1 000	800
澳元	2 000	1 500

想一想　每种期货合约的变动保证金是多少？

保证金制度是期货制度的灵魂，其顺利实施又有赖于每日清算制度。

2. 每日清算制度（Mark to Market Daily）

每日清算制度是指交易所的清算机构在每日闭市后对会员的保证金账户进行结算、检查，通过适时发出保证金追加单（Margin Call），使保证金余额维持在一定水平，即在维持保证金之上，从而防止负债发生的一种制度，其目的是控制期市风险。

每日清算制度的实施过程如下：

（1）每一交易日结束后，清算机构根据当日成交情况结算出当日结算价格；

（2）根据结算价格计算每位会员持仓的浮动盈亏，调整其保证金账户余额；

（3）若调整后的保证金账户余额小于维持保证金，交易所便发出通知，要求在下一交易日开始之前追加保证金，否则强行平仓。

由于每日清算制度的存在，会员账户上每日都有现金流的发生（见表 9-4）。

表 9-4　现金流与保证金情况变化表

日期	结算价	变动	客户 A（买入）现金流（美元）	客户 A（买入）余额（美元）	客户 B（卖出）现金流（美元）	客户 B（卖出）余额（美元）
7 月 5 日	0.613 2			初始 2 000		初始 2 000
	0.614 0	+0.000 8	+100.0	2 100.0	–100.0	1 900.0
7 月 6 日	0.615 2	+0.001 2	+150.0	2 250.0	–150.0	1 750.0
7 月 7 日	0.607 8	–0.007 4	– 925.0	1 325.0	+925.0	2 675.0
7 月 8 日	0.609 9	+0.002 1	+ 262.5	2 262.5	–262.5	2 412.5
7 月 9 日	0.605 7	–0.002 4	–300.0	1 962.5	+300.0	2 712.5
合　计		–0.005 7	–712.5	–712.5	+712.5	+712.5

（注：其中 0.613 2 为开立价，0.607 5 为终结价。）

9.2 外汇期货交易方式及工作流程

外汇期货交易主要可通过下列三种方式进行：以公开叫价的形式在交易大厅内进行、场外交易和利用电子自动配对系统（如 GLOBEX）进行。目前衍生品交易正在向全电子化方向发展。下面分别对三种交易方式进行简要介绍。

9.2.1　场外交易及流程

场外交易是指没有会员资格的客户，通过委托经纪公司进行期货交易的行为，其交易流程如下。

1．选择期货经纪公司

经纪公司是普通客户和交易所之间的纽带，因此选择一个运作规范、服务优良、综合实力较强的经纪公司是期货交易的首要环节。

2．开户与入金

客户应与所选择的期货经纪公司签订开户合同书及其他必要的相关文件，如电话委托协议、网上委托协议，并开立期货交易账户，根据自身交易要求，投入一定保证金。

3．下达指令

客户（期货买方或卖方）根据对期货行情的分析判断，选择通过书面委托、电话委托、网上委托等方式买入或卖出、开仓或平仓某一种数量的某种期货合约。

4．指令进场交易

经纪公司将客户指令直接下达至期货交易所场内主机，按时间优先、价格优先的原则进行撮合交易。

5．成交回报

经纪公司将成交情况按事先约定的方式回报给客户。

6．结算

经纪公司根据交易所每日收盘后公布的统一结算价对客户当日交易及持仓情况进行盈亏、手续费、保证金等的清算，并向客户提供相关的结算单据。客户也可自行拨打电话或上网查询。

7．交割

外汇期货合同具有双向性，因此外汇期货交易极少在到期日交割，一般随时做一笔相反方向的交易进行平仓。

9.2.2　场内交易系统及工作流程

交易池是交易所指定的可以进行期货交易的指定场所。交易所的交易池一般呈八角形或圆形，四周是由高向低的台阶，中间交易池处于最低的位置，两边台阶依次上升，交易者站在台阶上，每个人都比前边的人高一点。交易池分成多个交易区域，近期交易合约处于一个特定的位置，而远期月份的合约则分布在近期合约的周围。

下面以美国芝加哥商业交易所（CME）为例，介绍期货委托单在系统内流转的传统步骤（见图 9-3）

（1）客户决定买进或卖出某期货合约。通过期货经纪商的下单软件将订单的详细信息（交易手数、买或卖、交易品种、交割月份、希望成交价格等）直接传至指定交易所的 TOPS 终端。TOPS 系统会根据交易订单的信息，首先确认账户的合法性，通过确认的订单将自动传送到指定交易池的经纪商公司的会员控制台，或通过电话将订单信息传至期货经纪商，再由期货经纪商直接传至其指定交易池的控制台。

（2）会员控制台收到客户指令后，会马上通知跑单员，跑单员将尽快通知场内交易员。控制台到场内交易员的连接，目前很多公司已经使用掌上电脑进行，控制台收到客户订单信息的第一时间，场内交易员已经得到相应的信息。场内交易员可以马上撮合交易，这缩短了成交的时间，提高了工作效率。

（3）场内交易员通过公开喊价撮合成交客户的订单，一旦完成撮合过程，场内交易员马上将成交信息记录到记录卡上，将记录卡交给跑单员，由跑单员将交易信息（记录卡）传给控制台。

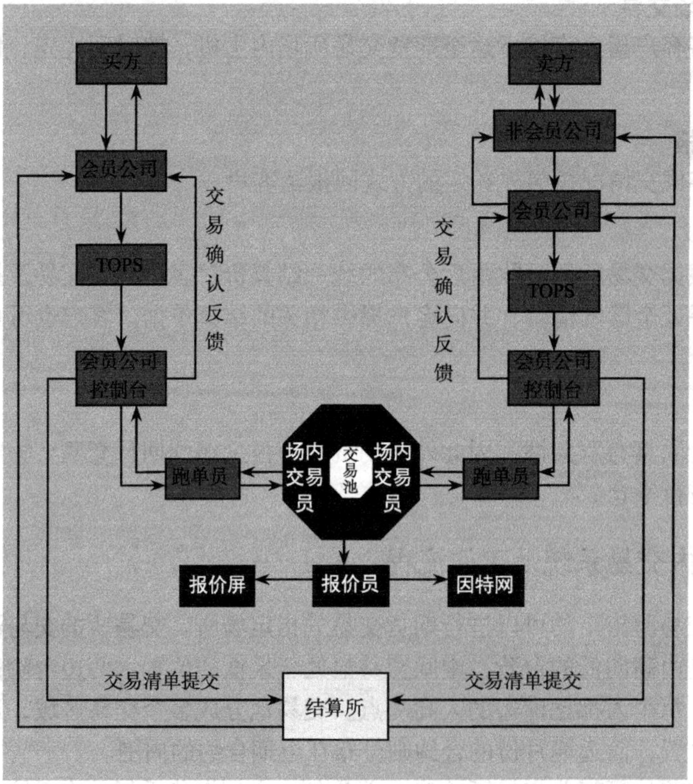

图 9-3　CME 期货委托单在系统内流转的传统步骤

（4）控制台工作人员将交易信息输入计算机，传送回公司和客户。同时将交易记录传至结算所，等待最后确认。

（5）收到结算所通知后，期货经纪商编制交易确认报告并寄给客户，完成整个交易。

由此可见，整个过程多人参与，各司其职。尽管有多个步骤，但整个过程非常高效，委托单可以在一至两分钟内执行完毕。

9.2.3　电子自动撮合系统

进入 21 世纪，随着计算机技术的快速发展，越来越多的交易品种已经开始使用电子自动撮合系统。目前，各期货交易所都在抓紧时间完成各品种的电子交易系统。例如，2006 年 8 月 1 日，芝加哥期货交易所终于启动了呼唤已久的电子平台“肩并肩”（Side by Side）与场内公开喊价（Out Cry）实现同时运行，同年 8 月 28 日开始的人民币期货交易，不采用场内交易，而直接采用电子交易系统（GLOBEX）。这些信号暗示，电子交易有在未来取代场内交易的趋势。

电子自动撮合系统是将所有的电子终端通过因特网连接后，再连接到一个电子自动撮合系统终端，如 CME 的 GLOBEX 终端，它将按照价格优先、时间优先的交易规则自动完成买卖撮合（First in，First out）。

以 CME 的电子交易系统 GLOBEX 为例，当客户通过期货代理公司的终端进入 GLOBEX 执行和约的买卖时，系统将首先核实账户的合法性和资金，在几秒内，客户将收到一条信息“订单已经被系统接受”（The order has been received by the system），之后计算机将根据价格优先、时间优先的原则，将客户的订单放到队列中对应的位置等待系统自动撮合。

以下是电子自动撮合系统的流程图，如图 9-4 所示。

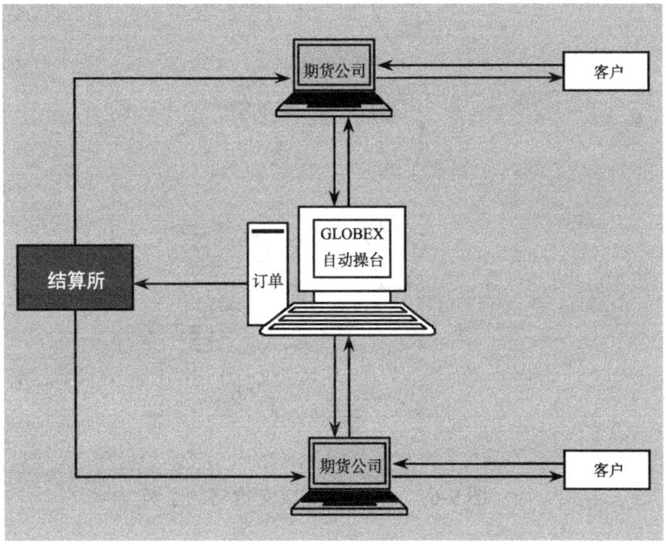

图 9-4　电子自动撮合系统的流程图

补充阅读资料 9-1

外汇期货交易手势

在场内交易方式下，场内经纪人根据订单要求在交易柜台内公开叫价，与交易对方定价成交并记录确认交易行为。在交易大厅场音嘈杂时，他们用一套标准手势来进行交易，如图 9-5～图 9-8 所示。

随着计算机的飞速发展，现在越来越多的品种采用了计算机自动交易系统，在不久的将来，也许大家将看不到这种壮观、声势浩大的池内手势交易系统了。

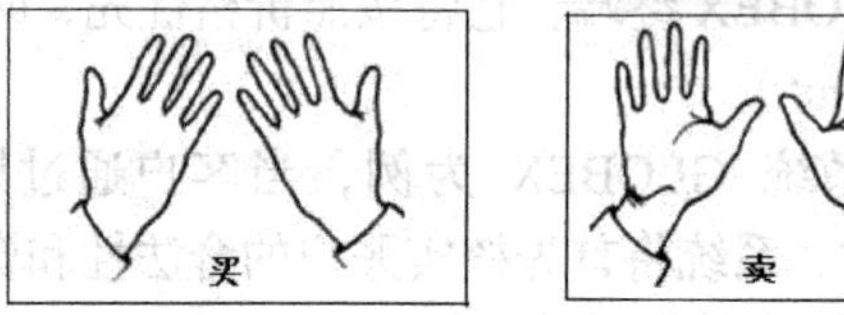

图 9-5　外汇期货买卖的手势

成交价格：只用手势表示出最后一位数

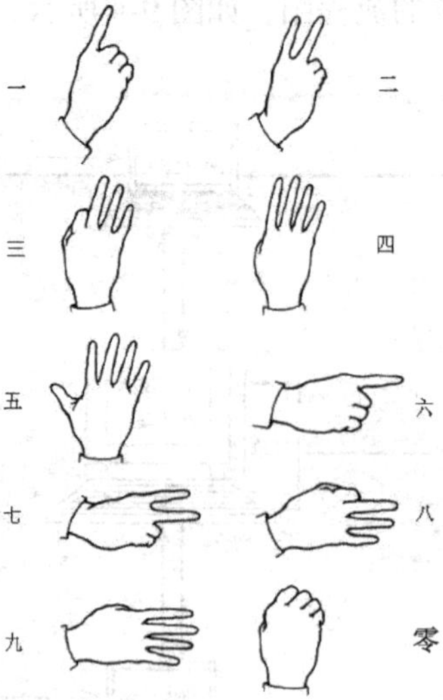

图 9-6　外汇期货成交价格的手势

交易手势：代表数字的手势指向面部

图 9-7　外汇期货交易手数的手势

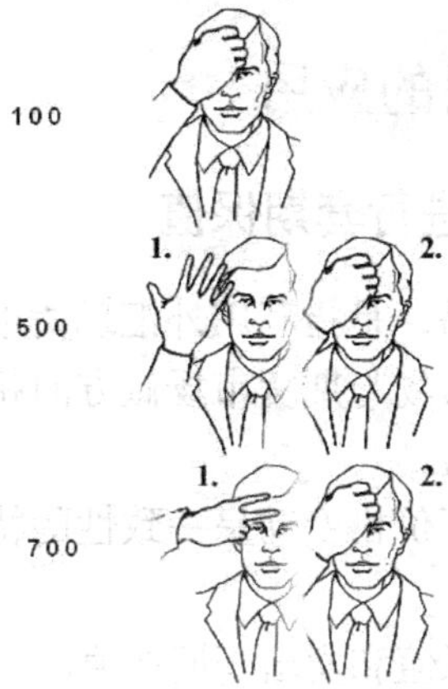

图 9-7　外汇期货交易手数的手势（续）

交割月份

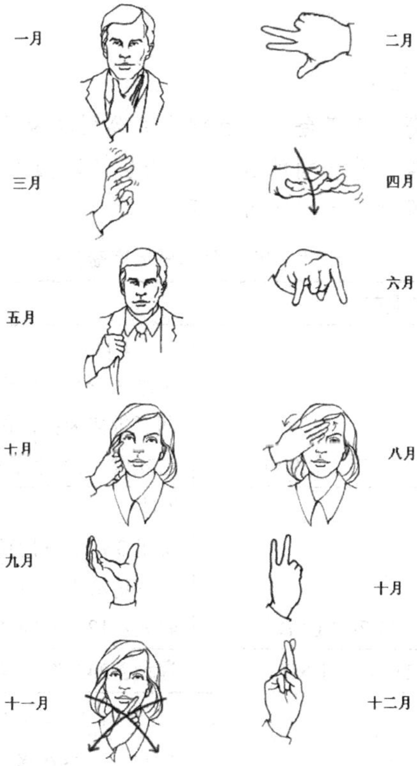

图 9-8　外汇期货交割月份的手势

9.3 外汇期货交易的应用

9.3.1 利用外汇期货进行套期保值

套期保值，又称对冲交易，是指利用外汇现货市场价格与期货市场价格同方向、同幅度变动的特点，在外汇现货市场与期货市场做方向相反、金额相等的两笔交易，以便对持有的外币债权或债务进行保值。

外汇期货价格与即期外汇价格变动呈一致性的特性，这是外汇期货交易可以用来防范汇率风险的原因。

套期保值分为买入套期保值和卖出套期保值。

1．买入套期保值——多头套期保值（Long Hedge）

指在期货市场上先买进某种货币期货，然后卖出该种货币期货，以抵消现汇汇率上升而给负有的外汇债务带来的风险。这一操作适用于进口商、短期外汇负债者。

个案思考与分析 9-1

3月末美国某公司急需一笔资金，而其瑞士分公司在9月前恰巧有（35万）瑞士法郎暂时不用，于是总公司将瑞士分公司的35万瑞士法郎调回国使用，为防范3个月后瑞士法郎风险，决定做多头套期保值，如表9-5所示。

表 9-5 多头套期保值损益分析 1

现汇市场上的损益	期货市场上的损益
4月1日 卖出35万瑞士法郎， 汇率：USD1=CHF1.5 404 收入：350 000 ÷ 1.5 404=227 213.71（USD）	4月1日 买进3份8月份瑞士法郎期货， 期货价格为：每份0.645 8 USD 需支付：125 000 × 3 × 0.645 8=242 175（USD）
7月1日 买进35万瑞士法郎， 汇率：USD1= CHF1.539 6 支付：350 000 ÷ 1.539 6=227 331.78（USD）	7月1日 卖出3份8月份瑞士法郎合约， 期货价格为：每份0.649 4 USD 收入：125 000 × 3 × 0.649 4=243 524（USD）
亏损：227 213.71–227 331=–118.07（USD）	赢利：243 525–242 175=1 350（USD）

分析：从表9-5中可以看出，由于瑞士法郎汇率上升，使得3个月的现汇市场上买进35万瑞士法郎多支付118.07美元，但期货市场赢利1 350美元，大大抵消了这一损失。同理，如果3个月后瑞士法郎下跌，公司期汇损失可通过现汇市场得以补偿。

个案思考与分析 9-2

美国某进口商在 6 月 8 日从瑞士进口价值 240 000 瑞士法郎的商品，三个月后，即 9 月 8 日需向瑞士出口商支付 240 000 瑞士法郎的货款。假设 6 月 8 日的市场行情为即期汇率 USD1=CHF1.6511，9 月期瑞士法郎期货价格为每份 0.605 7USD；9 月 8 日的市场行情为即期汇率 USD1=CHF1.6471，期货的价格为每份 0.607 1USD。

思考：美国进口商如何利用期货交易防范汇率风险？

分析（见表 9-6）：

表 9-6　多头套期保值损益分析 2

	即期市场上的损益	期货市场上的损益
6 月 8 日	CHF240 000 ÷ 1.6511=145357.64 美元	买进 2 份瑞士法郎期货，价值为 2 × 125000 × 0.6057=151425 美元
9 月 8 日	CHF240000 ÷ 1.6471=145710.64 美元	卖出 2 份瑞士法郎期货，价值为 2 × 125000 × 0.6071=151775 美元
在即期市场上，如果在 9 月 8 日买入瑞士法郎与在 6 月 8 日买入相比，需多付 145710.64 − 145357.64=353 美元		在期货市场上可多得 151775−151425=350 美元

表 9-6 说明该美国进口商通过期货市场上的收益弥补了即期市场上的损失。

2．卖出套期保值——空头套期保值（Short Hedge）

指在期货市场上先卖出某种货币期货，然后买进该种货币期货，以抵消现汇汇率下跌给持有的外汇债权带来的风险。这一操作适用于：出口商、应收款的外汇债权者。

个案思考与分析 9-3

美国的某跨国公司设在英国的分支机构急需 625 万英镑现汇支付当期的费用，此时美国的这家跨国公司正好有一部分闲置资金，于是 3 月 12 日向分支机构汇去了 625 万英镑（按当日的现汇汇率 GBP1=USD1.5790/1.5806 进行折算）。为了避免将来收回款项时（设 3 个月后偿还）因汇率波动（英镑汇率下跌）带来的风险，美国这家跨国公司便在外汇期货市场上做英镑空头套期保值业务（见表 9-7）。

分析：从表 9-7 可以看出，由于英镑兑美元贬值，美国公司在现汇市场上的交易亏损 3.75 万美元，在外汇期货市场上的交易赢利 4.187 5 万美元，套期保值最终赢利为 4 375 美元。如果该公司没有进行套期保值，在 3 月 12 日的现汇市场买入 625 万英镑，6 月 12 日收回英镑时在现汇市场卖出，会因英镑贬值而净损失 3.75 万美元。当然，如果英镑升值，该损失不会发生。但是，在3月12日买入现汇时，并不知道3个月后英镑到底升值还是贬值，升值固然有利，万一贬值该公司必然蒙受损失。一旦采取了套期保值，英镑在现汇市场上贬值，在期货市场上也会贬值，由于期货与现汇是反方向的操作，因此该公司在外汇期货交易中将获利，以此抵消现汇交易中的损失。

表9-7 空头套期保值损益分析1

现汇市场	期货市场
3月12日，按当日汇率GBP1=USD1.580 6买进625万英镑，价值987.875万美元	3月12日，卖出100份于6月份到期的英镑期货合约，每份62 500英镑，价格为每份1.580 0美元，获得987.5万美元
6月12日，按当日汇率GBP1=USD1.574 6卖出625万英镑，价值984.125万美元	6月12日，买进100份6月份到期的英镑期货合约，价格为每份1.573 3美元，支付983.3125万美元
盈亏计算： 984.125－987.875=–3.75万美元	盈亏计算： 987.5–983.312 5=4.187 5万美元
净盈亏：4.187 5－3.75=0.437 5万美元	

个案思考与分析9-4

在3月6日，美国出口商向加拿大出口一批货物，价值500 000加元，以加元结算，3个月后收回货款，美国出口商用外汇期货交易来防范汇率风险。3月6日的市场行情为即期汇率USD1=CAD1.1779，6月份的加元期货价格为每份0.849 0美元；6月6日的市场行情为即期汇率USD1=CAD1.1820，6月份的加元期货价格为每份0.846 0美元。

思考：美国出口商如何利用期货交易防范汇率风险？

分析（见表9-8）：

表9-8 空头套期保值损益分析2

	即期市场上的损益	期货市场上的损益
3月6日	500 000加元价值相当于 500000÷1.1779=424484.25美元	卖出5份6月期的期货，价值为 5×100000×0.8490=424500美元
6月6日	500 000加元价值相当于 500000÷1.1820=423011.84美元	买入5份6月期的期货对冲原有期货，价值为 5×100000×0.8460=423000美元
6月6日卖出加元与3月6日卖出加元相比，损失为： 423011.84－424484.25=－1472.41美元		在期货市场上加元的对冲交易，收益为： 424500－423000=1500美元

9.3.2　利用外汇期货进行投机

外汇期货投机，指外汇期货投机者并未实际持有外币债权或债务，而是通过自己对外汇期货行情的预测，通过在期货市场上的贱买贵卖来赚取差价利润。

与套期保值者不同的是，外汇期货投机并不是因为债权与债务结算而进入外汇市场，这完全是投资者根据自己对期货行情的预测及判断，进行对冲赚取差价的行为。若该投机者预测汇率上涨买入外汇期货契约，即做多头，若预测下跌则卖出期货契约，即做空头。

1．多头投机

又称买空交易，指投机者预测将来某种外汇期货合约的价格将上涨，便先购买该合约，即做多头，待价格上涨至预期目标时，再将其卖出以获得低价买、高价卖的好处。

个案思考与分析 9-5

某外汇投机商 3 月 1 目预测日元对美元汇率上升，于当天在 IMM 市场买进 12 月交割的日元期货合约 10 份，并按要求交纳了保证金。6 月 1 日日元果然升值，则抛出 10 份日元期货合约，获利情况如下：

3 月 1 日买进 10 份日元期货合约（12 月交割），成交价为 100 日元=0.7813 美元；

6 月 1 日卖出 10 份日元期货合约（12 月交割），成交价为 100 日元=0.8197 美元。

赢利：1250 万×10×（0.8197–0.7813）÷100=4.8 万美元。

2．空头投机

又称卖空交易，指投机者预测将来某种外汇期货合约的价格将下跌，而采取事先出售该合约，即做空头，待价格下跌至预期目标时，再买进该合约以获得高价卖、低价买的好处。空头投机的原理和多头投机一样，只是反向运作。

多头和空头投机成功的关键是投机者能否正确地预测未来汇率的变化方向。如果预测准确的话，会因期货交易的杠杆效应带来巨大的收益；但如果期货行情与所预测方向相反，则会给投机者带来难以估计的损失，这正是外汇期货投机的巨大风险所在。

个案思考与分析 9-6

7 月 5 日，甲、乙二投机者对期货价格走势进行了预测，甲认为瑞士法郎期货价格将升高，乙认为瑞士法郎期货价格将走低，二人分别根据自己的预测判断情况进行了 10 份瑞士法郎期货投机。设 7 月 5 日他们买卖九月期瑞士法郎期货的成交价都是每份 0.611 6 美元，到 8 月 9 日 9 月份期货价格的结算价为每份 0.600 8 美元（一份瑞士法郎期货合约的价值为 125 000 瑞士法郎）。

问题1：甲、乙二人分别进行了何种交易？
问题2：到8月9日收盘后，二人账面损益分别为多少？为什么？

分析：

（1）甲进行多头投机（预测行情上涨，先买后卖）；
乙进行空头投机（预测行情下跌，先卖后买）。

（2）二人账面损益的计算：

$$(0.6116-0.6008)\times125000\times10=13500\text{ 美元}$$

由于8月9日期货价格正如乙所判断的下跌行情，因此
乙的收益为13 500美元；甲的损失为13 500美元。
原因是甲判断失误，乙判断正确。

补充阅读资料9-2

人民币期货——未来明星交易品种

2006年8月28日，人民币期货和期权合约在芝加哥商业交易所（CME）首次上市交易。首日开盘价位0.125 61美元（1美元合7.96元人民币）。两年以来，这个人民币期货品种的交易颇为清淡，截至今年7月10日，今年9月份人民币期货收盘价为0.147 69美元（1美元合6.77元人民币），上涨幅度为17.5%，其中在今年3月14日创下此合约的最高价0.149 18美元（1美元合6.70元人民币）。全球领先的衍生产品交易期货经纪公司MF GLOBAL的衍生产品市场专家（DMS）杨韬曾多次参与并长期关注人民币期货和期权品种的走势，限于公司纪律他不能介绍自己的实战经历和策略。他告诉《第一财经日报》，目前人民币期货的合约价值为100万元人民币，最小变动价位为0.000 01美元（对应每张合约10美元），合约的初始保证金为1 080美元，维持保证金为800美元，作为不可交收的远期合约一律采取现金交割方式。

“此外，该品种最大持仓头寸限制为6 000张，交割月份为2 000张，交易月份为3、6、9、12四个月份。交易平台为CME所属的强大的GLOBEX电子交易平台。除美元/人民币货币对外，CME还推出了欧元/人民币、日元/人民币的交叉汇率期货和期权合约。”

（**资料来源：**《第一财经日报》，2008年7月13日）

补充阅读资料 9-3

两大交易所计划在港推出离岸人民币期货交易

在对人民币的兴趣攀升、外汇汇率波动加大之际，全球市值最大的两家交易所都计划在香港推出离岸人民币期货交易，这将是此类金融产品的首次问世。

这一金融衍生产品将有助于投资者及在中国开展业务的制造业企业抵御来自人民币汇率波动的风险。在今年中央政府批准扩大人民币兑美元的日波幅区间之后，该汇率的波动性有所增加。年初截至目前，人民币兑美元已累计下跌 0.5%。从 2005 年中国实施汇率改革至 2011 年年底，人民币兑美元累计升值 31%。

香港交易及结算所有限公司(Hong Kong Exchanges & Clearing Ltd., 0388.HK, 简称：香港交易所)计划下周一在香港启动人民币期货交易，交易品种为期限至多一年的合约。与此同时，芝加哥商业交易所控股公司（CME Group Inc., CME）将于今年年底前推出期限最长为三年的人民币期货合约。

新生的人民币产品市场（还包括利率掉期和期权）竞争激烈。芝加哥商交所和香港交易所希望这次推出的期货产品能让它们在人民币国际化进程中扮演重要角色。过去两年，中国政府已逐步放宽了对人民币在大陆以外市场使用的限制。而芝加哥商交所在 5 年前就推出了无本金交割人民币产品，而且该交易所正在关注人民币市场的长期增长机会。

（**资料来源：**《华尔街日报中文版》，2012 年 07 月 14 日）

补充阅读资料 9-4

美国 CME 交易所内的人员构成

1．场内经纪人

场内经纪人（Floor Brokers）主要是帮助客户在交易池（Pit）内完成订单的撮合。其中，有一部分场内经纪人是独立会员，自己本身拥有交易所席位，可以直接接受客户的订单，替客户完成场内交易过程；另一部分是会员公司的雇员，只替会员公司的客户完成场内交易。

场内经纪人身穿红色马甲，或自己公司标志性的颜色。

注意：目前很多场内经纪人在替客户交易的同时，也在为自己交易。

2．自营交易员

自营交易员（Locals）通常是交易所会员，或租用交易所席位，在场内专门为自己交易，不代替别人进行交易的场内交易员。

自营交易员根据持仓的时间不同，分为以下三种。

（1）日交易者（Day Trader）。他们一般在开盘后就进场，在收盘之前了解所有的头寸，只进行当天的交易，这种交易的数额一般都比较大。

（2）头寸交易者（Position trader）。他们一般会持有头寸几周后才进行平仓，实现对冲。他们大多是专业的投资大户，资金量比较雄厚，交易量大，持仓时间也比较长。

（3）抢帽子者（Scalpers）。他们在交易所四处活动，只要发现买卖双方的价格出现了有利可图的价差，就马上介入，以赚取哪怕是十分微薄的利润。他们的投资金额不大，交易量小，持仓时间短，但是，他们是交易池中最活跃的因素，频繁地买进卖出，填补买卖价差，有利于均衡价格形成。

注意：现在有一部分自营交易员在自己交易的同时，也替某会员公司的客户进行交易。

3．会员公司职员

会员公司通常在交易池旁边设有一个控制台，有专门的职员盯守。其主要任务是接受会员公司的客户通过电话或电子网络传来的买卖订单，然后及时将订单传给跑单员，由跑单员通知场内交易员，完成撮合成交后，及时将跑单员传回的成交信息传回会员公司，同时转发至结算所，会员公司接收到数据后会及时通知客户，确认订单已成交。

职员穿着特殊颜色的制服，如在芝加哥商业交易所 CME 各会员公司职员的制服为金色的外套。

4．跑单员（Runners）

跑单员的职责是将控制台接收到的客户订单指令的详细信息及时传给本公司的场内交易员，或替公司完成交易的入市交易员（自营交易员）。等交易员完成交易池内撮合交易后，及时将交易员完成的交易记录卡传给公司控制终端，由公司职员输入计算机，传给结算所、公司和客户。

随着计算机的普及和快速发展，目前一些公司的跑单员的工作已经被先进的掌上电脑所取代。例如，现在被广泛使用的 CUBC 和 EC，将控制台与场内交易员连接，完全取代了跑单员的工作，使得交易的速度和准确性大大提高了。

跑单员的制服的颜色为金色外套。

5．交易所雇员

交易池内的交易所雇员有：交易池监督和报价员。

交易池监督确保交易池秩序正常，使交易能够在公开、公平和公正的原则下进行。一旦发现交易中的问题，及时通知相关行政部门或直接上报交易委员会。

报价员将最后成交的价格输入计算机，最后的价格通过网络显示在报价屏上，所有的场内交易员都可以看到。同时，这些数据也会在第一时间传给数据提供商（如美联社、路透社等），通过数据提供商传至世界各个需要的角落。

美国 CME 交易所内的人员构成如图 9-9 所示。

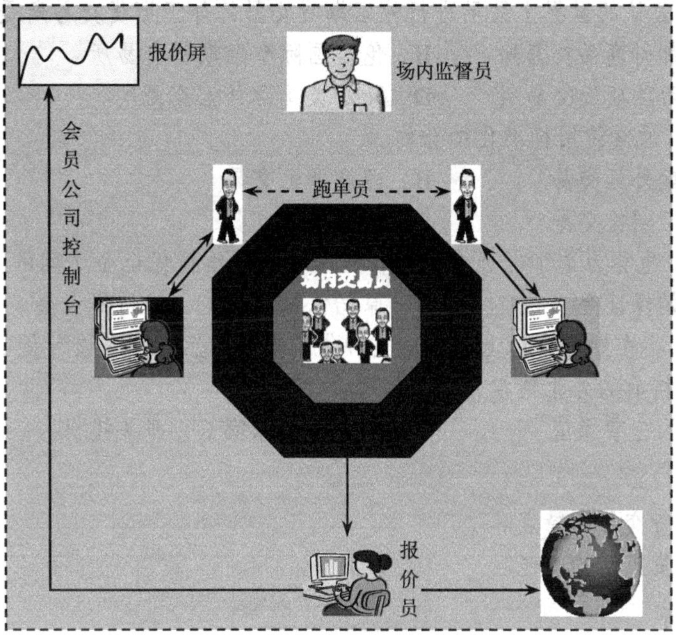

图 9-9 美国 CME 交易所内的人员构成

本章小结

- 外汇期货交易的概念及特点，外汇期货市场的构成及交易规则。
- 外汇期货交易方式及流程，包括场外交易及流程、场内交易系统及流程，以及电子自动撮合系统。
- 外汇期货交易的应用，包括外汇期货交易的主要功能、外汇期货套期保值，以及外汇期货投机的操作。

复 习 题

1. 填空题

（1）外汇期货交易是通过买卖________的外汇期货合约来进行的外汇交易。

（2）外汇期货市场一般由________、________、________、________、________构成。

（3）________交易适用于进口商、短期外汇负债者，而________交易适用于出口商、应收款的外汇债权者。

2. 选择题

（1）目前，公认的世界上最早进行外汇期货交易的外汇期货交易所是（　　）

A．芝加哥商品交易所　　B．伦敦国际金融期货交易所

C．新西兰期货交易所　　D．新加坡国际外汇交易所

（2）（　　）通常使用标准化的合约。

A．远期外汇交易　　B．即期外汇交易

C．外汇期货交易　　D．外汇期权交易

（3）（　　）也称为追加保证金，即初始保证金与维持保证金之间的差额。

A．初始保证金　　B．原始保证金　C．维持保证金　D．变动保证金

（4）（　　）指在期货市场上先卖出某种货币期货，然后买进该种货币期货，以抵消现汇汇率下跌而给持有的外汇债权带来的风险。

A．买入套期保值　　B．卖出套期保值 C．多头投机　　D．空头投机

3. 简答题

（1）外汇期货交易的特点。

（2）外汇期货市场的功能。

4. 案例分析

（1）某年3月6日，美国一出口商向加拿大出口一批货物，价值500 000加元，以加元结算，3个月后收回货款，若3个月后加元贬值，试分析以下问题。

问题1：如果不采取任何保值措施，该美国出口商将会面临损失还是收益？

问题2：该损失是否可以弥补？方法是什么？

问题3：该美国出口商如何利用外汇期货交易来防范汇率风险？

（2）某年2月15日，甲、乙二投机者对期货价格走势进行了预测，甲认为加元期货价格将升高，乙认为加元期货价格将走低，二人分别根据自己的预测判断情况进行了加元期货投机。设2月15日他们买卖3月期加元期货的成交价都是每份0.845 0美元，到3月9日4月份期货价格的结算价为每份0.850 0美元，试分析以下问题。

问题1：甲、乙二人分别进行了何种交易？

问题2：到3月9日收盘后，二人账面损益分别为多少？为什么？

5. 实训题

（1）美国某公司在3月份买进英国分公司设备100万英镑，双方商定3个月后付款。美国公司担心3个月内英镑升值，公司会支付更多的美元货款。为此，美方决定通过期货市场防范风险。若3月份即期汇率为1英镑=1.8000美元，此时期货价格（六月份到期）为1英镑=1.9500美元，如果不考虑佣金、保证金及利息，计算该进口商的盈亏。（假设6月

份即期汇率为 1 英镑=1.9800 美元，此时 6 月份到期的期货价格为 1 英镑=2.1500 美元。）

（2）假定某美国公司一个月后有一笔外汇收入 500 000 英镑，即期汇率为 1 英镑=1.3250 美元，为避免一个月后英镑贬值的风险，决定卖出 8 份一个月后到期的英镑期货合同，成交价为每份 1.322 0 美元。一个月后英镑果然贬值，即期汇率为 1 英镑=1.2800 美元，相应地，英镑期货合约的价格下降到每份 1.282 0 美元。如果不考虑佣金、保证金及利息，计算该公司的盈亏。

（3）某年 3 月 6 日，美国一个出口商向加拿大出口一批货物，价值 500 000 加元，以加元结算，3 个月后收回货款，美国出口商用外汇期货交易来防范汇率风险（一份加元期货合约的标准价值为 100 000 加元），3 月 6 日有关的价格为：即期汇率为 1 美元=1.1779 加元，6 月份加元期货价格为每份 0.849 0 美元。

如果不考虑佣金、保证金及利息，计算该出口商的盈亏。

（假设 6 月 6 日的即期汇率为 1 美元=1.1755/65 加元，6 月份期货价格为每份 0.849 8 美元。）

（4）美国一家公司预计一个月后将有一笔外汇收款 5 000 000 英镑，当时现汇市场上英镑汇率为 1 英镑=1.1620 美元，该公司为了避免一个月后英镑贬值所带来的损失，决定在外汇期货市场卖出 80 份一个月后到期的英镑期货合同，价值 5 000 000 英镑（62500 英镑×80），成交价为 1 英镑=1.1545 美元。一个月后，英镑果然贬值，即期汇率为 1 英镑=1.1460 美元，相应地，期货市场上汇率下降为 1 英镑=1.1350 美元。不考虑交易佣金及保证金等因素，计算卖出对冲的盈亏额。

第 10 章

外汇期权交易

本章学习目标

- **知识目标** 了解外汇期权交易的概念，了解外汇期权费的影响因素，掌握外汇期权交易的运用。
- **技能目标** 学会外汇期权套期保值和投机套利的操作。

学习导航

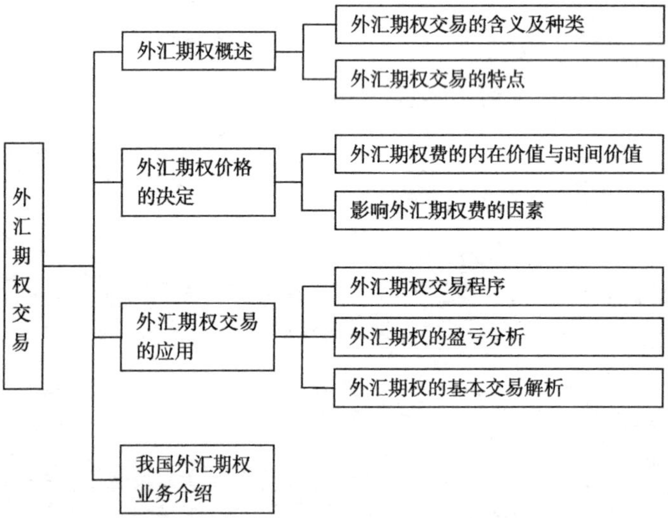

课前导读

就在各家银行为自己的外汇理财产品摇旗呐喊的同时，外汇专家告诉记者，其实除了购买现成外汇理财产品和炒汇之外，有实力的市民还可以关注一下外汇期权业务。期权业务分为买入期权和卖出期权两种，客户卖出期权的期限固定为一周、两周、一个月和三个月；客户买入期权的最长期限为两周，最短为一天，期限较短，特别适合于短线操作。一般而言，某一货币利率上升的前期都会带来该货币汇率的上升，投资者只要把握好时机，基于自己对外汇汇率走势的判断，选择看涨或看跌货币，一定会得到丰厚的回报。专家建议，在目前美元利率逐步走强，投资者可以购买一部分外汇产品，同时留足一部分外汇资金，根据自己的判断，在征求外汇专家意见的基础上，适当尝试外汇期权业务，说不定会有意外的惊喜。

通过这则新闻，我们可以看出，外汇期权业务已经离我们的生活越来越近。那么什么是期权业务，如何进行操作以达到保值增值的目的？本章从外汇期权的基础知识出发，详细阐述影响外汇期权价格的主要因素，以及外汇期权交易的具体应用。

10.1 外汇期权概述

10.1.1　外汇期权交易的含义及种类

1. 外汇期权的含义

外汇期权（Option），是一种选择权合约，它授予期权买方在合约期内，按照协定汇率买入或出售一定数额的某种外汇资产的权利，卖方收取期权费，并有义务应买方要求卖出或者买入该币外汇。期权买方获得的是一种权力而不是义务，如果市场行情对买方不利，他可以不行使权力，使其到期作废，损失的只是预付的期权费。

1982 年 12 月，外汇期权交易在美国费城股票交易所首先进行，其后芝加哥商品交易所、阿姆斯特丹欧洲期权交易所和加拿大的蒙特利尔交易所、伦敦国际金融期货交易所等都先后开办了外汇期权交易。目前，美国费城股票交易所和芝加哥期权交易所是世界上具有代表性的外汇期权市场，经营的外汇期权种类包括英镑、瑞士法郎、加拿大元等。

外汇期权交易是客户对未来外汇资金进行保值的有效手段。在到期日或之前，期权的买方有权利决定是否按照合同约定价格买入或卖出一定数量的外汇。为了获得这一权利，期权的买方需要在交易之初付出一笔费用，如果合同期满期权的买方不行使权利，则权利失效，费用并不退还。外汇期权交易与远期外汇买卖的不同在于：远期外汇买卖将未来的换汇成本锁定，完全回避风险，不论有利的机遇还是不利的风险；而外汇期权交易则是管理风险，即以一定的费用规避不利的风险，同时保留有利的机遇以从中获利。

个案思考与分析 10-1

某人以 1 000 美元的权利金买入了一张价值 100 000 美元的欧元/美元的欧式看涨合约，合约规定期限为三个月，执行价格为 1.150 0。三个月后的合约到期日，欧元/美元汇率为

1.180 0，则此人可以要求合约卖方以 1.150 0 卖给自己价值 100 000 美元的欧元，然后他可以再到外汇市场上以 1.180 0 的汇率抛出，所得赢利减去最初支付的 1 000 美元即是其最后的赢利。如果买入期权合约三个月后，欧元/美元汇率为 1.120 0，此时执行合约还不如直接在外汇市场上买合算，此人于是可以放弃执行合约的权利，损失最多 1 000 美元。

2．外汇期权交易的种类

（1）按照期权所赋予的权力分，可分为买入期权和卖出期权。

1）买入期权（Call option）。也称看涨期权，是指期权买方有权在合约有效期内按照协定价格买入某一特定数量的外汇资产的权利，但不同时负有必须买进的义务。为了取得这些权利，期权购买者在购买期权时付给卖者一定数量的期权费。当人们预测某种外汇资产价格要上涨，他就会买入这种看涨期权，如果市场汇率涨到协定汇率之上，则期权买方可要求履约；反之可以不履行合约。

2）卖出期权（Put option），也称看跌期权，是指期权买方有权在合约有效期内按照协定价格卖出某一特定数量的外汇资产的权利，但不同时负有必须卖出的义务。为了取得这些权利，期权购买者在购买期权时付给卖者一定数量的期权费。当人们预测某种外汇资产价格要下跌，他就会买入这种看跌期权，如果市场汇率下跌到协定汇率之下，则期权买方可要求履约；反之可以不履行合约。

个案思考与分析 10-2

某美国进口商从英国进口一批货物，三个月后将支付 16 万英镑。假定签订进口合同时的即期汇率为 1 英镑=1.6 美元（即协定汇率 1 英镑=1.6 美元），该进口商为避免三个月后英镑升值造成损失，以 1 600 美元的期权费买入欧式期权保值。三个月后可能会出现三种情况：英镑升值、英镑贬值、英镑汇价不变。

问：该进口商应如何操作？其损益情况如何？

分析：

1）若英镑升值，则该进口商履行期权。

若三个月后的即期汇率为 1 英镑=1.65 美元，该进口商履行期权后可节省 6 400 美元，即（160000×1.65）–（160000×1.6）–1600=6400（美元）

2）若英镑贬值，则该进口商放弃期权。

若三个月后的即期汇率为 1 英镑=1.55 美元，该进口商放弃期权后可节省 6 400 美元，即（160000×1.6）–（160000×1.55）–1600=6400（美元）

3）若英镑汇价不变，仍是 1 英镑=1.6 美元，则该进口商既可以履行期权，也可以放弃期权，其损失仅仅是 1 600 美元的期权费。

个案思考与分析 10-3

瑞士某出口商向美国出口一批机器设备，三个月后收货款 180 万美元。假如签订出口合同时的即期汇率为 1 美元=1.35 瑞士法郎（即协定汇价为 1 美元=1.35 瑞士法郎），该出口商为避免三个月后美元贬值造成损失，以 3 600 瑞士法郎的期权费买入欧式期权保值。三个月后可能会出现三种情况：美元升值、美元贬值、美元汇率不变。

问：该出口商应如何操作？其损益情况如何？

分析：

1）若美元升值，则该出口商放弃期权。

若三个月后的即期汇率为 1 美元=1.40 瑞士法郎，该出口商可获得 86 400 瑞士法郎，即（180 万×1.40）–（180 万×1.35）–3600= 86400（瑞士法郎）

2）若美元贬值，则该出口商履行期权。

若三个月后的即期汇率为 1 美元=1.30 瑞士法郎，该出口商可获得 86 400 瑞士法郎，即（180 万×1.35）–（180 万×1.30）–3600=86400（瑞士法郎）

3）若美元汇价不变，仍是 1 美元=1.35 瑞士法郎，则该出口商既可以履行期权，也可以放弃期权，仅损失是 3 600 瑞士法郎的期权费。

（2）按照期权执行的时间分，可分为美式期权和欧式期权。

1）美式期权。指期权买方在支付一定期权费给卖方后，合约赋予他充分的权利，使他可以在定约日至合约到期日（含到期日）之间任何时间执行期权，即买方在此期间内可随时要求卖方卖出或买入某种外汇资产。

2）欧式期权。指期权买方在支付一定期权费给卖方后，只能在规定的到期日才能要求卖方履约，执行其权利。

相对而言，美式期权为买方提供更多的选择机会，相应地，卖方承担的风险也大一些，因此，买方需要支付更多的期权费。而欧式期权较为刻板，但期权卖方的风险要小些，因而欧式期权的期权费较为便宜。

个案思考与分析 10-4

一家公司于 3 月 1 日购买了一份 6 月 1 日到期的欧式期权，它将在什么时间行使其权利？若其购买的是美式期权，又将在什么时间行使其权利？

分析：如果公司购买的是欧式期权，公司只能在合约到期日即 6 月 1 日要求卖方履约。如果公司购买的是美式期权，公司可以在 3 月 1 日～6 月 1 日任何时间要求卖方执行期权。

（3）按约定价格与市场条件关系分，可分为溢价期权、平价期权和损价期权。

1）溢价期权。指买权的执行价格低于市场价格，卖权的执行价格高于市场价格，即协定价格好于市场价格。

2）平价期权。指执行价格与市场价格相等。

3）损价期权。指买权的执行价格高于市场价格，卖权的执行价格低于市场价格，即市场价格好于协定价格。

当期权合约进入溢价时，买方可行使期权以高价卖出获利；当期权进入损价时，买方因为无利可图而放弃行使期权。

（4）按照交易地点分，可分为场内期权和场外期权。

1）场内期权。也称交易所期权，是指在外汇交易中心与期货交易所进行交易的期权。

2）场外期权。也称柜台式期权、店头期权，是指在外汇交易中心与期货交易所之外进行交易的期权。

10.1.2 外汇期权交易的特点

1. 期权双方的权利与义务不对等

对于期权的买者而言，他享受的权利是，在合约的有效期内，有权选择是否按协定价格买进或卖出一定数量的商品或金融产品。若是市场价格变化对其有利，他可以选择执行期权（买进或卖出）；若市场价格变化对其不利，他可以选择放弃期权（不买或不卖）。买方所尽义务是支付一定的期权费给卖方，这部分期权费也称期权价格。

对于期权卖者而言，其权利义务正好与期权买者相反。期权合约赋予他的权力是收入一定的期权费。卖方承担的义务是当期权买者执行期权，按协定价格买进或卖出某种商品或金融资产时，他必须无条件按协定价格卖出或买进该种商品或金融资产。

2. 收益与风险的非对称性

当利用外汇期权进行保值时，外汇亏损的任何可能性都不复存在，唯一相关的现金流出便是期权费的支付。如果基础资产的市场价格变动有利于期权买方的利益，则潜在的赢利能力就会增加；如果基础资产的市场价格变动不利于期权买方的利益，买方便会放弃期权，其损失最多为期权费。

而期权卖方的风险与收益正好与期权买方相反，其收益有限，而风险无限。如果市场价格朝着有利于自己的方向变动，即卖出买权后市场价格下跌，卖出卖权后市场价格上升，赢利最多也不超过期权费。而其损失的可能性却是无限的，一旦市场价格朝着不利于自己的方向变化时，卖方将亏损，并且市场价格变动幅度越大，其亏损越大。

3. 进行汇率风险防范和保值最为灵活的手段之一

期权买方对期权合约可执行或不执行；可买进，也可卖出，还可转让。对于在不确定外汇流量或无法确定是否会发生外汇流量，或无法确定发生外汇流量的具体时间的情况下，利用外汇期权进行保值更为适用。同时，可以根据交易者的需求进行期权的个性化设计。

10.2 外汇期权价格的决定

外汇期权价格是指在期权交易中，买方支付给卖方的期权费，也就是卖方出售给一份期权收入的货币数量。期权费是期权卖方的最大收益和期权买方的最大亏损，它反映了期权买方保值获利的成本和期权卖方承担风险的补偿。所以期权费的多少在期权买卖过程中是十分重要的。期权投资的一个重要策略就是投资于价格被低估的期权。因此投资者必须先计算出这种期权的价值，然后同期权的市价进行比较，一边买入价格被低估的期权或卖出价格被高估的期权。

10.2.1　外汇期权费的内在价值与时间价值

对于任何一种期权来说，期权费（Option premium）由两部分构成：内在价值与时间价值。

1．内在价值

内在价值指立即履行期权合约时可获取的利润，它反映了协定价格与市场价格之间的关系，更确切地说，是指外汇期权的协定汇率与市场汇率之间的差额。

个案思考与分析 10-5

假设英镑与美元的市场汇率为 1 英镑=1.8675 美元，而某投资者持有协定汇率为 1 英镑=1.8175 美元的英镑看涨期权，则该投资者只要执行该期权，每英镑就可得到 0.05 美元的收益。这时英镑看涨期权每英镑的内在价值为 0.05 美元。如果设此英镑的市场汇率只有 1.807 5 美元，比协定汇率低 0.01 美元，则该看涨期权的内在价值为零，即没有内在价值。

外汇看涨期权，其内在价值是市场汇率高于协定汇率的差额；而看跌期权，其内在价值是市场汇率低于协定汇率的差额。一份具有内在价值的期权，通常称为溢价期权，也称为实值期权；相反，不具备内在价值的期权，即协定汇率高于市场汇率的看涨期权和协定汇率低于市场汇率的看跌期权，就称为损价期权或虚值期权；如果协定汇率等于市场汇率则称为平价期权。

2．时间价值

时间价值是指期权买方希望时间的延长、市场汇率的变动有可能使期权增值时愿意支付的期权费。一般来说，期权合约剩余有效日越长，其合约时间价值越大。因为对于期权买方来说，期权有效日越长，其获利的可能性就越大。对于卖方而言，期权有效日越长，其风险越大，因而要求的风险补偿即期权费也就越高。

期权在到期时，是绝对超不出其内在价值的，只有离到期日还有一段时间时，才具有除内在价值以外的价值。这种额外的期权费水平的高低，完全依赖于期权到期时价值上涨的机会。如果买权的买方发现期权到期时，市场汇率具有向协定汇率以上变动的机会，那他所支付期权费就会超过其期权的内在价值。同时作为卖方来说，他会要求高于内在价值的期权费，以抵消自身在期权到期时，市场汇率高于协定汇率的风险。

在期权合约有效期内，期权的时间价值总是正数。因为在有效期内，市场汇率的变动使期权存在获利的机会。随着期权到期日的临近，期权获利的机会减少。在其他条件不变的情况下，随着期权有效期的缩短，其时间价值下降，并且，越是临近到期日，期权时间价值的递减速度越是加快。在期权到期日，期权的时间价值为零。

综上所述，在期权合约有效期内，溢价期权的期权费是由内在价值和时间价值所购成的，而损价期权和平价期权的期权费便没有内在价值，仅仅由时间价值构成。

10.2.2 影响外汇期权费的因素

期权费是由内在价值和时间价值决定的，影响内在价值和时间价值的因素是不同的。

1．期权合约的协定汇率

协定汇率与市场汇率之差决定了期权的内在价值。对于看涨期权而言，协定汇率越高则期权价格越低，因为协定汇率越高，买方要求卖方履约的可能性便越低，而卖方承担的相应风险也就越低，所以双方愿意接受的期权价格也就越低。对于看跌期权，情况正好相反。

2．期权合约的到期时间长短

合约期限时间长短这个因素通过对时间价值产生影响，从而影响期权费。对于期权买方来讲，如果合约有效期越长，履约的可能性就越大，其获利的可能性就越大；而卖方亏损风险就越大，因而期权费便更高。

3．利率差异

利率差异主要是对时间价值产生影响，但表现不明显。对于看涨期权而言，本国货币利率越高、外国货币利率越低，即两国货币利率差越大，则期权费越高；对于看跌期权，情况正好相反。

4．外汇汇率的波动性

一般来说，汇率较为稳定的货币收取的期权费比汇率波动大的货币低。这是因为市场汇率的波动性越大，买方越有可能要求履行合约来获利或达到避险的效果。

5．外汇期权市场的供求关系

如果某个时期期权交易的购买人数大大超过出售人数，则出售者的风险可能增加，因为期权交易市场的限制，购买人的增加使得出售期权的人通过购买期权来降低风险的机会减小，结果促使期权出售者把风险转嫁到期权费上，抬高期权费。

10.3 外汇期权交易的应用

外汇期权交易者进行期权交易的目的有两个：一是保值，二是投资（投机）赢利。因此，外汇期权交易的操作技巧也可以分为套期保值和投资（投机）两个方面。

但是，由于保值与投资（投机）在一个期权合约中是相互渗透的，因而并没有严格的界限。对于进出口商和公司来讲，进行外汇期权交易是为了规避外汇风险，实现保值的目的；对于投资（投机）者而言，则是为了进行单独的期权投资，进行套利。

外汇期权交易业务有一定的处理程序，下面我们介绍一下外汇交易业务程序。

10.3.1　外汇期权交易程序

外汇期权交易业务在我国办理程序如下：

（1）与银行签订《保值外汇买卖总协议》。

（2）在期权金交收日到银行缴纳协议规定的期权费。

（3）在期权到期日上午 10：00 前将书面的行使期权通知送达银行，否则有关期权将自动失效。

（4）客户行使期权后，于期权交割日到银行办理期权交割手续。

外汇期权买卖业务流程如图 10-1 所示。

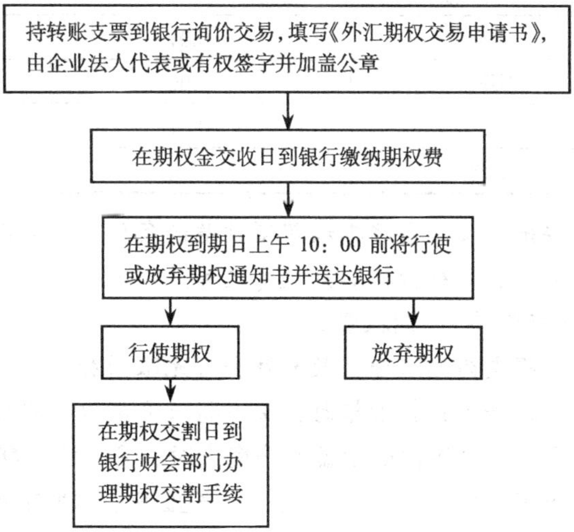

图 10-1　外汇期权买卖业务流程

10.3.2 外汇期权的盈亏分析

期权交易不论采用哪一种具体方式，都存在买方和卖方。对于期权的买方而言，其特点是收益不确定，损失确定，即期权的购买者最大的损失不超过权利金。对于期权的卖方而言，收益确定，损失不确定，其最大收益为权利金。那么什么时候买方应该选择执行期权合约，什么时候不执行呢？我们先来看外汇期权的盈亏分析。

1．看涨期权的盈亏分析

个案思考与分析 10-6

A国公司从B国进口一批货物，两个月后将支付一笔B元。如果该公司预计B元将有较大幅度升值，便进入期权市场，买入B元看涨期权，执行价格为1B元=0.63 A元，期权费为0.02 A元/B元。至到期日，该公司将视即期汇率和期权执行价格之间的关系，决定实施期权与否。不论是否实施该期权，该公司都将损失期权费。对于这笔看涨期权的卖方来说，损益情况刚好相反。详细情况如表10-1所示。

表10-1 看涨期权的损益情况

B元即期汇率	期权实施情况	单位损失与收益	
		买 方	卖 方
0.61	不实施	–0.02	0.02
0.62	不实施	–0.02	0.02
0.63	不实施	–0.02	0.02
0.64	实施	–0.01	0.01
0.65	实施	0.00	0.00
0.66	实施	0.01	–0.01
…	实施	…	…

从以上分析我们可得出，买入看涨期权获得收益的条件为（见图10-2）：

（1）市场价格的上涨超过执行价格和期权费之和。

（2）盈亏平衡点=执行价格 + 期权费。

（3）看涨期权的最大损失为期权费，最大赢利可无限增加。

（4）当市场汇率小于或等于执行价格时，买方将放弃期权，损失期权费。

（5）当市场汇率大于执行价格但小于盈亏平衡点时，买方执行期权，损失小于期权费；当市场汇率正处于盈亏平衡点时，买方执行期权，不盈不亏；当市场汇率高于盈亏平衡点时，买方执行期权可获利。

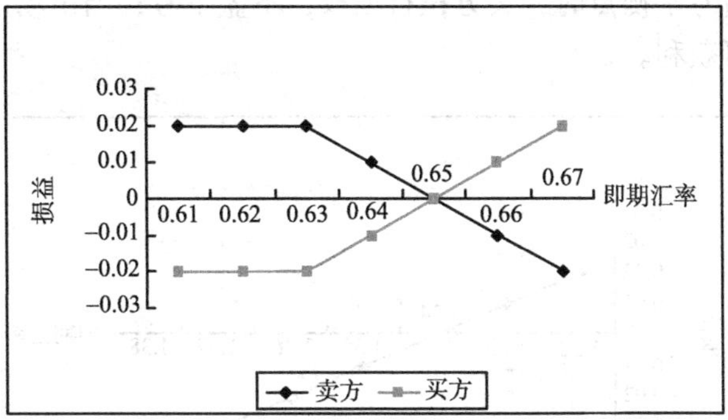

图 10-2　看涨期权的收益与损失

2. 看跌期权的盈亏分析

个案思考与分析 10-7

某美国出口商三个月后将收到一笔英镑货款，如果预计英镑将贬值，将购买英镑看跌期权，执行价格为 1 英镑=1.37 美元，期权费为 0.03 美元/英镑。至到期日，该公司将视即期汇率和期权执行价格之间的关系，决定实施期权与否。详细情况如表 10-2 所示。

表 10-2　看跌期权的损益情况

英镑即期汇率	期权实施情况	单位损失与收益	
		买　方	卖　方
1.33	实施	0.01	–0.01
1.34	实施	0.00	0.00
1.35	实施	–0.01	0.01
1.36	实施	–0.02	0.02
1.37	不实施	–0.03	0.03
1.38	不实施	–0.03	0.03
…	不实施	…	…

从图 10-3 的分析我们可以得出，买入看跌期权获得收益的条件为：

（1）即期汇率跌到执行价格减期权费之下。

（2）盈亏平衡点=执行价格 – 期权费。

（3）当市场汇率大于盈亏平衡点但小于执行价格时，买方执行期权，损失小于期权费；

当市场汇率正处于盈亏平衡点时，买方执行期权，不盈不亏；当市场汇率低于盈亏平衡点时，买方执行期权可获利。

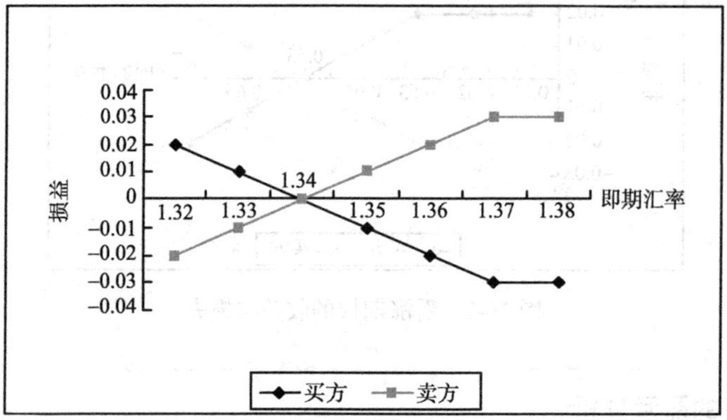

图 10-3　看跌期权的收益与损失

10.3.3　外汇期权的基本交易解析

外汇期权交易有四种基本交易类型：买入看涨期权、买入看跌期权、卖出看涨期权和卖出看跌期权。下面分别举例说明。

1．买入看涨期权

又称多头买权。当期汇率上涨时，可买入看涨期权，若有空头的现货或期货头寸，可以达到避险保值的目的；若没有的话，可以收到投资谋利的目的。在汇率上涨时，买方赢利无限；汇率不变或下跌时，买方的最大损失为已支付的期权费。

个案思考与分析 10-8

一个美国进口商向英国公司进口一批商品，约定 90 天后向英国出口商支付 100 万英镑的货款，假设市场上的即期汇率 1 英镑=1.5200 美元。为了避免汇率上涨的风险，该进口商可以利用远期或期货进行保值，但如果英镑贬值，他无法从中得利。于是就买入 100 万英镑的看涨期权，期限 3 个月，协定汇率 1 英镑=1.5200 美元，进口商支付期权费 2 万美元。3 个月后，市场汇率可能出现以下三种情况：① 英镑升值；② 英镑贬值；③ 英镑汇率不变。

思考：在不同情况之下，该美国进口商应如何操作？其损益情况如何？

分析：

（1）对于第一种情况，若市场汇率大于等于 1.520 0 美元，即 1 英镑=1.6200 美元，那么，该进口商执行买权，因为购入 1 英镑只需要 1.520 0 美元，该笔货款所支付的成本锁定在 152 万美元。减去 2 万美元的期权费，还可以节约成本 8 万美元。若不执行期权，按照市场汇率必须支付 162 万美元，多支付 10 万美元。若是单独投资期权，以 1.520 0 美元执行期权，又以 1.620 0 美元的市价卖出 100 万英镑，可以获利 10 万美元。

（2）对于第二种情况，若是 1 英镑=1.4200 美元，期权的买方可以放弃英镑买权，直接去银行以较低的市价购买英镑，只需要付 142 万美元，加上 2 万美元期权费，节省成本 8 万美元。

（3）对于第三种情况，汇率不变，该进口商可以执行其权合约，也可以放弃，仅损失 2 万美元的期权费。

2. 买入看跌期权

又称多头卖权。当预期市场汇率即将下跌时可以买入看跌期权，如有对等现货或期货多头头寸，可以达到避险保值的目的，若没有的话，可以单独投资期权而谋利。在市场汇率下跌时买方赢利无限，汇率不变或上涨时，买方的最大损失为已支付的期权费。

个案思考与分析 10-9

某美国出口商向英国出口，半年后将有一笔 100 万英镑的外汇收入，假设市场上的即期汇率是 1 英镑=1.5300 美元，该出口商担心半年后收到英镑时，英镑汇率下跌，于是买入一个英镑看跌期权。协定汇率 1 英镑=1.5300 美元，期权费为 3 万美元。半年后可能出现以下三种情况：① 英镑贬值；② 英镑升值；③ 英镑汇率不变。

思考：在不同情况之下，该美国出口商应如何操作？其损益情况如何？

分析：

（1）对于第一种情况，当英镑市场汇率小于等 1.530 0 美元，跌至 1.500 0 美元以下，假设 1 英镑=1.4300 美元，执行期权，100 万英镑可以得到 153 万美元，减去期权费 3 万美元，得到 150 万美元外汇收入，避免因为汇率下跌而蒙受的外汇收入损失。若不做期权，按照市价出售英镑，只能得到 143 万美元的外汇实际收入。若是单独投资看跌期权，在现货市场上以 1.430 0 美元买入英镑，并以 1.530 0 美元执行卖出期权，可以得到 10 万美元的利润，减去期权费 3 万美元，净利 7 万美元。

（2）对于第二种情况，英镑汇率大于等于 1.530 0 美元，假设市场汇率 1 英镑=1.6300 美元，则出口商放弃执行看跌期权，100 万英镑的货款在现货市场上出售可得到更高的收益，即得到 163 万美元，扣除 3 万美元的期权费，还多增加 7 万美元的外汇收益。

（3）对于第三种情况，汇率不变，协定汇率等于市场汇率。买方可以执行也可以不执行期权合约，出口商损失最多为 3 万美元期权费。

3．卖出看涨期权

又称空头买权。交易者预期汇率平稳或下跌时，投资者可以卖出买权（买方不会执行期权），卖方可以赚取期权费。在汇率不变或下跌时，卖方的利润以收取的期权费为限，汇率上涨时，卖方损失无限。

个案思考与分析 10-10

沿用个案思考与分析 10-8 的例子，思考：三种情况下期权卖方的损益。

分析：

（1）对于第一种情况，如果到期日市场汇率小于 1.520 0 美元，期权的买方会放弃执行期权合约，而以较低的市场价购买英镑。卖方可得到当初收取的期权费，即 2 万美元，这是卖方的最大收益。

（2）对于第二种情况，如果到期日市场汇率大于等于 1.520 0 美元，且小于等于 1.540 0 美元，期权买方执行期权，卖方将发生损失，须把期权费考虑进去，以确保全部收益。如果到期日市场价格为 1.530 0 美元，则期权卖方将以 1.530 0 美元的价格用 153 万美元从现货市场买入 100 万英镑，这样会有 1 万美元的损失（153 万–152 万），但当初已收取期权费 2 万美元，扣除损失 1 万美元，仍可得到 1 万美元的收益。

（3）对于第三种情况，英镑的市场汇率大于且等于 1.540 0 美元，期权买方要求执行期权合约时，卖方将遭受巨大损失，英镑市场汇率上涨越多，卖方的损失越大。他只能应买方的选择，以 1.520 0 美元的低价出售英镑，而且很可能得按高价的市场汇率购买英镑来卖给期权的买方，其损失的程度是无限的。

4．卖出看跌期权

又称空头卖权。预期市场汇率平稳或上涨时，投资者可卖出卖权，同时买方在此情况下不会执行期权，卖方就可以赚取期权费。

个案思考与分析 10-11

沿用个案思考与分析 10-9 的例子，思考：三种情况下期权卖方的损益。

分析：

（1）对于第一种情况，如果英镑的市场汇率大于等于 1.530 0 美元时，期权买方不执行期权，那么卖方就可以得到 USD0.03/GBP1 的收益，即 3 万美元的期权费收益，这是卖方的最大收益。

（2）对于第二种情况，如果英镑的市场汇率大于等于 1.500 0 美元，且小于等于 1.530 0 美元，期权买方执行期权，卖方加计期权费，则整体上能确保收益。例如，当市场汇率

GBP1=USD1.5200 时，期权卖方按照协定价格 GBP1=USD1.5300 卖出 100 万英镑，卖方虽然有 1 万美元的损失，但其收取的期权费为 3 万美元，仍有 2 万美元的收益。如果市场汇率为 GBP1=USD1.5100，卖方仍有 1 万美元的收益。

（3）对于第三种情况，如果英镑外汇市场汇率小于等于 1.500 0 美元时，期权买方会执行期权，卖方将遭受损失。英镑汇率下跌幅度越大，卖方的亏损越大，其亏损风险是无限的，而赢利则以其所收取的期权费为限。

10.4 我国外汇期权业务简介

随着我国经济的不断发展，我国银行的外汇交易品种也越来越丰富。下面以中国银行为例，对我国国内外汇期权业务进行简单介绍。

中国银行借鉴国际金融市场外汇期权产品的模式，结合国内市场个人实盘外汇业务发展的特点，推出了“期权宝”和“两得宝”这两种技术含量高、同国际金融市场接轨的、全新的私人理财业务品种。

1. 期权宝

“期权宝”是指客户按照自己账户中的存款金额，根据自己对外汇汇率未来变动方向的判断，向银行支付一定金额的期权费后买入相应面值、相应期限和规定执行价格的期权（买权或卖权），期权到期时如果汇率变动对客户有利，则客户通过执行期权可获得较高的投资收益；如果汇率变动对客户不利，则客户可选择不执行期权。

产品优点：

（1）为炒汇客户增加了双方向交易的可能，即汇率无论上升还是下降，都有赢利机会。

（2）投资收益率可以成倍扩大。

（3）买入一个期权（无论看涨还是看跌）的好处是，成本固定而潜在收益（理论上）有可能是无限的。

（4）风险有限。如果客户对未来汇率的变动方向判断错误，则仅损失期权费。

个案思考与分析 10-12

假定当前美元兑日元汇率为 1∶86.00，客户预期美元兑日元两周后大幅升值可能性很高，于是买入看涨美元看跌日元的期权。

客户选择以 5 万美元作为期权面值进行期权宝交易，客户同银行签订《中国银行股份有限公司个人外汇期权交易章程》、《中国银行个人外汇“期权宝”业务协议书》，确定期权的协定汇率为 1∶86.00，期限为 2 星期。

根据期权费率即时报价（如 1%）交纳期权费为 500 美元（5 万×1%=500），客户买入此期权的含义是：期权到期日不论汇率如何变化，客户都有权按1∶86.00的协定汇率买入5万美元，即客户拥有一个看涨美元看跌日元的期权。

盈亏情况分析：

情况一 客户选择到期前平仓，即卖出所购买的期权。

如果期权到期日之前该期权报价变为1.5%，则客户可选择卖出手中的这个看涨美元看跌日元期权，收取期权费750美元（50000×1.5%=750），总赢利为250美元（750–500=250），投资回报率为50%（250/500=50%）。

情况二 客户选择持有该期权到期。

期权到期时，如果即时汇率变为1∶91.00即美元兑日元升值），则客户执行该期权，每1美元可获利5日元（91.00–86.00=5），5万美元面值共可获利25万日元，在客户选择轧差交割的情况下，则银行将25万日元按照到期日即时汇率91.00折成2 747.25美元划入客户指定账户（2747.25=25万/91），投资回报率为449%（由（2747.25–500）/500计算得出）。客户如选择实物交割，则客户可以按1∶86的汇率卖出5 750 000日元获得50 000美元。

情况三 期权到期时，如果即时汇率低于或等于86.00，则客户手中的期权没有收益，客户可放弃执行该笔期权。

2. 两得宝

“两得宝”是指客户存入一笔定期存款的同时根据自己的判断向银行卖出一份期权，客户除收益定期存款利息（扣除利息税）之外还可得到一笔期权费。期权到期时，如果汇率变动对银行不利，则银行不行使期权，客户可获得高于定期存款利息的收益；如果汇率变动对银行有利，则银行行使期权，将客户的定期存款按协定汇率折成相对应的挂钩货币。

产品优点：在外汇定期存款利率非常低的情况下可以增加投资收益。在外汇市场汇率出现横盘整理的行情时也可以获得收益。

风险：如果客户对未来汇率的变动方向判断错误，则手中的存款将被兑换成另一种挂钩货币存款。

个案思考与分析 10-13

假定当前美元兑日元汇率为1∶86.00，客户存款货币是美元10万元，客户判断美元兑日元未来1个月将横盘整理或小幅下跌，遂选择“两得宝”投资，向银行卖出一份期权，期限是1个月，存款货币是美元，指定挂钩货币是日元。

签约日美元兑日元汇率是1∶86.00，客户以此为协定汇价同银行签订《中国银行个人外汇期权交易章程》、《中国银行个人外汇“期权宝”业务协议书》，指明挂钩货币是日元。此期权的含义是：银行在到期日有权按1∶86.00的汇率将客户的美元存款折成日元。

客户向银行卖出此笔期权，除可以得到 1 个月美元定期存款利息外，还可获得一笔额外的期权费收入。例如，交易日银行的两得宝期权费率报价为 1.5%，则客户可得到期权费 15 00 美元（10 万×1.5%=1500）。期权费由银行在交易日后的第二个工作日划入客户指定账户。

期权到期日若汇率变为 1∶80.00，则银行不执行期权，客户的定期存款账户中仍为 10 万美元。

如果到期日汇率高于或等于 1∶86.00，则银行将行使期权，按协定汇率 1∶86.00 将客户的 10 万美元定期存款折成 8 600 000 日元（8600000=100000×86）。

本章小结

- 外汇期权是一种选择权合约，它授予期权买方在合约期内，按照协定汇率买入或出售一定数额的某种外汇资产的权利，卖方收取期权费，并有义务应买方要求卖出或者买入该币外汇。
- 按照期权所赋予的权利分买入期权、卖出期权；按照期权执行的时间分美式期权、欧式期权；按约定价格与市场条件关系分溢价期权、平价期权、损价期权；按照合约交易性质分外汇现汇期权、外汇期货期权、期权期货；按照交易地点分场内期权、场外期权。
- 外汇期权交易具有期权双方权利义务不对等、收益与风险的非对称性，以及期权交易是进行汇率风险防范和保值最为灵活的手段之一等特点。
- 影响外汇期权费的因素主要有：期权合约的协定汇率；期权合约的到期时间长短；利率水平；外汇汇率的波动性；外汇期权市场的供求关系。
- 外汇期权交易有四种基本交易类型：买入看涨期权、买入看跌期权、卖出看涨期权和卖出看跌期权。通过掌握外汇期权交易的盈亏分析，我们能够对外汇期权四种基本交易进行正确的分析和操作。
- 以中国银行为例，对我国国内外汇期权业务进行简单介绍。

复 习 题

1．填空题

（1）外汇期权（Option），是一种________合约，它授予期权买方在合约期内，按照协定汇率买入或出售一定数额的某种外汇资产的权利，卖方收取________，并有义务应买方要求卖出或者买入该币外汇。

（2）按照期权所赋予的权力分________、________。

（3）外汇期权交易有四种基本交易类型：________、________、________和________。

2．选择题

（1）在期权交易中，需要支付保证金的是期权的（　　）。

A．买方　　B．卖方　　C．买卖双方　　D．第三方

（2）合同买入者获得了在到期以前按协定价格出售合同规定的某种金融工具的权力，这种行为称为（　　）。

A．买入看涨期权　　B．卖出看涨期权

C．买入看跌期权　　D．卖出看跌期权

（3）买方可以不履行外汇买卖合约的是（　　）。

A．远期外汇业务　　B．择期业务

C．外币期权业务　　D．掉期业务

3．案例分析

（1）若投资者预期欧元在 3 个月内将贬值，则该投资者按照协定汇率 EUR/USD=1.1500 买入 3 个月期 100 万欧元欧式期权，期权费为每欧元 0.02 美元。

问题：投资者该如何操作？

（2）假设某投资者以协定汇率为 GBP/USD=1.5500 买入英镑看涨期权，同时以协定汇率为 GBP/USD=1.5200 买入一个英镑看跌期权，其中看涨期权的期权费为 3 000 美元，看跌期权的期权费为 2 000 美元，金额都为 100 万英镑，到期日相同。

问题：分别对以下三种情况分析投资者的损益情况。

A.　到期日英镑汇率上涨（GBP/USD=1.5700）；

B.　到期日英镑汇率下跌（GBP/USD=1.5000）；

C.　到期日英镑汇率不变（GBP/USD=1.5500 或 GBP/USD=1.5200）。

4. 简答题

（1）简述外汇期权的含义。

（2）简述影响期权费的因素有哪些?

5. 实训题

（1）实训目的：能够熟练运用外汇期权理财产品进行投资理财。

（2）实训方式：网上搜索，实际调查。

（3）实训内容：调查中国各家银行的外汇期权理财产品，能够掌握各个理财产品的特点，并分析出优劣势。在不同的资产组合下，可以选出对资产增值最优的外汇期权理财产品，并能够投资增值。

附录 A

国内实盘外汇交易与国际保证金外汇交易比较

类　　型	实盘交易	保证金交易
开户	国内银行	海外外汇交易商或是其在中国的代理
资金托管	国内银行	海外外汇交易商指定的银行机构或是该交易商在中国的代理
最低开户额	300 美元	有些交易商 50 美元即可
点差	直盘 30 点左右，交叉盘 60 个点	直盘 3—5 点，交叉盘 7—10 个点
交易方向	只能在美元贬值的时候交易，美元升值的时候无法交易	双向交易，美元贬值和升值的时候均可。又称做多，做空
杠杆	1：1	标准为 1：25—50，迷你为 1：100—250
收益	若一万美元本金，赢利一个点为一美元	标准账户赢利一个点为 10 美元，实际动用资金为 2 000—5 000 美元。迷你账户赢利一个点为 1 美元左右，实际动用资金为 50—100 美元
风险	实盘可以说是没有绝对的风险，因为它的交易实质上是钱与钱的交换，即使发生损失也不会最后一文不值。货币的波动有规律性即使一时被套只要内心等待都能回来	保证金由于其一个点的价值在 1—10 美元左右，所以可想而知当行情波动上百甚至上千点的时候，若方向判断错误则最多可损失上万美元。再加上交易所的 5-3-1 原则，会在你本金为单子金额的 1 %时强行平仓，此时便没有机会再等行情的回头
监管	受中国人民银行监管	不受国内法律监管，受该海外交易商本土法律监管

附录 B

外汇交易常用术语中英文对照

- （标准的）远期交割日——（Standard）Forward Dates
- 保证金——Margin
- 本票——Promissory Note
- 变动（化）保证金——Variation Margin
- 标准的交割——Value Spot or VAL SP
- 初始保证金——Initial or Original Margin
- 单一汇率——Single Rate
- 当日交割——Value Today or VAL TOD
- 到期月份——Expiration Months
- 掉期交易——Swap Transaction
- 多头——Long
- 多头套期保值——Long Hedge
- 多头投机——Long Speculation
- 复汇率——Multiple Rate
- 隔日交割——Value Tomorrow or VAL TOM
- 股价指数期货——Stock Index Futures
- 固定交割日的期汇交易——Fixed Forward Transaction
- 关键货币——Key Currency
- 官定汇率——Official Rate
- 国际货币基金组织——IMF（International Monetary Fund）
- 黄金期货——Gold or Bullion Futures
- 汇率——Exchange Rate
- 汇票——Draft

- 基本点——Basic Point
- 基本分析法——Fundamental Approach
- 基本汇率——Basic Rate
- 即期对即期的掉期交易——Spot-Spot Swaps
- 即期对远期的掉期交易——Spot-forward Swaps
- 即期汇率——Spot Rate
- 即期交割日——Spot Date
- 即期外汇交易——Spot Exchange Transaction
- 即期外汇市场——Spot Exchange Market
- 即期外汇投机——Spot Speculation
- 技术分析法——Technical Analysis
- 间接标价法——Indirect Quotation
- 交割——Delivery or Settlement
- 交割结算——Delivery and Settlement
- 交割日/结算日/起息日——Value Date /Delivery Date
- 交易所——Foreign Exchange
- 金融期货——Financial Futures
- 开盘汇率——Open Rate
- 看跌期权——Put Option
- 看涨期权——Call Option
- 可兑换性——Convertibility
- 空头——Short
- 空头套期保值——Short Hedge
- 空头投机——Short Speculation
- 利率期货——Interest Rate Futures
- 伦敦国际金融期货交易所——London International Financial Futures Exchange（LIFFE）
- 买空——Buy Long
- 买入汇率——Buying Rate
- 卖出汇率——Selling Rate
- 卖空——Sell Short
- 美式期权——American Option
- 欧式期权——European Option

- 平价——at Par 或 Parity
- 期货——Futures
- 期货价格（履约价格）——Exercise Price；Strike Price
- 期货交易——Futures Trading
- 期权费——Premium
- 清算公司——Clearing Firm
- 清算机构——Clearing House
- 清算价格——Settle Price
- 升水——Premium
- 市场汇率——Market Rate
- 收盘汇率——Close Rate
- 双向报价——Two Way Quotation
- 套期保值——Hedge
- 套算（交叉）汇率——Cross Rate
- 贴水——Discount
- 投机者——Speculator
- 外币期货——Foreign Currency Futures
- 外币期货交易——Foreign Currency Futures Transaction
- 外汇——Foreign Exchange
- 外汇交易——Foreign Exchange Transaction
- 外汇经纪人——Foreign Exchange Broker
- 外汇期货——Foreign Exchange Futures
- 外汇期货合约——Currency Future Contract
- 外汇期货交易——Foreign Exchange Futures Transaction
- 外汇期权交易——Foreign Exchange Option Transaction
- 外汇市场——Foreign Exchange Market
- 外汇投机——Foreign Exchange Speculation
- 完整汇率——Outright Rate
- 完整汇率报价方式——Outright Rate Quotation
- 维持保证金——Maintenance Margin
- 现钞汇率——Bank Notes Rate
- 现货交易——Spots Trading
- 信用卡——Credit Card

- 选择交割日的期汇交易——Optional Forward Transaction
- 远期差价——Forward Margin
- 远期差价报价方式——Swap Rate Quotation
- 远期掉期率——Forward Swaps Rate
- 远期对远期的掉期交易——Forward-forward Swaps
- 远期汇率——Forward Rate
- 远期套期保值——Forward Hedge
- 远期外汇交易——Forward Exchange Transaction
- 远期外汇投机——Forward Speculation
- 择期交易——Optional Forward Transaction
- 支票——Cheque
- 芝加哥交易所——Chicago Board of Trade（CBT）
- 执行价格——Stick Price
- （芝加哥）国际货币市场——International Monetary Market（IMM）
- 直接标价法——Direct Quotation
- 中间汇率——Middle Rate
- 逐日盯市制度——Mark to Market Daily
- 最低汇率——Low Rate
- 最高汇率——High Rate

附录C

中华人民共和国外汇管理条例（2008年修订）

中华人民共和国国务院令第532号

《中华人民共和国外汇管理条例》已经于2008年8月1日国务院第20次常务会议修订通过，现将修订后的《中华人民共和国外汇管理条例》公布，自公布之日起施行。

总　理　温家宝

二〇〇八年八月五日

中华人民共和国外汇管理条例

（1996年1月29日中华人民共和国国务院令第193号发布　根据1997年1月14日《国务院关于修改〈中华人民共和国外汇管理条例〉的决定》修订　2008年8月1日国务院第20次常务会议修订通过）

第一章　总则

第一条　为了加强外汇管理，促进国际收支平衡，促进国民经济健康发展，制定本条例。

第二条　国务院外汇管理部门及其分支机构（以下统称外汇管理机关）依法履行外汇管理职责，负责本条例的实施。

第三条　本条例所称外汇，是指下列以外币表示的可以用作国际清偿的支付手段和资产：

（一）外币现钞，包括纸币、铸币；

（二）外币支付凭证或者支付工具，包括票据、银行存款凭证、银行卡等；

（三）外币有价证券，包括债券、股票等；

（四）特别提款权；

（五）其他外汇资产。

第四条　境内机构、境内个人的外汇收支或者外汇经营活动，以及境外机构、境外个人在境内的外汇收支或者外汇经营活动，适用本条例。

第五条　国家对经常性国际支付和转移不予限制。

第六条　国家实行国际收支统计申报制度。

国务院外汇管理部门应当对国际收支进行统计、监测，定期公布国际收支状况。

第七条　经营外汇业务的金融机构应当按照国务院外汇管理部门的规定为客户开立外汇账户，并通过外汇账户办理外汇业务。

经营外汇业务的金融机构应当依法向外汇管理机关报送客户的外汇收支及账户变动情况。

第八条　中华人民共和国境内禁止外币流通，并不得以外币计价结算，但国家另有规定的除外。

第九条　境内机构、境内个人的外汇收入可以调回境内或者存放境外；调回境内或者存放境外的条件、期限等，由国务院外汇管理部门根据国际收支状况和外汇管理的需要作出规定。

第十条　国务院外汇管理部门依法持有、管理、经营国家外汇储备，遵循安全、流动、增值的原则。

第十一条　国际收支出现或者可能出现严重失衡，以及国民经济出现或者可能出现严重危机时，国家可以对国际收支采取必要的保障、控制等措施。

第二章　经常项目外汇管理

第十二条　经常项目外汇收支应当具有真实、合法的交易基础。经营结汇、售汇业务的金融机构应当按照国务院外汇管理部门的规定，对交易单证的真实性及其与外汇收支的一致性进行合理审查。

外汇管理机关有权对前款规定事项进行监督检查。

第十三条　经常项目外汇收入，可以按照国家有关规定保留或者卖给经营结汇、售汇业务的金融机构。

第十四条　经常项目外汇支出，应当按照国务院外汇管理部门关于付汇与购汇的管理规定，凭有效单证以自有外汇支付或者向经营结汇、售汇业务的金融机构购汇支付。

第十五条　携带、申报外币现钞出入境的限额，由国务院外汇管理部门规定。

第三章　资本项目外汇管理

第十六条　境外机构、境外个人在境内直接投资，经有关主管部门批准后，应当到外汇管理机关办理登记。

境外机构、境外个人在境内从事有价证券或者衍生产品发行、交易，应当遵守国家关于市场准入的规定，并按照国务院外汇管理部门的规定办理登记。

第十七条 境内机构、境内个人向境外直接投资或者从事境外有价证券、衍生产品发行、交易，应当按照国务院外汇管理部门的规定办理登记。国家规定需要事先经有关主管部门批准或者备案的，应当在外汇登记前办理批准或者备案手续。

第十八条 国家对外债实行规模管理。借用外债应当按照国家有关规定办理，并到外汇管理机关办理外债登记。

国务院外汇管理部门负责全国的外债统计与监测，并定期公布外债情况。

第十九条 提供对外担保，应当向外汇管理机关提出申请，由外汇管理机关根据申请人的资产负债等情况作出批准或者不批准的决定；国家规定其经营范围需经有关主管部门批准的，应当在向外汇管理机关提出申请前办理批准手续。申请人签订对外担保合同后，应当到外汇管理机关办理对外担保登记。

经国务院批准为使用外国政府或者国际金融组织贷款进行转贷提供对外担保的，不适用前款规定。

第二十条 银行业金融机构在经批准的经营范围内可以直接向境外提供商业贷款。其他境内机构向境外提供商业贷款，应当向外汇管理机关提出申请，外汇管理机关根据申请人的资产负债等情况作出批准或者不批准的决定；国家规定其经营范围需经有关主管部门批准的，应当在向外汇管理机关提出申请前办理批准手续。

向境外提供商业贷款，应当按照国务院外汇管理部门的规定办理登记。

第二十一条 资本项目外汇收入保留或者卖给经营结汇、售汇业务的金融机构，应当经外汇管理机关批准，但国家规定无须批准的除外。

第二十二条 资本项目外汇支出，应当按照国务院外汇管理部门关于付汇与购汇的管理规定，凭有效单证以自有外汇支付或者向经营结汇、售汇业务的金融机构购汇支付。国家规定应当经外汇管理机关批准的，应当在外汇支付前办理批准手续。

依法终止的外商投资企业，按照国家有关规定进行清算、纳税后，属于外方投资者所有的人民币，可以向经营结汇、售汇业务的金融机构购汇汇出。

第二十三条 资本项目外汇及结汇资金，应当按照有关主管部门及外汇管理机关批准的用途使用。外汇管理机关有权对资本项目外汇及结汇资金使用和账户变动情况进行监督检查。

第四章 金融机构外汇业务管理

第二十四条 金融机构经营或者终止经营结汇、售汇业务，应当经外汇管理机关批准；经营或者终止经营其他外汇业务，应当按照职责分工经外汇管理机关或者金融业监督管理机构批准。

第二十五条 外汇管理机关对金融机构外汇业务实行综合头寸管理，具体办法由国务院外汇管理部门制定。

第二十六条　金融机构的资本金、利润以及因本外币资产不匹配需要进行人民币与外币间转换的，应当经外汇管理机关批准。

第五章　人民币汇率和外汇市场管理

第二十七条　人民币汇率实行以市场供求为基础的、有管理的浮动汇率制度。

第二十八条　经营结汇、售汇业务的金融机构和符合国务院外汇管理部门规定条件的其他机构，可以按照国务院外汇管理部门的规定在银行间外汇市场进行外汇交易。

第二十九条　外汇市场交易应当遵循公开、公平、公正和诚实信用的原则。

第三十条　外汇市场交易的币种和形式由国务院外汇管理部门规定。

第三十一条　国务院外汇管理部门依法监督管理全国的外汇市场。

第三十二条　国务院外汇管理部门可以根据外汇市场的变化和货币政策的要求，依法对外汇市场进行调节。

第六章　监督管理

第三十三条　外汇管理机关依法履行职责，有权采取下列措施：

（一）对经营外汇业务的金融机构进行现场检查；

（二）进入涉嫌外汇违法行为发生场所调查取证；

（三）询问有外汇收支或者外汇经营活动的机构和个人，要求其对与被调查外汇违法事件直接有关的事项作出说明；

（四）查阅、复制与被调查外汇违法事件直接有关的交易单证等资料；

（五）查阅、复制被调查外汇违法事件的当事人和直接有关的单位、个人的财务会计资料及相关文件，对可能被转移、隐匿或者毁损的文件和资料，可以予以封存；

（六）经国务院外汇管理部门或者省级外汇管理机关负责人批准，查询被调查外汇违法事件的当事人和直接有关的单位、个人的账户，但个人储蓄存款账户除外；

（七）对有证据证明已经或者可能转移、隐匿违法资金等涉案财产或者隐匿、伪造、毁损重要证据的，可以申请人民法院冻结或者查封。

有关单位和个人应当配合外汇管理机关的监督检查，如实说明有关情况并提供有关文件、资料，不得拒绝、阻碍和隐瞒。

第三十四条　外汇管理机关依法进行监督检查或者调查，监督检查或者调查的人员不得少于 2 人，并应当出示证件。监督检查、调查的人员少于 2 人或者未出示证件的，被监督检查、调查的单位和个人有权拒绝。

第三十五条　有外汇经营活动的境内机构，应当按照国务院外汇管理部门的规定报送财务会计报告、统计报表等资料。

第三十六条　经营外汇业务的金融机构发现客户有外汇违法行为的，应当及时向外汇管理机关报告。

第三十七条　国务院外汇管理部门为履行外汇管理职责，可以从国务院有关部门、机构获取所必需的信息，国务院有关部门、机构应当提供。

国务院外汇管理部门应当向国务院有关部门、机构通报外汇管理工作情况。

第三十八条　任何单位和个人都有权举报外汇违法行为。

外汇管理机关应当为举报人保密，并按照规定对举报人或者协助查处外汇违法行为有功的单位和个人给予奖励。

第七章　法律责任

第三十九条　有违反规定将境内外汇转移境外，或者以欺骗手段将境内资本转移境外等逃汇行为的，由外汇管理机关责令限期调回外汇，处逃汇金额 30%以下的罚款；情节严重的，处逃汇金额 30%以上等值以下的罚款；构成犯罪的，依法追究刑事责任。

第四十条　有违反规定以外汇收付应当以人民币收付的款项，或者以虚假、无效的交易单证等向经营结汇、售汇业务的金融机构骗购外汇等非法套汇行为的，由外汇管理机关责令对非法套汇资金予以回兑，处非法套汇金额 30%以下的罚款；情节严重的，处非法套汇金额 30%以上等值以下的罚款；构成犯罪的，依法追究刑事责任。

第四十一条　违反规定将外汇汇入境内的，由外汇管理机关责令改正，处违法金额 30%以下的罚款；情节严重的，处违法金额 30%以上等值以下的罚款。

非法结汇的，由外汇管理机关责令对非法结汇资金予以回兑，处违法金额 30%以下的罚款。

第四十二条　违反规定携带外汇出入境的，由外汇管理机关给予警告，可以处违法金额 20%以下的罚款。法律、行政法规规定由海关予以处罚的，从其规定。

第四十三条　有擅自对外借款、在境外发行债券或者提供对外担保等违反外债管理行为的，由外汇管理机关给予警告，处违法金额 30%以下的罚款。

第四十四条　违反规定，擅自改变外汇或者结汇资金用途的，由外汇管理机关责令改正，没收违法所得，处违法金额 30%以下的罚款；情节严重的，处违法金额 30%以上等值以下的罚款。

有违反规定以外币在境内计价结算或者划转外汇等非法使用外汇行为的，由外汇管理机关责令改正，给予警告，可以处违法金额 30%以下的罚款。

第四十五条　私自买卖外汇、变相买卖外汇、倒买倒卖外汇或者非法介绍买卖外汇数额较大的，由外汇管理机关给予警告，没收违法所得，处违法金额 30%以下的罚款；情节严重的，处违法金额 30%以上等值以下的罚款；构成犯罪的，依法追究刑事责任。

第四十六条　未经批准擅自经营结汇、售汇业务的，由外汇管理机关责令改正，有违法所得的，没收违法所得，违法所得 50 万元以上的，并处违法所得 1 倍以上 5 倍以下的罚款；没有违法所得或者违法所得不足 50 万元的，处 50 万元以上 200 万元以下的罚款；情节严重的，由有关主管部门责令停业整顿或者吊销业务许可证；构成犯罪的，依法追究刑事责任。

未经批准经营结汇、售汇业务以外的其他外汇业务的，由外汇管理机关或者金融业监督管理机构依照前款规定予以处罚。

第四十七条　金融机构有下列情形之一的，由外汇管理机关责令限期改正，没收违法所得，并处20万元以上100万元以下的罚款；情节严重或者逾期不改正的，由外汇管理机关责令停止经营相关业务：

（一）办理经常项目资金收付，未对交易单证的真实性及其与外汇收支的一致性进行合理审查的；

（二）违反规定办理资本项目资金收付的；

（三）违反规定办理结汇、售汇业务的；

（四）违反外汇业务综合头寸管理的；

（五）违反外汇市场交易管理的。

第四十八条　有下列情形之一的，由外汇管理机关责令改正，给予警告，对机构可以处30万元以下的罚款，对个人可以处5万元以下的罚款：

（一）未按照规定进行国际收支统计申报的；

（二）未按照规定报送财务会计报告、统计报表等资料的；

（三）未按照规定提交有效单证或者提交的单证不真实的；

（四）违反外汇账户管理规定的；

（五）违反外汇登记管理规定的；

（六）拒绝、阻碍外汇管理机关依法进行监督检查或者调查的。

第四十九条　境内机构违反外汇管理规定的，除依照本条例给予处罚外，对直接负责的主管人员和其他直接责任人员，应当给予处分；对金融机构负有直接责任的董事、监事、高级管理人员和其他直接责任人员给予警告，处5万元以上50万元以下的罚款；构成犯罪的，依法追究刑事责任。

第五十条　外汇管理机关工作人员徇私舞弊、滥用职权、玩忽职守，构成犯罪的，依法追究刑事责任；尚不构成犯罪的，依法给予处分。

第五十一条　当事人对外汇管理机关作出的具体行政行为不服的，可以依法申请行政复议；对行政复议决定仍不服的，可以依法向人民法院提起行政诉讼。

第八章　附则

第五十二条　本条例下列用语的含义：

（一）境内机构，是指中华人民共和国境内的国家机关、企业、事业单位、社会团体、部队等，外国驻华外交领事机构和国际组织驻华代表机构除外。

（二）境内个人，是指中国公民和在中华人民共和国境内连续居住满 1 年的外国人，外国驻华外交人员和国际组织驻华代表除外。

（三）经常项目，是指国际收支中涉及货物、服务、收益及经常转移的交易项目等。

（四）资本项目，是指国际收支中引起对外资产和负债水平发生变化的交易项目，包括资本转移、直接投资、证券投资、衍生产品及贷款等。

第五十三条　非金融机构经营结汇、售汇业务，应当由国务院外汇管理部门批准，具体管理办法由国务院外汇管理部门另行制定。

第五十四条　本条例自公布之日起施行。

参考文献

[1] 陈雨露. 国际金融. 4 版. 北京：中国人民大学出版社，2011.
[2] 周小川. 国际金融危机：观察、分析与应对. 北京：中国金融出版社，2012.
[3] 魏强. 外汇交易圣经. 2 版. 北京：经济管理出版社，2011.
[4] 刘晓宏. 外汇风险管理战略. 上海：复旦大学出版社，2009.
[5] 詹姆斯・陈. 外汇交易必读. 杨艳，译. 北京：中国人民大学出版社，2010.
[6] 魏强斌. 外汇交易进阶. 2 版. 北京：经济管理出版社，2011.
[7] 皮埃尔・安东尼・杜索里尔. 外汇交易指南. 赖岸林，范懿君，译. 太原：山西人民出版社发行部，2011.
[8] 艾特曼，斯通西尔，莫菲特. 国际金融. 12 版. 刘园，等译. 北京：机械工业出版社，2012.
[9] 莲恩. 外汇市场即日交易（修订版）. 林惠文，译. 广州：广东经济出版社有限公司，2011.
[10] 梁建峰. 人民币外汇市场风险管理研究. 北京：经济管理出版社，2012.
[11] 鲍里斯・斯克斯伯格. 外汇市场技术分析. 冯亮，徐晓琳，译. 广州：广东经济出版社，2009.
[12] 汉智. 外汇、货币及衍生品市场的风险管理. 周凯，译. 成都：西南财政经济出版社，2009.
[13]韩立岩，王允贵. 人民币外汇衍生品市场：路径与策略. 北京：科学出版社，2009.
[14] http://www.safe.gov.cn（国家外汇管理局）
[15] http://www.icbc.com.cn（中国工商银行）
[16] http://www.cmbchina.com.cn（招商银行）
[17] http://www.95559.com.cn（中国交通银行）
[18] http://www.boc.cn（中国银行）
[19] http://www.ccb.cn（中国建设银行）
[20] http://www.jrj.com（金融界网站）
[21] http://www.forex.com.cn（外汇通）
[22] http://www.shihua.com.cn（世华财讯）
[23] http://www.globefinance.net（世界汇金网）